# PFERDE

Begleiter des Menschen durch die Geschichte

Elwyn Hartley Edwards

# PFERDE

Begleiter des Menschen durch die Geschichte

Albert Müller Verlag
Rüschlikon-Zürich · Stuttgart · Wien

Aus dem Englischen übersetzt von Simone Wiemken. – Titel des englischen Originals: «HORSES / THEIR ROLE IN THE HISTORY OF MAN», erschienen bei Willow Books, William Collins Sons and Co. Ltd., London.  – ISBN 3-275-00937-0. – 1/5-88. – Printed in England.

# Inhalt

«Es dient ohne Unterwürfigkeit, es kämpfte ohne Feindseligkeit. Es gibt nichts, das kraftvoller und weniger gewalttätig ist, nichts Schnelleres und nichts Geduldigeres. Englands Vergangenheit wurde auf seinem Rücken entschieden. Unsere Geschichte ist sein Werk. Wir sind seine Erben, es ist unsere Erbschaft.»

(Aus *To The Horse* von Ronald Duncan. Diese Zeilen werden jedes Jahr zum Abschluß der «Horse of the Year Show» in London verlesen.)

# Danksagung

Ich danke Alison Dawes, die mir die Mitarbeit an dieser Serie für Scottish Television ermöglichte; Jan Darnley-Smith, dem Regisseur der Serie, der das Arbeitsmanuskript schrieb und dessen Begeisterung und hochentwickelter Sinn für Humor die Arbeit sehr erleichterten; Irene Black von Scottish Television, einer unglaublich begabten Administratorin, die einen Großteil der Bilder für dieses Buch besorgte; Louise Haines, der Cheflektorin von Collins Publishers, die mir in jeder Situation mit Rat und Tat zur Seite stand. Schließlich möchte ich noch meiner Frau Mary danken, die, während ich dieses Buch schrieb, ebensoviel Geduld mit mir hatte, wie in den ganzen Jahren unserer Ehe.

E.H.E.
*Chwilog*

خنک چوگانی چرخت رام شد در زیر زین
شهسوارا خوش بمیدان آمدی گویی بزن
ای صبا بر ساقی بزم اتابک عرضه دار
تا از آن جام زرافشان جرعه بخشد بمن

# Mensch und Pferd

*Kapitel 1*

Irgendwann im nächsten Jahrhundert werden Reisen in den Weltraum vielleicht etwas ganz Alltägliches sein und Urlaubsreisen zu verschiedenen Planeten nichts Ungewöhnlicheres als eine Kreuzfahrt zu den Griechischen Inseln oder den Fjorden Norwegens. Falls wir uns jedoch wirklich einmal auf einer Pauschalreise zu den Sternen befinden sollten, könnte uns ein gewisses Staunen, vielleicht sogar eine Spur Demut überkommen bei dem Gedanken an ein Lebewesen, das der menschlichen Rasse die Entdeckung fremder Welten überhaupt erst ermöglicht hat – und das schon auf unserer Erde lebte, bevor der Mensch eine erkennbare Form angenommen hatte.

Dieses Lebewesen ist das Pferd, und nur seine Leistungen haben dazu geführt, daß die Menschheit praktisch in fünfzig Jahren ins All starten kann.

Ungefähr fünftausend Jahre lang, bis zum Ende des neunzehnten und sogar bis in die ersten Jahrzehnte des zwanzigsten Jahrhunderts, hing das Fortschreiten der Menschheit auf der ganzen Erde von der Nutzung und Ausnutzung der Pferde ab. Noch heute gibt es Landstriche in Osteuropa, in denen das Pferd in Landwirtschaft und Transportwesen unentbehrlich ist, während in einigen östlichen Republiken der UdSSR noch Pferdeherden gehalten werden; sie sind das moderne Äquivalent des Systems, auf dem die Wirtschaft der frühen Mongolen- und euroasiatischen Stämme beruhte.

Die erste Verbindung zwischen Mensch und Pferd war die zwischen Jäger und Gejagtem. In der späten Eiszeit benutzte der Frühmensch die wilden Herden als bequeme Speisekammer auf Beinen. Frühe Höhlenmalereien illustrieren die Verwendung von Pferden als Nahrungsmittel. Gewaltige Ansammlungen von Pferdeknochen, die in Frankreich in Solutré, Lascaux, La Madeleine, Langerie und Les-Eyzies-de-Tayac gefunden wurden, beweisen, wie stark das Überleben der Menschen von den Pferdeherden abhing. Eine häufig benutzte Methode zum Töten der Pferde war es, eine Gruppe von ihnen über eine Klippe zu treiben – ein Vorgehen, das sicherlich effektiver war als die Verfolgung einzelner Tiere.

Mit der Zeit kam die Domestikation. Die Herden lieferten Fleisch, Häute für Kleidung und Schutzhütten und Milch – und schon bald auch das besonders starke Gebräu aus vergorener Stutenmilch (Kumys), das von den Pferdehaltern der Steppe erfunden wurde und in russischen Fabriken noch heute hergestellt wird. Vermutlich wurde das Pferd wenig später auch als Packtier genutzt, was den Nomadenvölkern erlaubte, größere Strecken zurückzulegen.

Einen größeren und nachhaltigeren Einfluß auf den Fortschritt des Menschengeschlechts übte das Pferd jedoch auf dem Gebiet der Kriegführung aus – zuerst als Zugtier vor dem Streitwagen, später als Reittier für die weiter

**Polo ist eine der ältesten und schnellsten Sportarten. Hier spielt Dschahangir (1569–1627), Großmogul von Indien seit 1605, mit seinen Söhnen Parviz und Kurram.**

Über Fernsehen und Illustrierte scheinen wir zu den bildlichen Ausdrucksformen der Zeit vor zwanzigtausend Jahren zurückzukehren. Höhlenmalereien stellen eine der frühesten Kommunikationsformen der Menschen dar. Diese weist auf das Vorhandensein von Pferden hin – eine für nomadische Jäger wichtige Information.

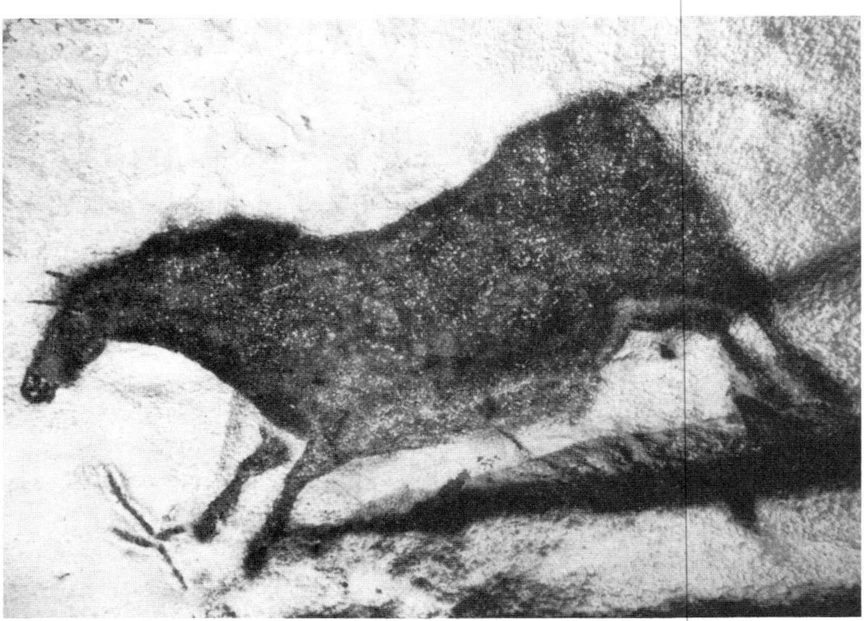

umherstreifenden Krieger. Aus dem nomadischen Herdenbesitzer wurde der berittene Krieger, der seine neuerworbenen Weidegründe verteidigte, und der, als seine Herden wuchsen, mit seinen Nachbarn Krieg führte, um mehr Weideland, mehr Vieh und noch mehr Besitz zu erhalten.

Eine gewaltige Vermischung von Völkern und Kulturen setzte ein, als die Reitervölker über die asiatischen Steppen und die Ukraine jagten, nach Westeuropa vordrangen, nach Kleinasien und in die Länder, die heute Iran und Irak heißen; sie faßten in den Mittelmeerländern ebenso Fuß wie in Indien und China. Zivilisationen wurden geschaffen und wieder zerstört, und fünftausend Jahre lang war das Pferd aus diesen Vorgängen nicht wegzudenken. Transportwesen, Nachrichtenübermittlung, Krieg und später auch die Landwirtschaft waren vollkommen abhängig von der Kraft des Pferdes.

Im Grunde konnte es überhaupt nur bei jenen Völkern zu kulturellen und wirtschaftlichen Fortschritten kommen, die domestizierte Pferde besaßen. Mit Ausnahme des Inka- und des Aztekenreichs, die beide von einer Reiterarmee überrannt wurden, gab es keine wichtige Macht der Welt, die ohne Pferde zustandegekommen, aufrechterhalten oder vergrößert worden wäre.

Neben den Pferden für Arbeits- und Kriegszwecke gab es seit den frühesten Zeiten auch Pferde, die sportlichen Zwecken dienten. Wagenrennen fanden statt, kaum daß die ersten Pferde angespannt worden waren; alle Pferdevölker der Welt gingen nicht nur auf die Jagd, um sich Nahrung zu beschaffen, sondern auch zum Vergnügen. Das Verlangen, herauszufinden, wessen Pferd das schnellste war, geht wahrscheinlich bis in die Zeit zurück, in der die Menschen erstmals auf Pferderücken saßen. Das Polospiel zum Beispiel stammt aus Zentralasien. Es wurde zum ersten Mal im sechsten Jahrhundert v. Chr. in

Wo es keine Pferde gab, lebten die Menschen weiterhin so, wie ihre primitiven Vorfahren gelebt hatten.

Persien erwähnt, und ähnliche Spiele wie Baiga oder Buzkashi werden in Afghanistan, Turkestan und angrenzenden Gebieten noch heute gespielt.

Viel später erhob sich die Reiterei über die grundlegenden Anforderungen der berittenen Krieger hinaus zur Reitkunst. Nachdem in der Renaissance die Schriften des griechischen Söldnerführers Xenophon wiederentdeckt worden waren, gründeten europäische Adlige in Italien und Frankreich in der Barockzeit die ersten Reitschulen. Die Pirouetten und Levaden, die beeindruckenden Sprünge und die versammelten Gangarten Passage und Piaffe bildeten die Grundlagen der klassischen Reitkunst, die in der Grand Prix-Dressur noch heute fortgeführt wird.

Auch das Jagen mit Hunden geht bis in die vorchristliche Zeit zurück. Im Mittelalter wurden vor allem Hirsche gejagt, aber auch Wildschweine waren eine beliebte und beachtliche Beute. In Europa und den Mittelmeerländern war außerdem die Hasenjagd weit verbreitet.

Die Fuchsjagd, bei der die Beute geradeaus läuft, anstatt wie der Hase Haken zu schlagen, wurde erst im achtzehnten Jahrhundert eingeführt und in England bald mit großer Leidenschaft betrieben. Mit der zunehmenden Unterteilung des Geländes, dem Errichten von Zäunen und Wällen und dem Anpflanzen dichter Hecken zum Einfrieden von Vieh wurde das Galoppieren und Springen zu einer Notwendigkeit für die Reiter, die ihren speziell auf Schnelligkeit und Jagdlust gezüchteten Hunden durch die englische Landschaft folgen wollten.

In den Vereinigten Staaten blüht eine andere und ältere Form der Reitkunst. Die Schnelligkeit und Beweglichkeit des Westernreiters beim Rodeo zum Beispiel hat seine Ursprünge auf der Iberischen Halbinsel.

Die heute so beliebten Sportarten Springen und Vielseitigkeit sind relativ

**Die für den Krieg aufgezogenen Pferde wurden schon bald zum Gefährten des Menschen. Dieses Relief vom Großen Tempel von Abu Simbel zeigt den Pharao Ramses II. und seine Söhne beim Angriff auf eine Bergfestung.**

neu. Sie tauchen erst um die letzte Jahrhundertwende in den Veranstaltungskalendern auf, obwohl «Springwettbewerbe» in den Programmen britischer Landwirtschaftsausstellungen schon in den 1870er Jahren aufgeführt waren; Wettbewerbe für «Weit»- und «Hoch»-Sprünge fanden bereits 1865 bei einer Veranstaltung der Royal Dublin Society statt. In Frankreich, dem Pionierland des Pferdesports, in Rußland und in Deutschland wurden die ersten Wettbewerbe etwa um dieselbe Zeit veranstaltet.

Vielseitigkeitsprüfungen waren ursprünglich ein Test für Pferde und Reiter der Kavallerieregimenter. 1902 fand bei Paris das *Championnat du Cheval d'Armes* statt, und 1912 wurden die Prüfungen Teil der Olympischen Spiele. Die erste britische Vielseitigkeitsprüfung wurde 1949 in Badminton abgehalten, ein Jahr nach den Olympischen Spielen von London. Seither findet diese Prüfung in Badminton alljährlich statt und gehört heute zu den herausragenden Ereignissen auf diesem Gebiet.

Hindernisrennen, eine Abwandlung der Fuchsjagd zu Pferde, sind über künstlich aufgestellte Hindernisse nachweislich zuerst 1810 in Bedford gelaufen worden, doch das allererste belegte Rennen fand in Irland statt. 1752 ritten O'Callaghan und Blake querfeldein von der Kirche von Buttevant zur Kirche von St. Leger; die weithin sichtbaren Kirchtürme gaben praktische Start- und Zielmarken ab.

Eine oberflächliche Betrachtung, die bis an den Anbeginn unserer Geschichte zurückgeht, könnte den Eindruck erwecken, daß das Verhältnis zwischen Mensch und Pferd sehr einseitig war und daß die Pferde stets rücksichtslos ausgebeutet wurden. Das unaufhörliche, ungeduldige Streben des Menschen, sein Schicksal zu formen, scheint es mit sich zu bringen, daß er seine Umwelt und alles, was in ihr lebt, verändert, erobert und manchmal auch zerstört. Gewiß hat die Verwendung von Pferden häufig zu deren Mißbrauch und schamloser Ausnutzung geführt. Dennoch gibt es Elemente einer starken Partnerschaft, ein Verhältnis, das auf erstaunliche Weise in beide Richtungen wirkt.

Die natürlichen Faktoren, die die Entwicklung jeder Art von Lebewesen beeinflussen, sind erstens die Umgebung, in der sie leben, und zweitens das Gesetz der natürlichen Auslese, nach dem nur der am besten Angepaßte überlebt und seine Art erhält. Doch der dritte und wichtigste Faktor ist die Einmischung des Menschen, der die Evolution in einem Tempo beschleunigt, das unter natürlichen Bedingungen unmöglich wäre. Durch selektives Züchten und Kreuzen, durch sorgfältige Pflege des besten Weidelandes und durch Zufütterung ist der Mensch in der Lage, verschiedene Pferdetypen für verschiedene Aufgaben hervorzubringen, und das über viele Generationen hinweg.

Alles in allem war die Einmischung des Menschen in die Evolution für die Pferde von Vorteil. Es gibt bei Pferden zum Beispiel weder ein Gegenstück zum Boxer mit seinen grotesk verformten Kiefern, noch begegnen wir bei Pferden anderen Mängeln, die bei Hunden durch übermäßige Inzucht häufig auftreten.

Die ersten Pferde, die vor Wagen gespannt wurden, waren weder kräftig noch groß genug, um Reiter zu tragen, doch nur einige Jahrhunderte später besaß die persische Kavallerie bereits Pferde, die offensichtlich groß, kräftig und lebhaft genug waren, um die Soldaten zu tragen. Von diesem Zeitpunkt an traten Pferde mit gemeinsamen Merkmalen auf. Die Römer züchteten Pferde für bestimmte Zwecke – sie hatten Reise-, Trag- und Zugpferde, Zirkuspferde, Rennpferde, Zelter, Wallache zur allgemeinen Verwendung und ande-

**Laut R.S. Surtees wurde die Fuchsjagd eingeführt «als Abbild des Krieges, aber ohne seine Schuld und mit nur 25 Prozent seiner Gefahr». Bei den Jagdrennen liegt die Gefahr vermutlich höher. Im Gegensatz zu den meisten europäischen Rennen führt der Maryland Cup über feste Hindernisse aus Holz.**

re. *Venaticus* war das Jagdpferd, *celer equus* das Rennpferd, *bellator equus* das Kriegspferd, *itinerarius* und *manuus* die Zugpferde, *cantherius* das Paradepferd und *gradarius* oder *ambulator* der hochgeschätzte und sehr bequeme Paßgänger oder Zelter. Da die Römer weder Steigbügel noch richtige Sättel kannten, war der Traber, der entweder *concussator*, *succusator* oder – noch bezeichnender – *cruciator* genannt wurde, bei ihnen wahrscheinlich am wenigsten beliebt. Ein modernes Standardwerk der heutigen Pferde- und Ponyrassen enthält mittlerweile ungefähr einhundertsiebzig Rassen und Schläge.

Wenn man den Beitrag des Pferdes zur Weltgeschichte in Betracht zieht, ist es wahrscheinlich nicht verwunderlich, daß das Pferd im Denken der Menschen eine einzigartige Stellung einnimmt, ob sie nun mit Pferden zu tun haben oder nicht. Das Pferd wird mehr bewundert und geachtet als alle anderen domestizierten Tiere. Pferde können zwar nicht dasselbe Verhältnis zu Menschen haben wie Hunde, die im selben Haus leben und manchmal sogar den Lieblingssessel mit Beschlag belegen oder sich einen Platz im Bett erobern. Pferde sind zu groß, um sie im Haus zu halten (obwohl die Beduinen ihr Zelt gewöhnlich mit einer Stute teilten), und außerdem sind ihre Möglichkeiten, Zuneigung auszudrücken, recht begrenzt. Der wedelnde Schwanz eines Hundes ist ein deutliches Zeichen der Begrüßung oder Zuneigung. Schlägt ein Pferd jedoch mit dem Schweif, sehen sich erfahrene Pferdeleute vor, weil sie wissen, daß das Pferd gereizt ist und sich möglicherweise wehren wird.

Obwohl sie ihre Unabhängigkeit nicht aufgeben, können die meisten Pferde doch eine gewisse Zuneigung zu einem Reiter oder einer Reiterin entwickeln; sie müssen aber wissen, wie man ein Pferd zu einer solchen Reaktion veranlaßt. Keine andere Beziehung ist so tief wie die, die zwischen Pferd und Reiter spielt. Es ist die echteste aller denkbaren Verbindungen, da beide im «Augenblick der Wahrheit» – vor einem hohen Hindernis, im Moment der äußersten Kraftanstrengung – voneinander abhängig sind und einer den anderen ermutigt und bestärkt. Das Pferd muß dem Reiter vertrauen, und der Reiter dem Pferd. Und kein anderes Tier vermag seinem Reiter eine solche Autorität oder sogar Majestät zu verleihen.

Bemerkenswert und schwerer zu verstehen ist die Anpassungsfähigkeit des Pferdes, die es ihm ermöglichte, dem Menschen von Anfang an in einer Weise zu dienen, die seiner Natur eigentlich völlig fremd ist. Im Grunde ist das Pferd ein nervöses, temperamentvolles Tier, dessen Verteidigungssystem auf scharfen Sinnen, einem besonders angepaßten Sehvermögen und der körperlichen Fähigkeit zu schneller Flucht bei echter oder vermeintlicher Gefahr beruht. Im Gegensatz zum Hund ist das Pferd kein Kämpfer. Es setzt zwar gelegentlich bei kleinen Meinungsverschiedenheiten oder beim Herstellen einer «Hackordnung» unter seinen Gefährten Zähne und Hufe ein, doch dienen die Zähne hauptsächlich zur Aufnahme von Gras. Dennoch hat dieses ängstliche Lebewesen auf jedem Schlachtfeld der Erde gekämpft und gelitten. Inzwischen ist das Pferd im Krieg durch Panzer und Lenkwaffen ersetzt worden, aber nun nimmt es mit erstaunlicher Willigkeit an einigen der härtesten Sportarten der Welt teil.

An diesem Scheideweg, als das Pferd für die Erfüllung menschlicher Bestrebungen nicht mehr von Nutzen war, übernahm es eine andere Rolle. In den Wohlstandsgesellschaften in aller Welt, in denen die Menschen über ein entsprechendes Einkommen und genügend Muße verfügen, wurde es zu einem wichtigen Faktor der Freizeitgestaltung. Das Pferd spielt die Hauptrolle in einigen Sportarten, die weltweit Beachtung finden. Eine ganze Industrie dreht sich um das Pferd und sichert damit zahlreiche Arbeitsplätze. Noch gegen Ende des Zweiten Weltkriegs war die Annahme, daß die Zahl der Pferde drastisch zurückgehen würde, nicht unbegründet. Mittlerweile gibt es aber mehr Pferde als je zuvor, was nicht nur die außergewöhnliche Anpassungsfähigkeit dieses Tieres beweist, sondern auch die eigentümliche Intensität der Beziehung zwischen Mensch und Pferd.

Man vermutet, daß das Pferd schon Tausende von Jahren vor seiner Domestikation eine gewisse religiöse Bedeutung hatte. Darauf deuten Höhlenmalereien hin und auch die Tatsache, daß das Pferd in manchen Teilen der Welt als Symbol der Fruchtbarkeit verehrt wird. Sicher ist, daß das Pferd als Sinnbild von Kraft und Adel gilt und daß allgemein davon ausgegangen wird, daß der Reiter dem Fußgänger überlegen ist, was auch schon immer die Ansicht der Reiter war. Pferde wurden von Anfang an in jeder nur erdenklichen Kunstform verewigt; sie wurden zusammen mit Königen begraben und trotz oder gerade wegen der Hochachtung, die ihnen entgegengebracht wurde, manchmal den Göttern als höchstes Opfer dargebracht. Es gab in der Geschichte der Menschheit sogar Zeiten, in denen Pferde zu Gottheiten erhoben wurden.

Noch in unserer Zeit benutzen Monarchen und andere Herrscher das Pferd, um Pomp und Pracht eines großen Ereignisses zu verdeutlichen. Wenn ein Herrscher stirbt, geht hinter seinem Gefolge oft ein Kriegspferd, an dessen leerem Sattel die umgedrehten Stiefel des Toten hängen.

Heute werden die meisten Pferde besser behandelt als zu jeder anderen Zeit ihrer Geschichte. Sie werden zwar nicht unbedingt vergöttert, doch finden sich in vielen Pferde-Haushalten Huldigungen an die Nachfahren von Eohippus, dem direkten Vorfahren der modernen Pferde, und zwar in Form von Zeichnungen und Gemälden, Silbergravuren oder Porzellan. Unzählige Teenager-Schlafzimmer werden zu wahren Pferdetempeln umgestaltet, und jedes Jahr drängen mehr und mehr junge Mädchen danach, dem treuesten Gefährten des Menschen dienen zu dürfen. Hat das Rad jetzt eine volle Umdrehung gemacht?

Dieses Buch versucht nicht, die merkwürdige und starke Verbindung zwischen Mensch und Pferd zu definieren oder zu erklären. Es versucht nur, den Rahmen nachzuzeichnen, in dem auf dem langen Weg des Menschen zu den Sternen diese Verbindung entstand und gedieh, und womöglich auch, den ältesten Verbündeten des Menschen in das Licht zu rücken, das er verdient.

**Als Partner des Menschen gelangte das Pferd bald auch in Beziehung zu den Göttern. Pegasus, das geflügelte Pferd, war ein Symbol für die Schnelligkeit. Die Vorstellung vom «Musenroß» der Dichter entstand erst in neuerer Zeit.**

# Die Evolution des Pferdes

*Kapitel 2*

«Nach der Erschaffung des Himmels, der Vögel in der Luft und der Fische im Meer gefiel es Gott, dem Menschen den höchsten Beweis seiner Gunst zu schenken. Er schuf das Pferd. Der letzte Schritt dieser wunderbaren Schöpfung der Erde, der Schritt der Vollkommenheit, galt diesem herrlichen Lebewesen...» In der Genesis klingt der Text zwar etwas anders, aber kaum weniger lyrisch als bei diesem französischen Schriftsteller des achtzehnten Jahrhunderts, der so fortfährt: «Der Mensch, umgeben von den Elementen, die sich zusammentaten, um ihn zu vernichten, und von Lebewesen, stärker und schneller als er selbst, wäre ein Sklave, hätte nicht das Pferd ihn zum König gemacht.»

Der Emir Abd-el-Kadr (1808–83) führte einen ausgedehnten Briefwechsel mit dem französischen General Melchior Daumas, dem Verfasser von «Pferde der Sahara» (1850), und beantwortete seine Frage nach dem Ursprung des arabischen Pferdes folgendermaßen: «Wisse denn, daß wir glauben, daß Gott das Pferd aus dem Wind schuf wie Adam aus Lehm.»

Keiner dieser beiden kannte Charles Darwins Buch über die Entstehung der Arten, das 1859 erschien, aber selbst wenn sie es gekannt hätten, hätte dies ihre Ansicht wahrscheinlich nicht geändert. Geistliche – und nicht nur die der fundamentalistischen Schule – verdammten das, was sie für eine ketzerische Theorie, wenn nicht gar eine Gotteslästerung hielten, fast bis zum Tode Darwins im Jahre 1882 von den Kanzeln in ganz Europa. Noch im zwanzigsten Jahrhundert predigte die Hohepriesterin des arabischen Pferdes, die verstorbene Lady Wentworth, eine hervorragende Publizistin, das Evangelium einer separaten Erschaffung der von ihr auserwählten Rasse.

In der Tat wurde ein bemerkenswert komplettes Pferdeskelett erst 1867, also vor rund hundertzwanzig Jahren, in Gesteinsschichten aus dem Eozän im Süden der USA gefunden. Danach war es möglich, ein Fortschreiten der Entwicklung auf diesem Kontinent im Verlauf von sechzig Millionen Jahren aufzuzeigen, das schließlich, vor etwa einer Million Jahren, zur Entstehung des *Equus caballus*, dem Ahnen des modernen Pferdes, führte.

Der wissenschaftliche Name dieses Tieres, dessen Skelett den Forschern so viele Aufschlüsse lieferte, war *Hyracotherium* (nach *Hyrax*, dem Klippschliefer). Diesen Namen gab der berühmte Anatom Sir Richard Owen zuerst den Überresten eines primitiven Tiers, die einige Jahre zuvor bei Studd Hill in der englischen Grafschaft Kent gefunden worden waren. Da diese Überreste nur aus einigen Schädelteilen bestanden, kann es nicht überraschen, daß Owen gar nicht auf die Idee kam, das Tier könnte zur Gattung Equus gehören. Erst 1932

**Der Achal-Tekkiner, das «Goldene Pferd von Samarkand», ist eine der ältesten Pferderassen der Welt.**

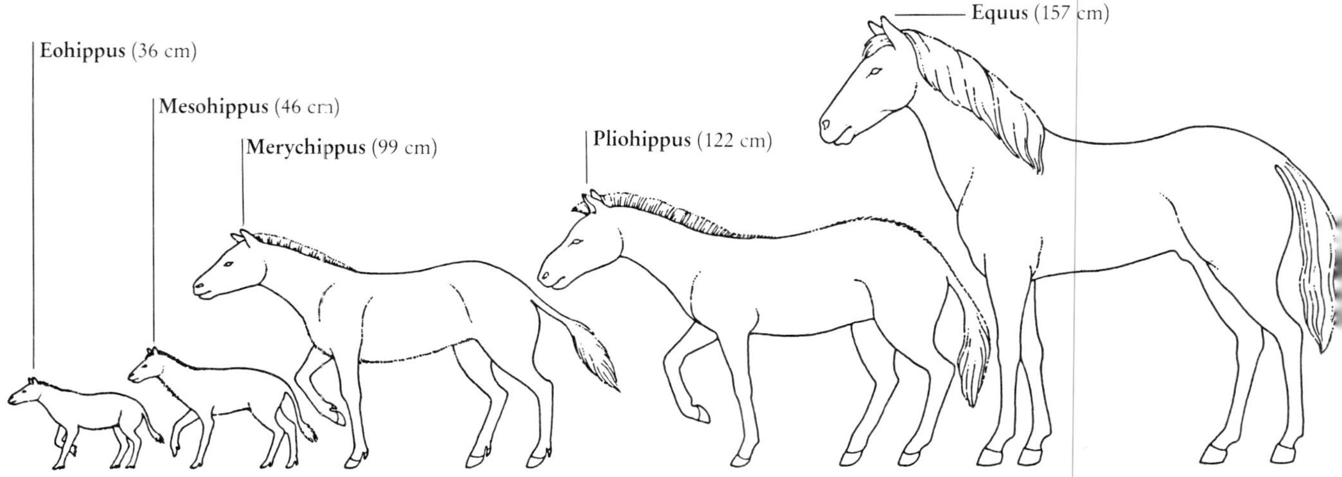


Die Entwicklung von mehrzehigen, blätterfressenden Urpferden von der Größe eines Schäferhundes bis zum modernen Derbysieger dauerte fünfundfünfzig Millionen Jahre. Die Entwicklung des Menschen nahm nur etwa ein Fünfhundertstel dieser Zeit in Anspruch.

stellte Sir Charles Forster-Cooper fest, daß die Fossilien von Studd Hill genetisch untrennbar mit denen aus den USA verbunden waren.

Die amerikanischen Wissenschaftler nannten ihr Urpferd in einer romantischen Anwandlung Eohippus, Pferd der Morgenröte, und dieser Name wird heute allgemein für den ersten Vorfahren des *Equus caballus* verwendet.

Die Abstammung von Eohippus kann bis auf eine ausgestorbene Gruppe von Condylarthen zurückverfolgt werden, die vor etwa fünfundsiebzig Millionen Jahren lebten und die Vorfahren aller Huftiere waren. Diese vorgeschichtlichen Tiere waren unterschiedlich groß – das größte hatte ungefähr die Höhe eines mittelgroßen Hundes –, doch das Interessanteste an ihnen im Hinblick auf die heutigen Pferde waren ihre Hufe. Sie hatten je fünf Zehen, die in ziemlich dicken, hornigen Nägeln endeten. Fünfzehn Millionen Jahre später waren die Hufe des Condylarthen-Nachkommen Eohippus mit je vier Zehen an den Vorderbeinen und drei an den Hinterbeinen ausgerüstet.

Ein weiteres, ungewöhnlich vollständiges Skelett eines Eohippus wurde 1931 im Big Horn Basin in Wyoming gefunden und von den Paläontologen des California Institute of Technology fachgerecht aufgestellt. Dieser und andere Funde ermöglichten eine ziemlich genaue Rekonstruktion des «Pferdes der Morgenröte».

Es wog vermutlich 5,4 Kilogramm und hatte eine Schulterhöhe von 36 Zentimetern – etwa die Größe eines Fuchses oder eines mittelgroßen Hundes. Welche Farbe es hatte, wissen wir nicht, doch die Experten vermuten, daß sein Fell helle Punkte oder Flecken auf dunklem Untergrund hatte, was eine typische Tarnfarbe für Tiere gewesen wäre, die wie die Urpferde in Wäldern lebten.

Die Hufe deuten darauf hin, daß der Boden wie in Regenwäldern oder an See- und Flußufern weich und feucht war. Hinter den Zehen befand sich ein Polster, wie es auch Hunde und Tapire haben, die übrigens nahe mit dem Pferd verwandt sind. Dermaßen ausgerüstete Tiere haben beim Gehen auf weichem, feuchtem Boden keine Probleme; die Überreste dieses Polsters finden sich bei den modernen Pferden als horniges Gebilde an der Rückseite des Fesselgelenks.

Die Augen lagen in der Mitte des Kopfes; die Augenanordnung an den Seiten des Kopfes entwickelte sich erst viel später. Die kurzkronigen Zähne, die denen von Affen oder Schweinen ähnelten, waren ganz anders als die des modernen Pferdes; sie waren einer Nahrung aus weichen Blättern angepaßt, die auf niedrigen, saftigen Sträuchern wuchsen, und für das Grasen völlig ungeeignet – doch damals gab es noch gar keine Gräser.

Natürlich gab es innerhalb der Gattung beträchtliche Unterschiede in Form und Größe. Professor George Gaylord Simpson nimmt an, daß Tiere mit einer Schulterhöhe von 25 Zentimetern vermutlich die kleinsten und die mit 50 Zentimetern die größten waren, wobei die letzteren vermutlich etwa achtmal so schwer waren wie ihre kleineren Zeitgenossen. Möglicherweise lebten in Europa noch größere Schläge, die jedoch wieder ausstarben.

Die eurasiatische Form des Eohippus, die sich von ihrer Wiege in der Neuen Welt über die damals bestehenden Landbrücken nach Westen und Osten ausbreitete, ist vermutlich vor vierzig Millionen Jahren, im frühen Oligozän, ausgestorben. Der nächste überraschende Schritt in der Evolution führte zur Entstehung des *Equus caballus* in der Alten Welt. Diese Entwicklung setzte sich auf dem amerikanischen Kontinent fort, allerdings keineswegs in geordneter Weise mit ständigem Wachstum oder einer stetigen Veränderung des Körpers.

In der Evolution gibt es keine gleichmäßig fortschreitende Entwicklung. Auf plötzliche Schübe können Millionen von Jahren folgen, in denen nur fast unmerkliche Veränderungen stattfinden. Außerdem ist es möglich, daß sich in bestimmten Gebieten schon neue Faktoren herausgebildet haben, während der Prozeß in anderen Gegenden noch ruht. Kompliziert wird die ganze Sache auch durch die vielen Schläge und Typen, von denen nur sehr wenige tatsächlich zur Entwicklung der einhufigen Equiden geführt haben.

Sehr vereinfacht ausgedrückt könnte man sagen, daß auf Eohippus ein dreizehiges Lebewesen namens Mesohippus folgte, dessen Zähne etwas fortschrittlicher angeordnet waren. Auf Mesohippus folgte Merychippus, der auch noch drei Zehen besaß, aber nur die mittlere benutzte. Im Pliozän schließlich tauchte Pliohippus auf, der erste einhufige Pferdevorfahr, der die direkte Verbindung zu *Equus caballus* herstellt.

Während des Eozäns entstanden aus dem amerikanischen Eohippus zwei deutlich voneinander unterschiedene Formen; Orohippus und Epihippus. In Europa dagegen entwickelten sich viele verwirrende Abweichungen.

Die Veränderungen an den Nachkommen von Eohippus in der Neuen Welt waren fast ausschließlich Verbesserungen der Zahnstellung. Durch komplexere vordere Backen- und Schneidezähne konnten die Tiere besser kauen und dadurch eine größere Vielfalt an Blättern aufnehmen.

Mesohippus und sein direkter Nachfolger Miohippus (die möglicherweise zum Teil beide gleichzeitig lebten) traten im Oligozän, vor vierzig bis fünfundzwanzig Millionen Jahren, auf. Ihre Zähne hatten sich so weit verändert, daß sie sich von einer Vielzahl weicher Pflanzen ernähren konnten; für das zähe, drahtige Gras, das den späteren Generationen zu Kraft und Ausdauer verhalf, waren sie jedoch nach wie vor völlig ungeeignet.

Sowohl die Vorder- als auch die Hinterfüße hatten nur drei Zehen, doch das Hauptgewicht trug die mittlere Zehe. Diese Veränderungen entsprachen dem Lebensraum der Tiere mit Büschen und Gestrüpp und feuchtem Boden, bei dem die Fähigkeit zum Aufsetzen mehrerer Zehen von Vorteil ist.

Es gab auch Veränderungen in der Kopfform, die mit denen der Zähne einhergingen, und an den Beinen, vor allem in der Länge. Zur Zeit des Miohippus waren die Beinbewegungen ähnlich wie bei den heutigen Pferden auf Vorwärts und Rückwärts beschränkt. Dadurch erreichten die Tiere größere Geschwindigkeiten, die aber natürlich nicht mit denen moderner Pferde zu vergleichen sind.

Die Anforderungen des veränderten Lebensraums und die damit verbundene gehaltvollere Ernährung führte zu einer Vergrößerung der Tiere, die aber wohl nicht überall stattfand. Das Größenwachstum hing vom Grad der Umweltveränderungen und vom Vorhandensein größerer Mengen nahrhaften Futters ab.

Um das Ganze noch mehr zu komplizieren, gab es neben denen, die sich den neuen Bedingungen angepaßt hatten, auch weniger weit entwickelte Typen. Zum Beispiel waren Eohippus und seine frühen Nachkommen im Miozän (vor fünfundzwanzig bis vor zehn Millionen Jahren) in der Alten Welt längst ausgestorben und durch Blätterfresser vom amerikanischen Kontinent ersetzt worden. Zu ihnen gehörten Anchitherium, ein Zeitgenosse von Merychippus, dem Vorläufer des ersten Einhufers, Pliohippus und der größere Hypohippus. Ein noch größerer Zeitgenosse, viel größer als die modernen Pferde, war Megahippus, der in beiden Welten fast bis zum Ende des Miozäns überlebt haben könnte, während die dreizehigen Urpferde Anchitherium und Hypohippus vor etwa sieben Millionen Jahren wieder verschwanden.

Die entscheidende Entwicklung fand während des Miozäns statt und dauerte viele Millionen Jahre. Ausgelöst wurde sie durch die Entstehung von grasbewachsenen Ebenen oder Steppen, die praktisch baumlos und nur von drahtigen Gräsern bewachsen waren. Wälder und Gehölze waren ideal für mehrzehige, blätterfressende Tiere, doch dieser neue Lebensraum erforderte Anpassungen, die heute die Hauptcharakteristika des Pferdes ausmachen.

Die jetzt stärkeren und hochkronigeren Zähne waren von schützendem Zahnschmelz umhüllt und innen mit hartem Zement gefüllt, einer Substanz, die für Blätterfresser unnötig ist. Solche zum Zermahlen benutzten Zähne konnten dem ständigen Abrieb durch harte Gräser am besten widerstehen. Um die Nahrungsaufnahme vom Boden zu erleichtern, wurde der Hals länger, wodurch auch der Kopf höher gehoben werden konnte. Die Augen wanderten näher an die Seiten des Kopfes, was eine fast vollständige Rundumsicht ermöglichte. Diese beiden Veränderungen bildeten einen Teil des Verteidigungssystems, weil das Pferd mögliche Gefahren schon früh wahrnehmen konnte. In diesem Zusammenhang ist es interessant, daß die heute lebenden Pferde, die vermutlich ihre eigenen Füße oder den Inhalt ihrer Futterkrippe nicht erkennen können, sogar sehen, was direkt hinter ihnen passiert, wenn sie den Kopf zum Grasen gesenkt haben.

Im weiteren Verlauf wurden die Beine länger, die Mittelzehe wurde stärker belastet, und die Polster hinter den Zehen wurden kleiner und verschwanden allmählich. Die seitlichen Zehen waren zwar noch vorhanden, aber wesentlich kleiner geworden. An den Beinen trugen dehnbare Bänder zur Geschwindigkeit des Tieres bei, die sich rasch der des modernen Pferdes näherte. Nachdem die körperlichen Gegebenheiten für die Flucht vor Raubtieren vorhanden waren, entwickelten sich die Sinne, womit der Verteidigungsmechanismus perfekt und das von Natur aus nervöse Temperament der neueren Pferde angelegt war.

Selbst heutzutage ist das Verteidigungssystem des Pferdes noch tief in seinem Charakter verwurzelt, obwohl es schon Millionen von Jahren her ist, daß seine Vorfahren sich an die Steppen des Miozäns anpassen mußten, und obwohl es heute weitgehend nutzlos ist. Heute lauern keine Raubtiere mehr in den Büschen, doch das Rascheln eines Papierfetzens im Wind ruft dieselbe Reaktion hervor – ein schnelles Scheuen, vielleicht sogar einen Fluchtversuch. Diese Reaktion beweist uns, daß das Pferd aller Domestikation zum Trotz im Grunde unverändert geblieben ist. Die moderne Pferdepflege, die durch warme Stallungen und stark eiweißhaltige Futtermittel versucht, das Pferd in Bestform zu erhalten, fördert noch das nervöse Temperament und erhöht die Wirksamkeit des Verteidigungsmechanismus.

Am Ende des Miozäns existierten auf den amerikanischen Prärien wahrscheinlich mindestens sechs verschiedene Formen. Zu Beginn des Pliozäns war eine von ihnen, Hipparion, nach Asien abgewandert und hatte sich von dort aus schnell über ganz Europa verbreitet. Auf diesem stillen Eroberungszug erreichte Hipparion auch Afrika, wo vor ihm, so weit wir heute wissen, noch kein anderes Pferd gewesen war.

In Amerika entstand der endgültige Vorläufer der Gattung Equus. Er hieß Pliohippus und erschien vor etwa sechs Millionen Jahren. Er war schon sehr pferdeähnlich, allerdings kleiner, und der erste Einhufer, dessen Zähne weitgehend denen der heutigen Pferde glichen. Von ihm stammen die modernen Pferde ab und außerdem die Zebras, Esel und Halbesel.

Etwa fünf Millionen Jahre nach Pliohippus – also vor etwa einer Million Jahren – hatte sich *Equus caballus* entwickelt. Die ersten Individuen waren den heutigen Pferden vermutlich nicht besonders ähnlich, doch mit Sicherheit waren sie Einhufer, deren Hufe schon einen Strahl hatten, der anstelle des früheren Zehenpolsters als Stoßdämpfer diente und vor dem Ausgleiten schützte. Die letzte Zehe hatte sich zu dem hornigen Sporn am Fesselgelenk umgewandelt, und die Entwicklung der Zähne war abgeschlossen. Die Tiere waren vermutlich nicht größer als durchschnittliche Shetland Ponys, und auch die schwungvollen Bewegungen, die heutigen Pferden eigen sind, mußten sich noch entwickeln.

Equus wanderte schon bald nach Südamerika, wo es vorher keine Pferde gegeben hatte, nach Asien, nach Europa und schließlich nach Afrika. Kurz darauf starb Hipparion, die letzte dreizehige Form aus. Von diesem Zeitpunkt an interessiert uns nur noch die Weiterentwicklung einer einzigen Gattung: Equus.

Etwa eine Viertelmillion Jahre lang zogen Pferdeherden von Amerika nach Asien und Europa und umgekehrt. Diese Wanderungen wurden vermutlich auch während des größten Teils der achthunderttausend Jahre dauernden Periode der Eiszeiten, die im Pleistozän begann und vor ungefähr zehntausend Jahren endete, fortgesetzt.

Als sich von den Polargebieten aus immer wieder gewaltige Eismassen über die Erde schoben, wurde die Nahrungsgrundlage zerstört, was dazu führte, daß die Pferde nach Süden abwanderten. In dieser Periode verschwanden auch die letzten Landbrücken, die den amerikanischen Kontinent mit Europa und Asien verbunden hatten. Übrig blieben vier nahe verwandte Equus-Typen: das Pferd, der Esel, das Zebra und der Onager (Persischer Halbesel). Sie waren ungefähr so verteilt: Pferde in Europa und den angrenzenden Teilen Asiens, Esel und Zebras im Norden und Süden Afrikas und Onager im Mittleren Osten.

Jeder, der sich mit den Arbeiten der bedeutendsten Paläontologen des vergangenen Jahrhunderts beschäftigt, wird auf Meinungsverschiedenheiten und

**Der Tarpan war die Primitivrasse mit dem größten Einfluß. Der ursprüngliche Tarpan ist ausgestorben, doch dank der Findigkeit des Menschen haben einige der Tarpanmerkmale überlebt, die sich in dieser Nachzüchtung vereinigen.**

unterschiedliche Interpretationen stoßen, zum Teil sogar auf völlig widersprüchliche Theorien. Die amerikanische Kapazität David P. Willoughby ist der Ansicht, daß «in der Eiszeit mindestens zwanzig verschiedene Formen von Equus caballus, dem echten Pferd, existierten, von denen die meisten den schweren Körperbau heutiger Zugpferde hatten, aber längere Beine, während andere den schlanken Bau von Rennpferden aufwiesen».

In allen Untersuchungen über die Entwicklung des Pferdes werden immer wieder die Wanderungen von Amerika nach Asien und Europa erwähnt. Viel weniger Beachtung finden Wanderungen von der Alten Welt in die Neue. Zumindest *ein* Fachmann ist sogar der Ansicht, daß Wanderungen über die Beringstraße und die anderen Landbrücken, die Amerika einmal mit Asien verbanden, überhaupt nicht stattgefunden haben können.

Doch eine Tatsache, die nicht in diesen Zusammenhang zu passen scheint, ist die, daß die Pferde vor acht- bis zehntausend Jahren auf dem amerikanischen Kontinent, auf dem sie ursprünglich entstanden waren, ausstarben. Mit ihnen zusammen verschwanden die Faultiere und Mastodonten. Für diese Vorgänge gibt es keine eindeutige Erklärung. Möglicherweise war eine einschneidende Klimaveränderung die Ursache oder – was wahrscheinlicher ist – eine tödliche Krankheit, die vielleicht durch Insekten von der Art wie die afrikanische Tsetse-Fliege übertragen wurde. Dies ist nach wie vor ein ungelöstes Geheimnis.

Erst im frühen sechzehnten Jahrhundert kamen wieder Pferde nach Amerika, als Cortés vor der Eroberung Mexikos sechzehn Pferde nach Havanna auf Kuba brachte. Danach entwickelte sich in Nord- und Südamerika in erstaunlich kurzer Zeit eine beachtliche Menge von Pferden verschiedener Rassen.

In der Alten Welt sorgten ein gemäßigtes Klima und geeignete Nahrung für eine Vergrößerung der Pferde. Auch mineral- und vitaminreiche Böden förderten Wachstum und Kraft.

In Gebieten, in denen es viel regnete und in denen üppige, saftige Gräser wuchsen, entstand ein schwerer Pferdeschlag, der möglicherweise außer Gras auch Blätter fraß. Trockenere Zonen brachten feingliedrigere Pferde hervor, die höhere Geschwindigkeiten erreichten, aber nicht sehr groß wurden. Im Gebirge und in Gebieten mit extremen Klimabedingungen und spärlicher Vegetation entwickelten sich kleine, widerstandsfähige Ponys, deren Körper den Härten ihrer Lebensräume bestens angepaßt waren.

Innerhalb der Gattung Equus gibt es – Esel, Zebras und Onager ausgenommen – drei Pferdeschläge, von denen vermutlich die heutigen Hauspferde abstammen.

In Asien lebte ein Steppenpferd, das Östliche Steppenwildpferd oder *Equus przewalskii przewalskii*, das seinen Namen nach dem russischen Forscher Nikolaj Michajlowitsch Przewalski erhielt, der im Jahre 1879 die erste Herde dieser Pferde in der Mongolei entdeckte. Einige dieser Primitivpferde leben noch in zoologischen Gärten, doch in ihrer asiatischen Heimat sind sie bis zum Aussterben gejagt worden.

Die Streifen der Zebras sind eine Tarnfärbung, die in abgewandelter Form bei allen Primitivrassen auftritt.

Weiter im Westen entwickelte sich das Südrussische Steppenwildpferd, *Equus przewalskii gmelini*, der Tarpan der Steppen und Waldsteppen. Dieses Pferd lebte in Teilen Osteuropas und in der Ukraine und ist gleichfalls ausgestorben, obwohl Rückzüchtungen dieser Rasse unter natürlichen Bedingungen in der berühmten Herde von Popielno in Polen leben.

Die dritte Primitivrasse, die inzwischen mit Sicherheit ausgestorben ist, war *Equus przewalskii silvaticus*, ein schweres, langsames Pferd, das gelegentlich als Waldtarpan bezeichnet wird oder als Diluvial-Pferd, weil es, zumindest in seiner Frühform, möglicherweise bereits im Diluvium (Pleistozän) ausstarb.

Die Vermutung liegt nahe, daß die heutigen Reitpferde von primitiven Tarpans und Östlichen Steppenwildpferden abstammen, wobei viele Pferde wahrscheinlich Blut beider Arten führen. Der Waldtarpan, vermutlich eine Unterart des Östlichen Steppenwildpferdes, wird für einen entfernten Vorfahren der europäischen Kaltblüter gehalten.

Das Östliche Steppenwildpferd zeigte Merkmale, die beim domestizierten oder «gezähmten» Pferd nicht vorkommen; außerdem hatte es 66 Chromosomen anstelle der 64 beim Hauspferd. Die Wildpferde sind im allgemeinen Falben mit schwarzen Beinen, schwarzer Mähne und schwarzem Schweif und hellcremefarbenem Unterbauch. Die Mähne ist bei diesen Primitivrassen besonders bemerkenswert. Sie ist ungefähr zwanzig Zentimeter lang und steht aufrecht, im Gegensatz zu der des Hauspferdes, die länger wächst und auf eine oder beide Halsseiten fällt, sofern sie nicht gestutzt oder verzogen wurde. Der Kopf des Wildpferdes ist lang mit einem geraden Profil; durch die hochliegen-

Obwohl der Onager *(unten)* der erste Vertreter der Gattung Equus war, der als Zugtier eingesetzt wurde, konnten weder er noch seine Verwandten, das Zebra *(ganz links)* und der Kulan *(links)*, mit der größeren Vielseitigkeit des Pferdes konkurrieren.

den Augen wirkt der Kopf sogar noch länger. Das Haar um die Augen und das Maul ist heller als das übrige Fell. Die Pferde haben ein Stockmaß von etwa 136 Zentimetern. (Das Stockmaß eines Pferdes ergibt sich aus der Höhe vom Boden bis zum Widerrist, dem Knochenbuckel, der zwischen Hals und Rükken des Tieres liegt.)

Der Tarpan ist etwa ebensogroß, aber leichter gebaut. Ursprünglich hatte er auch die charakteristische hochstehende Mähne der Primitivrassen und den ausgeprägten Aalstrich, der vom Schweif über den Rücken und durch die ganze Länge der Mähne verläuft. Die Herde in Popielno zeigt diese Charakteristika jedoch nicht mehr. Das Fell des Tarpans ist graufalb und hat eine ähnliche Struktur wie das eines Hirsches. Der dunkle Aalstrich auf dem Rücken ist deutlich zu sehen. Wie bei allen Falben sind auch beim Tarpan Beine, Mähne und Schweif schwarz, und an den Beinen zeigen sich oft sogenannte Zebrastreifen. Die Augen sind beim Tarpan ebenso angeordnet wie beim Hauspferd, doch das Nasenprofil ist leicht konkav.

Im Winter färbt sich das Fell des Tarpans weiß, wie auch bei vielen anderen Wildtieren, die arktischen Bedingungen ausgesetzt sind. Das Östliche Steppenwildpferd bildet eine Ausnahme: sein Fell wird im Winter nur heller, aber nicht weiß. Es wird für sicher gehalten, daß sich aus dem Tarpan das Arabische Pferd, die älteste der modernen Rassen, entwickelt hat.

Das Aussehen des Waldtarpans ist schwieriger zu rekonstruieren, obwohl Fundstücke und bis zu einem gewissen Grad auch die Höhlenmalereien der Frühmenschen einige Anhaltspunkte liefern. In Skandinavien wurden etwa zehntausend Jahre alte Überreste gefunden, die offensichtlich von einem schweren, sich langsam bewegenden Tier stammen. Neuere Funde in Nordwestdeutschland zeigen eine verblüffende Ähnlichkeit mit schwedischen Kaltblütern; diese Entdeckung scheint darauf hinzudeuten, daß es hier schon vor dreitausend Jahren domestizierte Pferde gab.

Der Waldtarpan war ungefähr 150 Zentimeter groß. Er hatte einen massigen Körper und stämmige Beine mit großen, breiten Hufen, die für Sumpfgebiete besonders geeignet waren, ein dickes, grobes Fell und einen üppigen Mähnen- und Schweifwuchs. Das Fell war dunkel und möglicherweise leicht geäpfelt, was im Licht und Schatten des Waldes eine gute Tarnung gewesen wäre.

Es gibt Hinweise auf ein viertes Urwildpferd, das indes ein weiteres ungelöstes Rätsel in der Geschichte des Pferdes darstellt. Dieses Urwildpferd ist das Tundra-Pferd; Überreste von ihm wurden zusammen mit solchen von Mammuten in der Jana-Ebene im Nordosten Sibiriens gefunden, wo die Wintertemperaturen noch unter denen des Nordpols liegen. Noch 1964 wurden Gruppen von weißen Wildpferden in dieser Gegend gesehen. Sowjetische Wissenschaftler gehen davon aus, daß die aus Sibirien stammenden Jakutischen Pferde direkte Nachkommen des Tundra-Pferdes sind. Über das Pferd selbst sind sich die Wissenschaftler erstaunlich einig. Sie erkennen zwar an, daß es existierte, sind jedoch wie Professor F.N. Zeuner der Meinung, daß es

**Der primitivste Vertreter der Gattung Equus war das Przewalski-Pferd, auch Östliches Steppenwildpferd genannt. Im Gegensatz zum Tarpan hat es in seiner Urform überlebt. Britische, amerikanische und russische Züchter arbeiten gemeinsam daran, diese Pferde wieder in ihrem ursprünglichen Lebensraum in der Äußeren Mongolei anzusiedeln.**

«mit ziemlicher Sicherheit nichts zu den domestizierten Pferden beigetragen hat».

Aufs Ganze gesehen stimmen die Fachleute in bezug auf die Entwicklung der frühesten Pferde überein. Dies ist jedoch nicht mehr der Fall, wenn es um die direkten Vorfahren der domestizierten Pferde geht.

Einige der Probleme entstehen durch die Vielzahl der Namen, weil es vorkommen kann, daß eine Unterart von den Wissenschaftlern mit zwei oder drei verschiedenen Namen belegt wird. So spricht zum Beispiel J.U. Duerst vom «Wüsten»-Typ, wogegen Dr. J.C. Ewart, ehemals Professor für Naturgeschichte an der Universität Edinburgh, die Bezeichnung «Plateau»-Typ vorzieht. In manchen Sachfragen sind die Experten auch völlig entgegengesetzter Meinung. Der russische Zoologe B.F. Runjancev behauptet zum Beispiel kategorisch (und wahrscheinlich fälschlich), daß «das Przewalski-Pferd bei der Entstehung des domestizierten Pferdes keine Rolle spielte». Andererseits vertrat der sehr fähige ehemalige Direktor des Schönbrunner Zoos, Hellmut Antonius, ebenso nachdrücklich die gegenteilige Auffassung.

Dr. Ewart führte die modernen Pferderassen auf drei Unterarten zurück: *Equus caballus celticus*, das Plateau- oder Keltische Pferd, heute vertreten durch Isländer, Connemaras, Shetland Ponys und Fjordpferde; das Asiatische oder Mongolische Wildpferd, das er als Steppenpferd bezeichnet; und schließlich

**Unter den modernen Pferderassen ist der Ardenner, eine belgische Kaltblutrasse, dem primitiven Wald- oder Diluvialpferd Nordwesteuropas wohl am ähnlichsten. Die Anthropologen sind sich jedoch auch heute noch nicht einige, ob der Mensch bei der Entwicklung des Waldpferdes seine Hand im Spiel hatte.**

Das primitiv aussehende Jakutische Pony, das noch heute in der Sowjetunion lebt, ist dem Tundra-Pony, von dem es vermutlich abstammt, sehr ähnlich.

das Waldpferd, für das das norwegische Dølepferd ein modernes Beispiel ist.

Dies ist nur eine Variante der Theorie, die bereits von den drei «Gründervätern» aufgestellt wurde. Einige Jahre nach Ewart änderte Duerst die Nomenklatur ab und führte einen orientalischen «Wüsten»-Typ ein; andere Fachleute variierten das Thema mit anderen Bezeichnungen. Die anerkannteste und am häufigsten publizierte Theorie über den unmittelbaren Ursprung des domestizierten Pferdes ist die von J.G. Speed aus Edinburgh, Eduard Skorkowski aus Krakau und F. Ebhardt aus Stuttgart. Dabei handelt es sich um eine genauere Erläuterung der gewonnenen Erkenntnisse.

Ihre detaillierten Untersuchungen der Knochenstruktur, der Zähne usw. führten sie zu dem Schluß, daß es kurz vor der Domestikation durch den Menschen vier Unterarten gegeben haben muß:

*Pony-Typ 1:* Stockmaß zwischen 122 und 124 Zentimetern; breite Stirn, gerades Nasenprofil und kleine Ohren. Er entspricht etwa dem heutigen Exmoor Pony und siedelte sich schließlich im Nordwesten Europas an. Wie das Exmoor Pony war es unempfindlich gegen Feuchtigkeit und gedieh auch unter ungünstigen Bedingungen. Das heutige Exmoor Pony hat dieselben Kieferknochen und die Anlage zu einem siebten Backenzahn, wie sie auch bei den fossilen Überresten eines in Alaska gefundenen prähistorischen Ponys vorkamen. Diese Merkmale hat kein anderer Equide. Außerdem haben Exmoor Ponys vorstehende Augen und eine sogenannte Ponyglocke am oberen Ende der Schweifrübe, die sie vor den Witterungseinflüssen schützt.

*Pony-Typ 2:* Schwer gebaut, grob, mit einem klobigen Kopf, dessen Profil eher zum Konvexen neigt. Stockmaß zwischen 142 und 144 Zentimetern. Er lebte im Norden Eurasiens und war sehr widerstandsfähig gegen Kälte. Unter den modernen Rassen kommt ihm das Highland Pony am nächsten.

*Pferde-Typ 3:* Etwas größer, etwa 145 Zentimeter. Langer schmaler Körper, abfallende Kruppe, langer Hals und lange Ohren; Bewohner von Zentralasien. Der turkmenische Achal-Tekkiner, der zur Rasse der Turkmenen gehört, ähnelt ihm und ist ebenfalls unempfindlich gegen Hitze.

*Pferde-Typ 4:* Vorläufer des Arabers, wesentlich kleiner als die anderen, aber von feinerem Bau mit konkavem Nasenprofil und hoch angesetztem Schweif. Lebte im Westen Asiens und ähnelt stark dem Kaspischen Pony aus dem Iran. (Das Kaspische Pony wird wegen seiner Größe als «Pony» bezeichnet, obwohl es typmäßig zu den Pferden gehört.)

Wann wurden Pferde zu Nutztieren? Die Domestikation und die frühesten Gebrauchszwecke werden im vierten Kapitel erläutert, doch wann genau die ersten Pferde domestiziert wurden, wissen wir nicht.

Erste Beweise für die Domestikation durch arische Nomaden, die eine indogermanische Sprache sprachen und durch die Steppen am Schwarzen und am Kaspischen Meer zogen, stammen ungefähr aus der Zeit um 2700 v. Chr. Diese Völker hinterließen zwar keine Aufzeichnungen, aber auf Tontäfelchen ihrer südlichen Nachbarn werden sie und ihre Pferdeherden erwähnt.

Das dürfte der erste definitive Beweis für die Domestikation sein, was jedoch nicht bedeuten muß, daß Pferde in anderen Gegenden nicht schon früher domestiziert wurden. Halbgezähmte Herden gab es sicherlich schon vor dieser Zeit, und es ist denkbar, daß nomadische Steppenbewohner vielleicht schon tausend Jahre früher Pferde gezähmt hatten.

Sicher ist, daß zum Zeitpunkt der Domestikation mehrere Pferdetypen existierten. Im Laufe der Jahrhunderte versuchten die Menschen ihre Bestände zu verbessern, um für die verschiedenen Aufgaben möglichst geeignete Pferde zu bekommen. Durch selektives Züchten griffen sie in den natürlichen Ablauf ein und förderten das Größenwachstum durch Zufütterung. Diese Bemühungen führten zum Entstehen von unterscheidbaren Rassen mit gemeinsamen Merkmalen. Heute gibt es über einhundertsiebzig anerkannte Pferde- und Ponyrassen – ein weiter Weg vom mehrzehigen Eohippus.

**Das Exmoor Pony wird häufig als die älteste Pferderasse Europas angesehen. Es zeigt Charakteristika, die bei anderen Equiden nicht zu finden sind. Die Kieferform zum Beispiel ist einzigartig; weitere eindeutige Merkmale sind die vorstehenden Augen und die «Ponyglocke» am Schweifansatz.**

# Die großen Vorfahren

*Kapitel 3*

Es besteht wohl kaum ein Zweifel daran, daß der Araber auf den Pferdebestand der ganzen Welt den größten Einfluß hatte. Wie stark die frühen Pferde von ihm beeinflußt wurden, läßt sich natürlich nicht sagen, zumal es keinerlei schriftliche Aufzeichnungen darüber gibt. Je mehr man aber Darstellungen von Pferden in der Kunst betrachtet, zum Beispiel aus der Zeit um 2500 bis 2000 v. Chr. und danach solche aus Ägypten, Saudi-Arabien und Syrien, desto deutlicher erkennt man, was die frühen Pferdezüchter ebenso wie die weit späteren Kulturen dem Arabischen Pferd verdanken.

Lange Zeit waren die Wissenschaftler der Ansicht, der Vorfahre des Arabischen oder Orientalischen Pferdes sei der Tarpan, und auch heute hat diese Theorie noch Anhänger. Die Verfechter der späteren Theorie von Speed, Ebhardt und Skorkowski vermuten indessen, daß der wahrscheinlichere Vorfahr eine Mischung aus dem kleinen westasiatischen Pferde-Typ 4 und dem zentralasiatischen Typ 3 ist. Der Pferde-Typ 4 weist auffallende Ähnlichkeiten mit dem Araber auf, und es fällt nicht schwer, eine Verbindung herzustellen zwischen dem Arabischen Pferd und dem Kaspischen Pony aus dem Iran, das zwar als Pony bezeichnet wird, aber die Merkmale eines Pferdes hat. Schwieriger ist es dagegen, Ähnlichkeiten zwischen dem eher reizlosen Pferde-Typ 3 und dem heutigen Araber mit seinem feinen Knochenbau, seiner Schönheit, der hohen Schweifhaltung, dem Hechtkopf, den großen, leuchtenden Augen und den geblähten Nüstern zu bemerken.

Ziemlich treffende Beispiele für den Pferde-Typ 4 sind der Achal-Tekkiner aus Turkmenistan und die anderen turkmenischen Rassen aus der Altai-Ebene und aus Kasachstan, die noch heute halbwild im Iran und entlang der Grenze zur Sowjetunion umherziehen – von Behschahr im Westen bis in die nördliche Steppe.

Doch nicht alle Arabertypen entsprechen dem gängigen Bild. Der Muniqi-Typ, die Rennform, ähnelt viel eher dem Achal-Tekkiner und den anderen turkmenischen Rassen. Die ersten Araber, die Wilfrid Scawen Blunt und seine Frau Lady Anne in den Jahren 1878–79 anläßlich der Gründung ihres Gestüts Crabbet Park in Sussex importierten, würden, wenn man den Fotos glauben darf, den heutigen Standards zufolge als mangelhaft im Typ eingestuft werden. Schon anhand ihres Erscheinungsbildes kann man eine Beteiligung vom Pferde-Typ 3 am Arabischen Pferd durchaus akzeptieren.

Danach ist nicht auszuschließen, daß der Araber auch auf das Nisäische Pferd, das von den Medern auf dem Grasland Westirans gezogen wurde, einen Einfluß ausgeübt hat. Diese Rasse war die berühmteste des alten Orients, und der griechische Schriftsteller Oppianos beschrieb sie folgendermaßen: «Sie

**Es wurde behauptet, der islamische Glaube wäre «in den Hufspuren des Arabischen Pferdes» begründet worden. Anfangs verließen sich die moslemischen Heere jedoch stärker auf Kamele. Hier reitet der Prophet Mohammed auf einem Kamel in Medina ein.**

Lucinda Green auf dem modernen Äquivalent zum Nisäischen Pferd.

Wilfrid und Lady Anne Blunt, die Retter des modernen Arabers, importierten Wüstenaraber für ihr Gestüt Crabbet Park in Sussex.

sind die hübschesten und passen nur zu starken Herrschern. Sie sind prachtvoll, laufen schnell unter dem Reiter, gehorchen willig dem Zügel, tragen ihre ramsnasigen Köpfe hoch und haben wallende goldene Mähnen.» Ramsnasen bringt man natürlich nicht automatisch mit den Arabischen Pferden in Verbindung, doch auch unter ihnen gibt es Typen mit geradem Nasenprofil wie die Muniqi; außerdem lebten im Norden noch viele wilde Steppenpferde, von denen die Nisäischen Pferde das konvexe Nasenprofil geerbt haben könnten.

Vermutlich sind auch die Baktrischen Pferde, die weiter östlich am Oxus, an der Grenze zum heutigen Afghanistan, gezüchtet wurden, von Arabischen oder Orientalischen Pferden beeinflußt worden. Bukephalos, das Pferd Alexanders des Großen, war zweifellos «von orientalischer Rasse». Bukephalos bedeutet «Ochsenkopf», was heißt, daß das Pferd die typische breite Stirn, die großen Augen und das konkave Profil des Arabers hatte – alles Merkmale, die für die an Arabische Pferde nicht gewöhnten Europäer eher zu einem Rind passen würden.

Der genauere Ursprung der wilden Pferde vom orientalischen Typ, aus dem der Araber entstand, muß noch geklärt werden. Bei Ausgrabungen im Akakus-Gebirge im Süden Libyens, im Westiran und sogar in Japan sind Überreste wilder Pferde gefunden worden, die zweifellos arabische Merkmale aufweisen.

Wentworth, Raswan, Seydel und Upton vertreten die Theorie einer wilden Pferderasse in Mittel- und Südarabien, das einmal «ein Land mit Bäumen und Flüssen» war, in dem Pferde gut gedeihen konnten. Daß in den arabischen Wüsten keine Überreste dieser frühen Pferde gefunden wurden, ist kein Beweis dafür, daß es sie nicht gab. Der Sand und die extremen Klimabedingungen hätten diese Überreste schon längst zerstört; außerdem haben in Arabien bisher nur wenige oder gar keine archäologischen Untersuchungen stattgefunden. Sichere Beweise für das Vorhandensein eines arabischen Pferdetyps gibt es auf den Kriegsschauplätzen der antiken Welt und in ihrem Umkreis, wo die miteinander verbundenen Pfade der Zivilisation eine bemerkenswerte Vielfalt von Pferderassen-Kreuzungen ermöglichten.

Das Volk, das untrennbar mit dem «Wüsten»-Pferd verbunden ist, sind die Beduinen, und deshalb sind ihre mündlichen Überlieferungen von größter Bedeutung. Ihre Überzeugungen entsprechen den Ansichten der Wentworth-Schule und wurden von dem arabischen Historiker El Kelbi, manchmal mehr in Anspielungen als in Fakten, aufgezeichnet. El Kelbi begann 786, gegen Ende der islamischen Eroberungszüge, die ganz Europa zu verschlingen drohten, mit der Niederschrift der Geschichte und Abstammung der arabischen Pferde.

In Übereinstimmung mit den Ansichten der Beduinen verfolgte El Kelbi die Abstammung des arabischen Pferdes von etwa 3000 v. Chr. bis zu der Stute Baz, dem Pferd, das Baz, der Ur-Ur-Enkel Noahs, eingefangen hatte. Er war der erste Mensch, der versuchte, die wilden Pferde des Jemen zu zähmen. Die von El Kelbi aufgestellten ausführlichen Abstammungsnachweise verfolgten

Die ersten «Pferde der
Morgenröte» lebten in
Urwäldern, die diesem ähnelten.

*Rechts:* Das frühe Buschland ließ die ersten Pferde zu Blätterfressern werden. *Oben:* Nach dem Entstehen der Grassteppen begannen die Pferde zu grasen und entwickelten Verteidigungsmechanismen, die ihnen das Überleben in der neuen Umwelt sicherten.

Die alte Rasse der Achal-Tekkiner entstand aus einer Vermischung von Blutlinien, die seinerzeit als die besten der Welt galten.

Peter Tillemans Pinxit.

To the most Noble and Puissant Lord JAMES STANLEY Earl of DARBY, Viscount KINTON, Baron STANLEY, &c. Lord MOHUN, &c. Lo
MAN & the Isles, & Lord Lieutenant of the County of LANCASTER.

*This View of the Round-Course or Plate-Course, with divers Jockeys & Horses in different Actions & Postures, going to Start for the King's*
*is most humbly Dedicated by Yr. Lordships most humble & most obedient Servant*

Peter Tillemans, 17

Unter den Stuart-Königen wurde Newmarket das Zentrum des britischen Rennsports, dessen höchste Instanz, der Jockey Club, heute dort ihren Sitz hat.

Henri Rousseau.

Der charakteristische Kopf des Berbers ist ein Merkmal, das bei allen Rassen auftritt, in die nordafrikanische Pferde eingekreuzt wurden. Auch die Zäumung ist typisch und hat sich seit tausend Jahren kaum verändert.

*Gegenüberliegende Seite:* Der durch die harten Lebensbedingungen in der Wüste abgehärtete Berber leistete durch den Einfluß, den er während der langen Besetzung der Iberischen Halbinsel durch die Mauren auf die spanischen Pferde hatte, einen beachtlichen Beitrag zur Entwicklung der Pferderassen auf der ganzen Welt. Das Gemälde stammt von Henri Rousseau.

Mohammed, der die arabischen Völker einte und um dessentwillen die Mauren in Spanien einfielen, steigt auf eine Art ins Paradies auf, die dem Propheten des Islam angemessen ist.

die arabischen Pferdefamilien, von denen jede mit dem einen oder anderen der zahlreichen Beduinenstämme verbunden war, bis zu Baz und dem Hengst Hoshaba zurück.

Der Emir Abd-el-Kadr drückte die Geschichte folgendermaßen aus: «Als Gott das Pferd erschaffen wollte, sagte er zum Südwind: ‚Ich will ein Lebewesen aus dir schaffen. Verdichte dich.' Und der Wind verdichtete sich. Sofort erschien der Erzengel Gabriel, nahm eine Handvoll und zeigte sie Gott, der daraus einen Kastanienbraunen *[kouınmite* – Rot gemischt mit Schwarz] machte und sprach: ‚Ich nenne dich Pferd *[frass]*; ich mache dich zum Araber und gebe dir die braune Farbe der Ameise; das Glück hängt am Schopf zwischen deinen Augen; du sollst Herr *[sid]* über die anderen Tiere sein. Menschen sollen dir folgen, wohin du auch gehst; du sollst gleich gut sein für die Jagd und für die Flucht; du sollst fliegen ohne Flügel; Reichtümer sollen auf deinem Rücken liegen, und durch dich sollen Vermögen gewonnen werden.' Dann versah er das Pferd mit dem Zeichen für Ruhm und Glück *[ghora]*, einem weißen Abzeichen in der Mitte der Stirn.» Interessanterweise ist «ghora» in Hindi das Wort für «Pferd».

Abd-el-Kadr unterteilte die Geschichte des Arabischen Pferdes in vier Abschnitte; von Adam zu Ismael, dem Sohn Abrahams und Stammvater der Wüstenbeduinen, der angeblich der erste Mensch war, der ein Wüstenpferd ritt; von Ismael zu König Salomo; von Salomo zu Mohammed, und schließlich vom Propheten bis in die Gegenwart.

Ismael, über den der Engel Gottes Hagar verkündete: «Er wird ein wilder Mensch sein, seine Hand wider jedermann und jedermanns Hand wider ihn», war ein Ausgestoßener, der zur Verkörperung der wilden Wüstenstämme wurde. Indem sie eine Verbindung herstellten zwischen Ismael und seinen Nachkommen und dem Pferd, konnten sie sich in der Welt, die sie verstoßen hatte, einen Platz schaffen und Achtung und Anerkennung gewinnen. Ihre in der Wüste gezogenen, zähen, gutartigen und tapferen Pferde waren genauso hart und ausdauernd wie sie selbst; zu ihnen hatten die frühen Beduinen ein ganz besonderes Verhältnis.

Als sich die Wüstenstämme nach dem Tod Ismaels aufspalteten, führte der große König Salomo die Saga vom Wüstenpferd weiter. Salomo war gewissermaßen das Urbild des Pferdehändlers, und das Ausmaß seiner Geschäfte wurde nie übertroffen. In seinen Ställen standen bis zu 40000 Wagen- und zwischen 1200 und 2000 Reitpferde – trotz des Judäischen Gesetzes, das die Haltung von Pferden als Form des Götzendienstes verbot.

Dem Islam, seinem Propheten Mohammed und der Überlegenheit der arabischen Pferderassen ist es zu verdanken, daß es überhaupt zu einem der großen Wendepunkte in der Geschichte kam. Mohammed vereinigte die Stämme in einer religiösen Gemeinschaft, die zum Dschihad, zum «Heiligen Krieg» entschlossen war – einem Krieg, der weniger der materiellen Bereicherung als vielmehr der Verbreitung des Islam dienen sollte. Es war ein Bekehrungskrieg, der die Welt dazu bringen sollte, Allah, den einzig wahren Gott, anzuerkennen und ihm zu huldigen.

Mohammed, der stets ein Auge auf das Paradies gerichtet hielt, stand trotzdem mit beiden Beinen fest auf dem Wüstensand. Er war ein geschickter, pragmatischer Politiker, aber auch ein Heerführer von nicht geringem Rang. Unerläßlich zur Durchführung seiner religiösen Mission waren die schnellen und entschlossenen Bewegungen großer Truppenteile. Das war jedoch nur mit einer berittenen Streitmacht möglich, die ihre Pferde besonders wirksam einsetzen konnte. Um den ungeheuren Ehrgeiz des Islam zu befriedigen, kamen nur entsprechend trainierte Pferde von höchster Qualität in Frage.

Mohammed verankerte die Pflege und die Sorge für das Wohlbefinden der Pferde tief im moslemischen Glauben. In gewisser Hinsicht war damit ein Teil der alten arabischen Religion wieder auferstanden, die die Pferde durch die Götzen Ya'uk und Ya'bub verehrt hatte. Allerdings verbot der Islam die Abgötterei, weshalb es auch keine Malereien oder andere künstlerische Darstellungen vom Leben der Araber gibt. Der pflegliche Umgang mit Pferden als Glaubensgrundsatz war jedoch durchaus akzeptierbar, und die fanatischen Krieger, die im Tod auf dem Schlachtfeld einen Passierschein zu den ewigen Freuden des Paradieses sahen, hielten sich streng an diesen Grundsatz.

Mohammed entgeht am Tage der Wiederauferstehung dem Feuer.

Im Koran wird das Pferd als der «größte Segen» bezeichnet, und die in ihm aufgezeichneten Worte des Propheten über die Behandlung des Pferdes waren ein starker Anreiz zu einer Verbesserung von Zucht, Haltung und Pflege der Pferde, die so viel zu den zwei Jahrhunderten islamischer Eroberungen beitrugen.

«Am Schopf des Pferdes», erklärte der Prophet, «hängt das Glück dieser Welt, reiche Beute und ewige Belohnung.» «Wer ein Pferd um des Triumphes der Religion willen füttert, gewährt Allah ein gewaltiges Darlehen.» «Ein sorgfältig für den Heiligen Krieg aufgezogenes Pferd wird seinen Herrn am Tage der Auferstehung vor dem Feuer retten.» «Für Pferde ausgegebenes Geld ist in den Augen Allahs gleichbedeutend mit mildtätigen Almosen.» «Jedes Gramm Gerste, das ein Pferd erhält, wird im Buch der guten Taten verzeichnet.» «Liebt eure Pferde und sorgt für sie», mahnte Sidi-Aomar, ein Gefährte des Propheten, «denn sie verdienen eure Liebe; behandelt sie wie eure Kinder, ernährt sie wie Freunde der Familie und schützt sie durch Decken. Um der Liebe Allahs willen vernachlässigt sie nicht, denn ihr würdet es in diesem und im nächsten Leben bedauern.»

Die Beduinen hielten ihre Pferde entweder in ihren Zelten oder in deren unmittelbarer Nähe. Sie fütterten sie aus der Hand mit Getreide, Milch, Datteln und sogar mit Fisch und Fleisch, wobei letzteres den Mut der Tiere steigern sollte. Diese Fütterung war notwendig, da die Wüste kaum Gras oder andere eßbare Pflanzen hervorbringt. Diese Behandlung hatte zur Folge, daß die Pferde ausgesprochen zahm wurden. Der Verkauf von Pferden an Ungläubige war verboten, und obwohl die Abstammung der Pferde bis zur Zeit von El Kelbi nur mündlich überliefert wurde, betrieb man sorgfältige Selektion.

Die Bedingungen, unter denen die Pferde gehalten wurden, erzeugten eine überlegene Rasse, die ausgesprochen zäh und ausdauernd und vor allem von einheitlichem Typ war.

Nach dem Tode Mohammeds im Jahre 632 unternahmen die moslemischen Heere zahlreiche Eroberungszüge, die die grüne Fahne des Islam im Osten bis an die Chinesische Mauer und im Westen bis an die Grenzen Europas trugen. Sie überrannten die Provinzen des Byzantinischen Reiches, Syrien, Palästina, Mesopotamien und Armenien und hatten im Jahre 643 Nordafrika besetzt. 664 hatten sie im Industal Fuß gefaßt, und fünfzig Jahre später waren sie die Herren von Zentralasien. Von Nordafrika aus setzten sie nach Spanien über, vereinnahmten die gesamte Iberische Halbinsel und drängten nordwärts nach Gallien. Dort wurde ihr Vormarsch schließlich gestoppt, als sie im Jahre 732 in der Schlacht von Tours und Poitiers Karl Martell und seinen fränkischen Rittern unterlagen.

Im Verlauf dieser Eroberungszüge kamen die unvergleichlichen arabischen Pferde ohne Zweifel mit den Pferderassen der eroberten Gebiete zusammen, und von dieser Zeit datiert der starke Einfluß, den sie auf die Pferderassen der Welt hatten. Die meisten arabischen Pferde gab es in Europa, als im späten siebzehnten und frühen achtzehnten Jahrhundert mit der Zucht englischer Vollblüter begonnen wurde, die schon nach erstaunlich kurzer Zeit ihre Ahnherren an Größe und Schnelligkeit, wenn auch nicht an Ausdauer, Widerstandsfähigkeit oder Erbgesundheit übertrafen.

Um besser begreifen zu können, warum in unwirtlichen Weltgegenden gezüchtete Tiere in der gesamten Pferdezucht eine so wichtige Rolle spielten, muß man bedenken, daß die Araber zu den reinsten Pferderassen der Welt gehören. Soweit bekannt ist, wurde dieser Rasse nie fremdes Blut beigemischt. Diese Reinheit der Zuchttiere und Blutlinien ergibt die stärkere Vererbungskraft, die es dem Araber ermöglicht, seiner Nachkommenschaft sowohl bei der Reinzucht als auch bei Kreuzungen seinen Stempel aufzudrücken und bei so vielen Pferderassen zur Verbesserung und Veredlung der Zucht beizutragen.

In der Zucht der Wüstenaraber erkannten die Beduinen gewisse überlegene Zuchtlinien, von denen viele Hunderte von Unterlinien abstammten. Jeder dieser Pferdestämme gehörte einem bestimmten Beduinenstamm, und die Reinheit der Zucht wurde peinlich genau überwacht. Zur Zeit des Mameluken-Sultans Al Malik An Nasir (1293–1341) war es üblich, daß die Bedeckung einer reinblütigen Stute von einem Komitee überwacht wurde und daß das Abfohlen ähnliche Aufmerksamkeit fand. Der Sultan ließ Aufzeichnungen anfertigen, die allerdings oft nicht mehr besagten, als daß eine Stute innerhalb eines bestimmten Stammes gedeckt worden war. Die Abstammung der einzelnen Pferde wurde mündlich von Generation zu Generation weitergegeben.

Nach europäischen Maßstäben scheint diese Methode höchst unzuverlässig zu sein. Ohne Zweifel gerieten auch die ersten europäischen Käufer schon deshalb in eine gewisse Verwirrung, weil die Verkäufer, die nach wie vor an das

Verbot des Verkaufs von Pferden an Christen gebunden waren, absichtlich nur vage Angaben machten, um ihr Vergehen zu vertuschen, und die wahre Abstammung der Pferde hinter einer Flut von Worten versteckten.

Die Beduinenstämme dagegen kannten die Abstammungen erstaunlich genau. Das ist nicht sonderlich überraschend; schließlich wurde auch der Koran von gläubigen Moslems mündlich, nicht schriftlich überliefert.

Einige der Hauptzuchtrichtungen waren damals besonders begehrt und sind es auch heute noch. Zu ihnen gehören Saqlawi, Hadban, Muniqi, Nauwaq, Dahman, Kurush, Abbayan, Wadnan, Jilfan, Jallabi und Hamdani. Doch diese Namen haben vielfach auch andere Schreibweisen, und keine zwei Fachleute sind sich darin einig, welches die wichtigsten Zuchtrichtungen waren.

Zweifellos wird der interessierte Leser auch auf die *Khamsa* stoßen, eine Bezeichnung für die Stammpferde, die bestimmte Linien begründeten. Die Khamsa soll fünf Stammstuten enthalten haben: Kuhaylan, wörtlich «reingezogen» und stets durch den Zusatz Ajuz gekennzeichnet, was der Name des ältesten Stammes sein soll; Saqlawiyah, der reine Stamm trug den Namen Saqlawi Jidran; Abbayah, Hadbah und Hamdaniyah. Araber vom Muniqi-Typ und viele andere waren von den Gründungslinien ausgeschlossen.

Die Araber vom Kuhaylan-Typ sollten aus der Linie der Stute Baz und vom Hengst Zad er Rakib abstammen, einem Pferd, das kein geringerer als König Salomo um 1000 v. Chr. dem Stamm Ben Zad schenkte. Aus dieser Zucht ging Sabal hervor, die Mutte der Stute Ajuz, deren Name die Linie der Kuhaylan Ajuz begründete.

Die Idee der Khamsa, von Lady Wentworth als «frommes Märchen» abgetan, hat ihre Anhänger, darunter den verstorbenen Henry Wynmalen und Reginald Summerhays. Einer arabischen Legende zufolge beschloß Ismael, nachdem Gott ihm hundert Pferde geschenkt hatte – oder prosaischer ausgedrückt, nachdem er diese Pferde gekauft hatte –, sie einem Test zu unterziehen. Er ließ die Herde acht Tage dursten und dann am Meer frei. Alle der vor Durst fast wahnsinnigen Tiere stürmten los und tranken das Salzwasser, alle bis auf eines. Dieses eine war die Stute Ajuz, die am Strand stehenblieb und über das Wasser schaute, aus dem sich ein großer und prächtiger Hengst erhob, mit dem sie sich paarte. Das daraus entstandene Hengstfohlen erhielt den Namen Kuhaylan Ajuz.

Nach einer anderen Version wurde dieser Test von Mohammed unter etwas anderen Umständen vorgenommen. Der Prophet ließ die durstige Herde zum Wasser laufen und rief sie im letzten Moment zurück. Fünf Stuten gehorchten seinem Ruf, die fünf Stammstuten der Khamsa. Der Prophet kennzeichnete den besonderen Wert dieser Tiere, indem er seinen Daumen auf den Hals jedes einzelnen drückte. Genau an dieser Stelle blieb ein Haarwirbel zurück. Dieses Zeichen ist denn auch als «Daumendruck des Propheten» bekannt, und Pferde mit diesem Wirbel gelten heute noch als besonders wertvoll.

Besondere Leistungen der Pferde, die Europäern außergewöhnlich vorkommen, wurden von den Beduinen oft als völlig normal angesehen. Allerdings ist das ganze Dasein der Beduinen ein ziemlich harter Kampf ums Überleben. Ein bemerkenswerter Ritt wurde von General Daumas beschrieben und von Zeugen bestätigt, die an ihm nichts Ungewöhnliches fanden. Si-Ben-Zyam erhielt von seinem Vater den Auftrag, seine Lieblingsstute nach Algier zu bringen, damit sie nicht von den Türken requiriert werden konnte. Er ritt die Nacht hindurch und rastete eine Stunde unter einigen Zwergpalmen, von denen die Stute, während er schlief, die Wedel abfraß. Dann wurde die Reise fortgesetzt, wobei die Stute nur einmal trinken durfte. Gefüttert wurde sie erst, nachdem Laghouat, der 385 Kilometer entfernte Zielort, erreicht war. Die beiden hatten für diese Strecke nur vierzundzwanzig Stunden gebraucht, und Si-ben-Zyam behauptete, er hätte, wenn es erforderlich gewesen wäre, die 160 Kilometer bis Ghardaia weiterreiten können.

Ein weiteres Beispiel, das der General vorbrachte, waren die Rennen zwischen Europäern und Arabern, bei denen jeder auf seinem eigenen Pferd ritt. Die Araber waren überrascht, als die Europäer sich sechs Wochen Zeit ausbaten, um ihre Pferde zu trainieren; ihre waren immer in Rennkondition. Noch verwirrter waren sie, als sie feststellten, daß die Europäer an ein Rennen über drei Meilen gedacht hatten – ihre Rennen gingen über drei Tage! Nach einer Einigung über eine Strecke in Meilen, nicht Tagen, siegten die Araber spielend.

Einen der größten Ausdauerrekorde hält wahrscheinlich der Araberhengst Maidan, der 1869 im Nadschd geboren und zwei Jahre später von Abd-er-Rahman, dem bedeutendsten Händler seiner Zeit, in Bombay verkauft wurde. Maidan lief erfolgreich in Flach- und Hindernisrennen und wurde dann zur Wildschweinhatz eingesetzt, bei der sein Besitzer, Captain Johnstone, die

**Wie die meisten anderen Warmblutrassen ist auch der Trakehner stark vom Arabischen Pferd beeinflußt worden.**

Das Arabische Pferd spielte bei der Regierung von Britisch-Indien eine wichtige Rolle. Die Offiziere der Indien-Armee ritten gewöhnlich auf Pferden dieser Rasse.

höchste Trophäe dieses harten und gefährlichen Sports, den Kadir Cup errang. Maidans nächster Besitzer war Oberstleutnant Brownlow, der ihn wieder auf die Rennbahn schickte und ihn im Afghanischen Feldzug 1879–80 als persönliches Reitpferd benutzte.

Später kehrte Captain Vesey mit dem Hengst nach Europa zurück, unterbrach aber die Reise in Suez, um an der Entsetzung von Suakin teilzunehmen. Trotz der langen Schiffsreise, die hinter ihnen lag, ritten die beiden die Strecke von Port Said bis Massaua am Roten Meer und wieder zurück. In Luftlinie beträgt die Entfernung zwischen den beiden Orten 1395 Kilometer, doch der tatsächlich zurückgelegte Weg war mit Sicherheit länger. Auf der weiteren Reise wurde Maidan in Marseille ausgeschifft, um an einer Schleppjagd über die Erdwälle und Gräben in der Umgebung der südwestfranzösischen Stadt Pau teilzunehmen. Im Alter von zwanzig Jahren gewann er in England drei Geländejagdrennen gegen Vollblüter, und als Zweiundzwanzigjähriger wurde er Sieger in einem Hindernisrennen über drei Meilen. Im folgenden Jahr brach er sich ein Bein und mußte getötet werden. Sein berühmtester Sohn,

Jamrood, nimmt in der Reihe bemerkenswerter Araber in England und anderen Ländern einen hervorragenden Platz ein.

Viele europäische Kavallerieregimenter benutzten arabische Pferde, vor allem die Polen und die Ungarn; die indische Kavallerie dagegen bediente sich ihrer nur bis zum Eintreffen der billigeren australischen Waler im letzten Viertel des neunzehnten Jahrhunderts. Für die britischen Verwaltungsbeamten in Indien waren die Pferde bei ihren Regierungsgeschäften unentbehrlich, und sie bevorzugten Araber. Napoleon benutzte arabische Pferde zur Gründung von Gestüten, die Pferde für seine Kavallerie liefern sollten; der französische Anglo-Araber (eine Vollblut/Araber-Kreuzung mit mindestens 25 Prozent reinem Araberanteil) wurde zu einem der zähesten und ausdauerndsten Sportpferde der Welt.

Fast sämtliche Pferderassen, die es heute in Europa gibt – und damit auch die meisten, wenn nicht sogar alle, in Amerika –, haben vom arabischen Blut profitiert. Die Lipizzaner der Spanischen Hofreitschule in Wien führen Saqlawiblut, und auf den Trakehnergestüten liefen Herden arabischer Stuten. Fast jede Rasse enthält arabisches Blut, vom Percheron bis zum Welsh Pony und vom Tiroler Haflinger bis zum französischen Traber.

Doch die größte Leistung der Züchter ist zweifellos das englische Vollblut. Diese großartigen Pferde verdanken ihre Existenz drei orientalischen Pferden, die ohne Zweifel Araber waren, obwohl Pferde aus dem Orient zu jener Zeit in England oft verallgemeinernd «Turk» (vielleicht stammten sie aus der Türkei), «Barb» (Berber, obwohl sie das mit Sicherheit nicht waren) oder auch «Arabian» genannt wurden.

Der erste dieser drei «Gründerväter» war Byerley Turk, den Captain Robert Byerley in der Schlacht von Buda während des letzten Feldzugs gegen die Türken in Ungarn eingefangen hatte. Im Juli 1690 ritt ihn Byerley, damals Kommandant des Sechsten Garde-Dragonerregiments, in der Schlacht am Fluß Boyne in Irland. Anschließend kehrte dieser wunderschöne Araberhengst nach England zurück und deckte zuerst im Gestüt Middridge Hall in der Grafschaft Durham und später in Goldsborough Hall in der Nähe von York. Durch seinen Sohn Jigg und seinen Urenkel Tartar war er der Vorfahr von Herod, von dem Hengste des zwanzigsten Jahrhunderts wie The Tetrarch und Tourbillon abstammten. Herods Nachkommenschaft gewann über tausend Rennen und machte ihn damit zu einem der wichtigsten Hengste in der Geschichte der Vollblutzucht.

Darley Arabian, bemerkenswert ebenmäßig gebaut und mit einer auffallend großen Blesse auf seinem langen Kopf (er war vom Muniqi-Typ), wurde 1700 geboren und gehörte dem Anazeh-Stamm, der am Rande der syrischen Wüste lebte. 1704 kaufte Thomas Darley, der britische Konsul in Aleppo, den Hengst für dreihundert Sovereigns von Scheich Mirza. Er brachte Darley Arabian auf seinen Besitz Aldby Park im Osten Yorkshires, wo der Hengst mit großem Erfolg deckte. Aus der Paarung mit Betty Leedes, deren Mutter vom Leedes-Araberstamm war, ging Flying Childers, das erste wirklich groß-

# Die Englischen Vollblüter

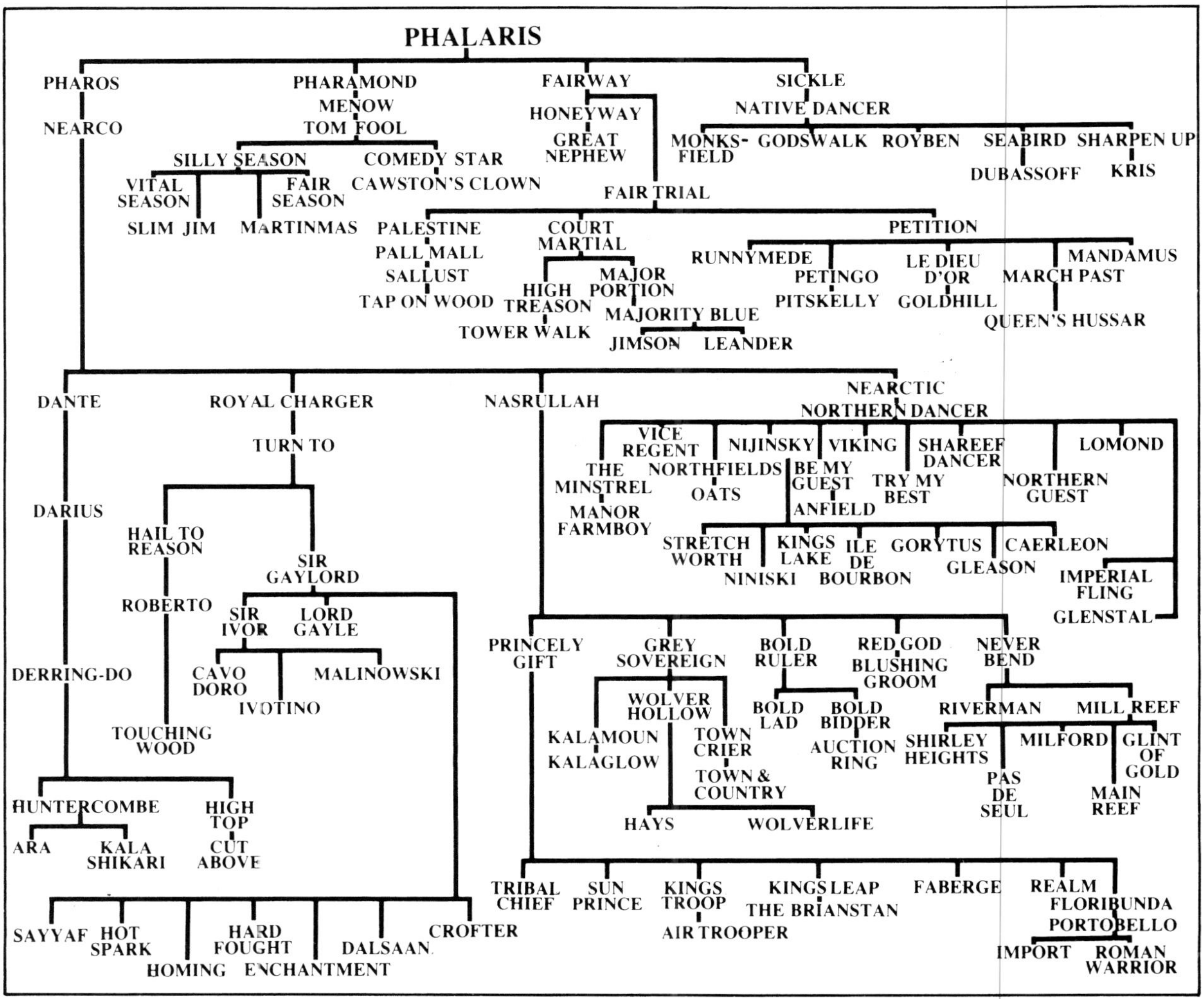


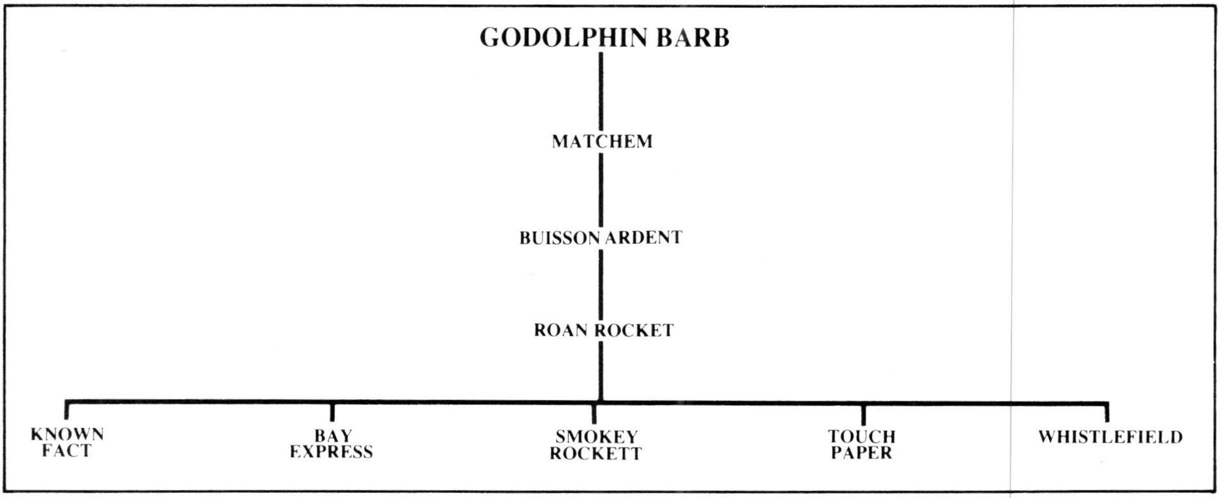

# Die Englischen Vollblüter

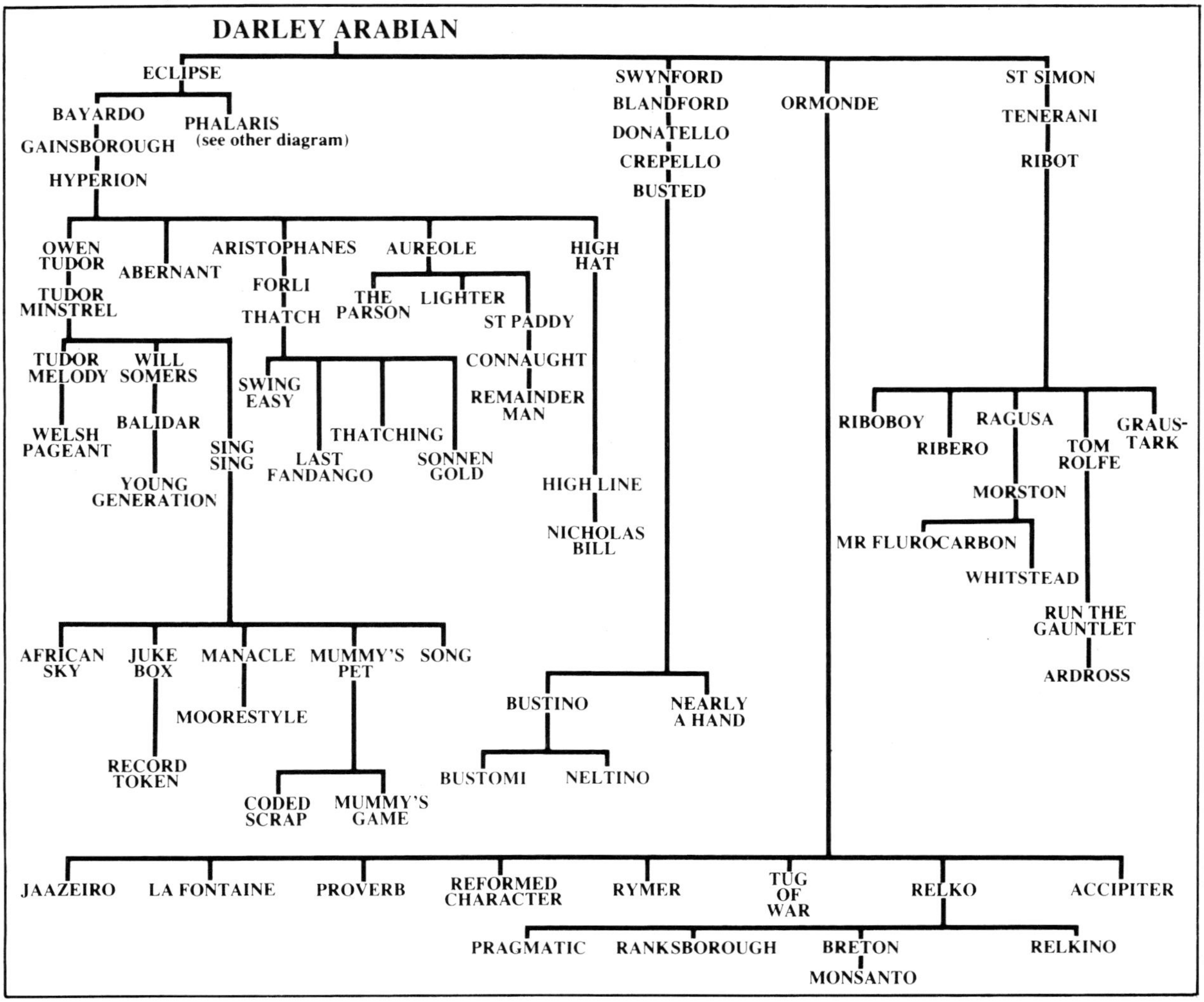


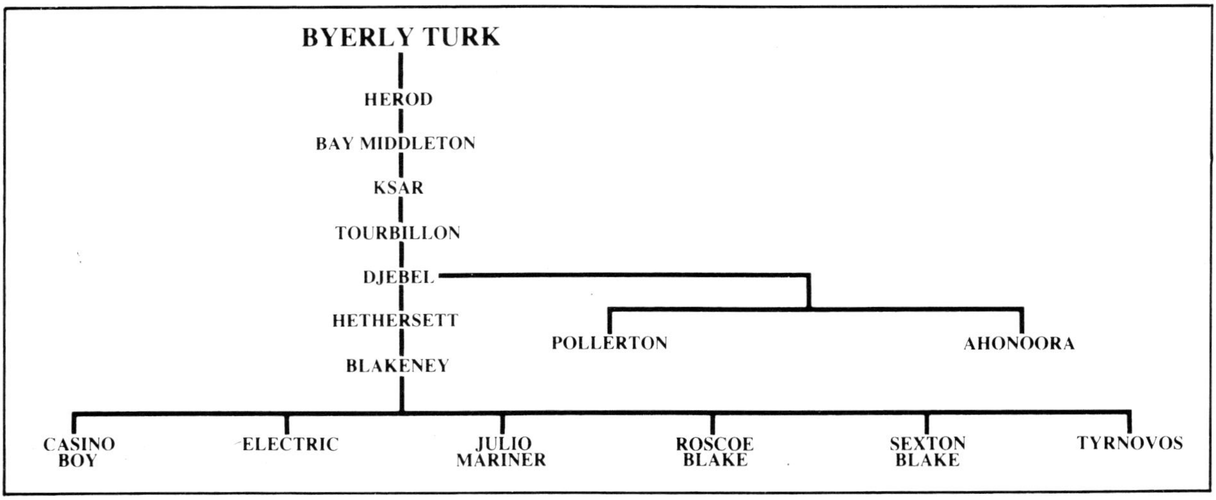

Die Begründer der Vollblutzucht. *Oben links:* Byerley Turk, *oben rechts:* Darley Arabian. *Unten links:* Godolphin Barb oder Godolphin Arabian; *unten rechts:* Die Godolphin-Linie brachte Eclipse hervor, vermutlich das größte Rennpferd aller Zeiten, dessen Linie wiederum in den Pedigrees von achtzig Prozent aller modernen Vollblüter erscheint.

artige Rennpferd, hervor. Sein Vollbruder Bartlett's Childers, der allerdings wegen einer Neigung zu Blutungen selbst nie Rennen laufen konnte, brachte Squirt hervor, den Vater von Marske, der seinerseits der Vater von Eclipse war, einem der größten Pferde aller Zeiten. Auch die modernen Blutlinien St. Simon, Gainsborough und Blandford lassen sich bis auf Darley Arabian zurückverfolgen.

Der Dritte im Bunde war Godolphin Arabian (auch Godolphin Barb genannt), der 1724 im Jemen geboren wurde, über Syrien nach Tunis und als Geschenk des Bey von Tunis an den Hof Ludwigs XIV. gelangte. Angeblich mußte er in Paris einen Müllkarren ziehen, doch ob das den Tatsachen entspricht, ist nicht bekannt. Fest steht nur, daß er 1729 an Edward Coke von

Longford Hall, Derbyshire, verkauft wurde und nach dessen Tod im Jahre 1733 in den Besitz von Lord Godolphin gelangte, der ihn auf sein Gestüt Gog Magog in der Nähe von Cambridge schickte. Es heißt, daß er dort zuerst als Probierhengst (ein Hengst, der «probiert», ob eine Stute rossig ist und vom Gestütshengst gedeckt werden kann) eingesetzt wurde und daß er sich die Paarung mit der Stute Roxana durch einen Sieg über einen anderen Hengst erkämpfte. Roxanas Fohlen, der 1834 geborene Cade, wurde der Vater von Matchem, dessen Linie die weitere Rennpferdzucht stark beeinflußte und Pferde wie Hurry On und Precipitation hervorbrachte. Fünf Jahre nach der Geburt von Cade wurde Godolphin Arabian der Vater von Regulus, dessen Tochter Spiletta den berühmten Eclipse hervorbrachte.

**The Tetrarch, die absolute «Rennmaschine»**

So kam es, daß drei der vier großen Linien der modernen Vollblutzucht – Herod, Eclipse und Matchem – von diesen orientalischen Pferden begründet wurden. Der vierte Hengst war Highflyer, ein Sohn von Herod. Byerley Turk, Darley Arabian und Godolphin Arabian wurden hauptsächlich deshalb als Begründer der Vollblutzucht anerkannt, weil sich die direkte Abstammung der drei berühmten Hengste Herod, Eclipse und Matchem durch die männlichen Linien nachweisen läßt. Das heißt jedoch nicht, daß nicht auch andere orientalische Hengste beteiligt gewesen wären. Es gab eine ganze Reihe arabischer Hengste, die in der Entwicklung des Vollbluts eine wichtige Rolle spielten. Zum Beispiel tauchen The Unknown Arabian, D'Arcy's Chestnut Arabian, D'Arcy's White Arabian, Leedes Arabian, Helmsley Turk und Lister Turk in den Abstammungsnachweisen vieler Vollblüter immer wieder auf. Die unermüdliche Lady Wentworth stellte in mühevoller Kleinarbeit fest, daß die Abstammung von Bahram, dem Gewinner der English Triple Crown (Two Thousand Guineas, Derby und St. Leger) von 1935, Zehntausende und zum Teil sogar Hunderttausende von Kreuzungen mit jedem dieser Hengste enthielt.

Zum Züchten gehören jedoch immer zwei, und in Großbritannien gab es schon früh Rennpferde, davon viele orientalischen Ursprungs. Unter ihnen waren passende Stuten für die arabischen Hengste. Heinrich VIII. gründete die Royal Paddocks in Hampton Court, wo Rennpferde gezüchtet wurden, seine Tochter Elisabeth I. hatte ein Gestüt bei Tutbury in Staffordshire, und Jakob I. machte Newmarket zu einem Zentrum des Rennsports und förderte die Einfuhr orientalischer Pferde. In den königlichen Gestüten gab es mehrere Araber, darunter den von Sir Thomas Esmond importierten Markham Arabian. Der Rennsport in Newmarket wurde von Karl I. gefördert und nach der Wiedereinführung der Monarchie auch von Karl II., der diesen Ort und den «Sport der Könige» besonders liebte.

Es besteht kaum ein Zweifel daran, daß der größte Teil der Rennpferde früherer Zeiten orientalischen Ursprungs war, obwohl viele Kreuzungen vorgenommen wurden und sicherlich auch Berberpferde aus Nordafrika eine Rolle spielten. Zwei orientalische Pferde, die Stute Truncefice und der Hengst Arundel, liefen im zehnten Jahrhundert am Hof König Edgars um die damals astronomische Gewinnsumme von etwa eintausend Pfund.

Die Abstammung der Vollblüter ist im «General Stud Book» verzeichnet, das nach einigen vorläufigen Ausgaben, von denen die erste 1791 herauskam, 1808 zum ersten Mal erschien. Bis gegen Ende der 1960er Jahre war ein Teil des Stud Book den Arabern vorbehalten, obwohl sie inzwischen kaum noch Bedeutung für die Vollblutzucht hatten. Heute haben die arabischen Pferde in jedem Land, in dem sie gezüchtet werden, ihre eigenen Stutbücher; eine internationale Körperschaft, die World Arab Horse Organisation, sorgt für die weltweite Anerkennung der Stutbuch-Eintragungen und für die Förderung und Erhaltung des reinrassigen Araberpferdes.


Von der Teilnahme an Rennen sind die Araber ausgeschlossen. Eine Zeitlang liefen Araber gegen die ersten Vollblüter; Maidan zum Beispiel gewann ein solches Rennen. Der letzte ernsthafte Versuch, in England ein Araberrennen abzuhalten, fand 1884 statt, gefolgt von einem ziemlich mißglückten Versuch im Jahre 1923. Doch seit Anfang der 1980er Jahre erfreuen sich Araberrennen in England wieder großer Beliebtheit. Ein Araberrennen ist die einzige Form des Flachrennens, bei der jemand ein Pferd besitzen, trainieren und als Amateur auch selbst reiten darf.

Doch als Reitpferd kann der Araber nicht mit dem englischen Vollblut konkurrieren. Araber können zwar springen, haben aber weder die Größe noch die Veranlagung, um an den modernen Spring- und Vielseitigkeitsprüfungen teilzunehmen. Partbred-Araber dagegen und auch Anglo-Araber sind dafür sehr geeignet. Eine Disziplin des Pferdesports beherrscht der Araber allerdings überlegen: das Distanzreiten.

Noch heute werden die Wüstenpferde auf der ganzen Welt in erstaunlich großer Zahl gezüchtet; den höchsten Bestand haben die Vereinigten Staaten. Die Begeisterung für diese Pferde wächst, und die heutigen Zuchtprodukte sind wahrscheinlich schöner als je zuvor. Die Pferde genießen ein ebenso hohes Ansehen wie einst bei den Beduinen der Wüste, auch wenn sie jetzt in zweckmäßigen Ställen leben und nicht mehr in einer Ecke eines schwarzen Zeltes in einer Oase.

Araberrennen erfreuen sich in Großbritannien neuerdings wieder großer Beliebtheit.

# Domestikation und früher Gebrauch

*Kapitel 4*

Die erste Beziehung zwischen Mensch und Pferd war die zwischen Jäger und Gejagtem. Die vor etwa fünfzehntausend Jahren entstandenen Höhlenmalereien von Lascaux in Frankreich und Santander in Spanien liefern anschauliche Illustrationen dieser Beziehung. Sie lassen erkennen, daß die Menschen schon lange, ehe eine Domestikation stattfand, den Charakter dieser Tierart kannten. Dennoch steht das Pferd, wahrscheinlich vor allem wegen seiner Größe, seiner Unberechenbarkeit und der Schwierigkeiten beim Einfangen und Hüten, ganz am Ende der Liste der domestizierten Tiere.

Mindestens dreitausend Jahre früher lebte der Mensch schon mit Hunden zusammen, die vermutlich bereits um 12 000 v. Chr. domestiziert wurden. Der Hund war das ideale Haustier für primitive Völker, deren Sozialstruktur und Überleben von der Jagd abhing. Das liegt nicht nur daran, daß die Welpen leicht zu zähmen und besonders niedlich sind, sondern auch daran, daß die Hunde wie die Menschen Jäger und Fleischfresser sind. So wurden die Hunde bei den Jagdzügen zu natürlichen Bundesgenossen. Noch heute erfüllen Hunde derartige Aufgaben. Hunde werden darauf gezüchtet, die Beute anhand ihres Geruches aufzuspüren; es gibt aber auch Rassen wie die Greyhounds und die Whippets, die auf Sicht jagen. Es gibt Terrier, die die Beute bis in ihren Bau verfolgen, Hunde, die auf Menschen abgerichtet sind, und andere, die die Beute apportieren.

Ungefähr um 9000 v. Chr. hielten Hirtenvölker die ersten zahmen Schafherden, und etwa zweitausend Jahre später kamen Ziegen, Schweine und Rinder hinzu. Um diese Zeit gingen die Nomaden in einigen Gebieten zu einem seßhafteren Leben über. In den Tälern von Euphrat und Tigris zum Beispiel war Ackerbau möglich, und aus den einstigen Jägern wurden Bauern, die dazu übergingen, ihre Tiere einzupferchen oder sie zumindest auf einem begrenzten Stück Land zu halten.

Man sollte meinen, daß Menschen, die gelernt hatten, ihr Vieh einzupferchen, auch imstande gewesen wären, das Pferd zum Haustier zu machen. Natürlich taten sie das schließlich, nachdem sie es zuvor mit dem leichter zu beschaffenden, aber noch weniger fügsamen Persischen Halbesel – dem Onager – versucht hatten. In dieser Übergangszeit war kaum einzusehen, welche Vorteile die Menschen von einer Pferdeherde gehabt hätten, sofern es ihnen überhaupt gelungen wäre, eine einzufangen. Die Tiere, die sie bereits hatten, versorgten sie mit Nahrung und Nebenprodukten und waren umgänglicher und leichter zu handhaben als das Pferd. Sie hatten genügend Tiere, um sie den Göttern als Opfer darzubringen (man vermutet, daß Geflügel anfangs weniger wegen der Eier und des Fleisches als vielmehr zu religiösen Zwecken

**Sowohl im Osten als auch im Westen ermöglichte das Pferd dem Menschen, die ihm von seiner Umwelt auferlegten Beschränkungen zu überwinden.**

gehalten wurde, und das könnte auch einer der Gründe für die Haltung von Ziegen, Schafen und sogar Rindern gewesen sein). Das Bedürfnis nach Last- und Zugtieren konnten ohne weiteres die Rinder erfüllen.

Es wurde behauptet, die ersten Pferde wären von amerikanischen Ureinwohnern domestiziert worden, bevor das Pferd in Amerika ausstarb. Dies ist ein interessanter Gedanke, aber dafür gibt es keinerlei Beweise, und für die spätere Entwicklung der Beziehung zwischen Mensch und Pferd hat er keine Bedeutung, es sei denn für das Verhältnis zwischen den amerikanischen Indianern der neueren Zeit und ihren Pferden, das sich so erstaunlich schnell herausbildete.

Die Fachleute sind in Anbetracht einer Fülle von Beweismaterial der Ansicht, daß die ersten Pferde vor etwa fünf- bis sechstausend Jahren, gegen Ende des Neolithikums, von eurasiatischen Steppennomaden domestiziert wurden.

Vermutlich handelte es sich dabei um arische Stämme mit einer indogermanischen Sprache, die in den Steppen zwischen dem Schwarzen und dem Kaspischen Meer umherzogen; möglich ist allerdings auch, daß die Domestikation des Pferdes in mehreren Teilen Eurasiens gleichzeitig stattfand. Diese asiatischen Nomaden hatten wahrscheinlich schon sehr früh einige grundsätzliche Techniken der Herdenhaltung entwickelt. Ihre Methode der Tierhaltung dürfte anfangs darin bestanden haben, daß sie den Bewegungen wilder oder halbwilder Herden von Schafen, Ziegen, Rindern und Rens folgten. Die letzteren sind für unsere Hypothese besonders wichtig, da die Rentiere nicht ziel-

**Lange Zeit wurden Ochsen als Last- und Zugtiere benutzt. Dieses Relief aus der Zeit zwischen 745–727 v. Chr. zeigt primitive Ochsen bei der Arbeit im Tal des Euphrat.**

los umherstreifen, sondern auf der Suche nach ihrer Hauptnahrung, der Rentierflechte, gezielte Wanderungen unternehmen.

Ständiger Kontakt führt zur Gewöhnung, besonders bei Tieren. Im Laufe der Zeit gewöhnen sich sogar wilde Tiere, vor allem Herdentiere, an die sie begleitenden Menschen und daran, von einem Weidegebiet ins andere getrieben zu werden und im Winter an geschütztere Standorte mit einem zumindest lebenserhaltenden Nahrungsangebot.

Für die Bewohner der Steppe mit ihren harten Lebensbedingungen bot der Besitz von Pferdeherden einen wesentlich größeren Anreiz als für Menschen in freundlicheren Gebieten. Pferde waren erfolgreicher bei der Nahrungssuche in ungünstigem Klima und hatten keinerlei Probleme im Schnee, der kleineren Tieren schwer zu schaffen machte.

Es ist anzunehmen, daß zuerst nur die kleinsten Pferde zusammengetrieben wurden, die, angeführt von einer alten Stute, leichter zu handhaben waren. Auch heute noch werden Pferde, die, wie zum Beispiel in Argentinien, in halbwilden Herden gehalten werden, von einer alten Stute mit einer Glocke um den Hals angeführt. Daß von Anfang an Hengste zu den Herden gehörten, ist unwahrscheinlich. Zum Züchten wurde eine rossige Stute weit abseits angebunden, wo sie dann von einem wilden Hengst gedeckt wurde. Diese Methode wird noch heute in Gegenden angewendet, in denen es wilde oder halbwilde Herden gibt. Aus dem Neolithikum stammende Wandmalereien und Zeichnungen aus Fergana in Baktrien und

**Die Ponys der Steppe erfüllen noch heute alle Bedürfnisse der nomadischen Hirten.**

**Die Verwendung von Stutenmilch ist bei den asiatischen Nomaden noch immer üblich.**

auch aus dem Osten Ägyptens unterstützen diese Theorie der frühen Pferdehaltung.

Die Hengstfohlen aus diesen Paarungen wurden vermutlich schon als Jungtiere geschlachtet, noch bevor sie anfingen, Hengstmanieren zu entwickeln, oder sie wurden der besseren Umgänglichkeit wegen kastriert. Doch selbst Wallache können in einer Stutenherde zum Problem werden, und wenn eine Herde groß genug war, gab es wahrscheinlich kaum Gründe, die für das Aufziehen einer größeren Gruppe von Hengstfohlen sprachen. Nach der Entwicklung einer systematischen Zucht und weiteren Fortschritten in der Pferdehaltung dienten Wallache in wachsendem Maße als Reitpferde. Stutfohlen waren leichter zu handhaben; außerdem wuchsen sie zu milchgebenden Mutterstuten heran.

Was die Wildpferde angeht, so wirkte sich die Domestikation anfänglich als Rückschritt aus. Die Tiere wurden kleiner, weil die Menschen nur mit den kleinsten und umgänglichsten von ihnen weiterzüchteten. Auch das Gehirn wurde kleiner, und die Tiere verloren vermutlich an Intelligenz, weil sie sich mehr und mehr auf ihre Hirten verließen. Die natürliche Fähigkeit zum Überleben nahm ab, weil die Pferde nicht mehr gezwungen waren, sich selbst neue Weidegründe zu suchen. Die heutigen Pferde, die geputzt, nach dem Scheren in Decken gehüllt und regelmäßig gefüttert im tiefen Strohbett stehen, sind vom Menschen fast völlig abhängig und würden in der Wildnis nicht lange überleben.

Nachdem die Steppenvölker gelernt hatten, ihre Pferde zu reiten, konnten sie schneller und weiter umherziehen und damit neue Weidegründe erreichen. Das führte zu einer besseren Ernährung der Tiere und zu einem Größenwachstum in den folgenden Generationen. Als die Menschen dazu übergingen, Getreide anzubauen und ihre Tiere damit zuzufüttern, wurden die Pferde wieder etwas größer. Sie wurden jedoch nicht intelligenter, sondern vom Menschen nur noch abhängiger.

Mit der Zeit wurde die Pferdezucht das wichtigste Element im Leben der Nomaden; sie erfüllte ihre sämtlichen Bedürfnisse. Aus den Häuten und dem Langhaar wurden Zelte und Kleidungsstücke hergestellt, und der Kot wurde als Brennmaterial getrocknet. Die Stuten gaben Milch, aus der Kumys gemacht werden konnte, und auch frisches Fleisch war stets vorhanden. Zahme, ruhigere Pferde wurden für den Transport von Waren eingesetzt, denn das Befestigen einer Last auf dem Rücken einer alten Stute war nicht weiter schwierig. Dies war der erste Schritt zu einer primitiven Zugvorrichtung, die den Transport noch größerer Lasten erlaubte. Da das Rad noch nicht erfunden war, benutzten sie vermutlich einen primitiven Schlitten oder *travois*, ähnlich wie Tausende von Jahren später die amerikanischen Indianer. Er bestand aus zwei stabilen Stangen, die rechts und links an den Seiten des Pferdes befestigt wurden und deren Enden auf dem Boden schleiften. Die Stangen wurden mit Seilen, Lederriemen oder Ästen so verbunden, daß eine tragfähige Fläche entstand. Diese Vorrichtung war sowohl zum Transport von Waren als auch von

Menschen geeignet. Die logische Konsequenz aus diesen Erfahrungen war das erste Aufsitzen; bei so zahmen Tieren kann es nicht mehr lange gedauert haben, bis sie die ersten Reiter trugen.

Ein starker Anreiz für die Nomaden war sicherlich, daß sich das Hüten des Viehs zu Pferde wesentlich einfacher gestaltete. Eine von der Herde abgewanderte Gruppe von Tieren läßt sich auf vier Beinen viel schneller einholen als auf zwei. Außerdem wird ein Mann, der auf dem Leitpferd sitzt, von der Herde leichter akzeptiert; er braucht sie nicht mehr zu treiben, sondern kann sie führen, wohin er will, vor allem wenn hinter der Herde und an den Seiten noch einige Treiber reiten.

Gab es auch noch andere Ursachen für das Entstehen der Beziehung zwischen viehhaltenden Nomaden und gerittenen Pferden? Manche Wissenschaftler sind der Ansicht, daß die Viehhaltung direkt zum gerittenen Pferd führte. Andere, meiner Ansicht nach einleuchtendere Vermutungen gehen dahin, daß die ersten Reiter Rentiere hielten, fuhren und ritten. Archäologische Funde lassen vermuten, daß Rentiere bereits um 5000 v. Chr. in Nordeuropa Schlitten zogen, was bedeutet, daß diese Tiere zweitausend Jahre vor den

**Da es in Mesopotamien zahlreiche Onager gab, wurden diese Tiere lange vor dem Pferd vor die Streitwagen gespannt. Schon um 2500 v. Chr. tauchten in der sumerischen Kunst Streitwagen auf, die mit Onagern bespannt sind. Aufgrund ihres ungeeigneten Körperbaus und des schwierigen Temperaments wurden sie jedoch später durch Pferde ersetzt.**

Pferden domestiziert wurden. Einige Fachleute sind sogar der Ansicht, dies wäre schon wesentlich früher geschehen.

Außerdem lebten Rentiere auf den Steppen zwischen der Chinesischen Mauer und der Äußeren Mongolei – in dem Gebiet also, in dem sich, wie wir vermuten, die frühesten berittenen Kulturen entwickelten und aus dem später die Reitervölker hervorbrachen, um die Welt zu erobern.

Während der Eiszeit gab es Rentiere überall in den kühleren Gebieten der gemäßigten Zone. Das beweisen zahlreiche Höhlenmalereien. Die anschließende Erwärmung des Klimas veranlaßte die Tiere, nordwärts zu ziehen, ausgenommen die beträchtliche Population, die im Sajangebirge in der südlichen Mongolei lebt, wo in Höhen um 2000 Meter noch heute die für die Eiszeit charakteristischen Pflanzen einschließlich der Rentierflechte wachsen.

Rens sind leicht zu zähmen, einfach zu halten und sehr zäh. Ihr einziger Nachteil sind ihre jahreszeitlich bedingten Wanderungen. Sie wurden und werden noch heute gemolken. Außerdem werden sie geritten und als Zugtiere benutzt; es gibt also nach wie vor eine Rentierkultur. Franz Hancar vertritt in seinem ausführlichen Werk über die Entstehung der Pferdekultur die Ansicht, daß alles dafür spricht, daß Zucht und Nutzung der Rens der Pferdehaltung voranging. Sicher ist, daß das Sattelzeug der rentierhaltenden Urianchaier oder Tuwinen dem der frühen Reitervölker sehr ähnlich ist.

Für Völker, die an die Haltung von Rens gewöhnt waren, dürfte es nicht schwierig gewesen sein, sich auf die Haltung der vielseitigeren Pferde umzustellen. Da die Pferde keinem Wanderungsschema unterworfen waren, stellten sie vermutlich eine reizvolle Alternative dar. Einige Wissenschaftler lehnen die Theorie, daß das Pferd auf das Ren folgte, allerdings ab, hauptsächlich deswegen, weil sich die Rentierhaltung von der Pferdehaltung angeblich stark unterscheidet. Dieser Unterschied dürfte jedoch für primitive Gemeinschaften tierhaltender Menschen nicht so gravierend gewesen sein, wie er heutigen Wissenschaftlern erscheint.

Es gibt gute Gründe für die Vermutung, daß die Skythen im fünften Jahrhundert v. Chr. ebenso wie die Menschen, deren ausgedehnte Grabanlagen 1929 von Dr. S. I. Rudenko in Pazyryk hoch oben im Altaigebirge (Ostkasachstan) entdeckt wurden, ursprünglich Rentierhalter gewesen waren, ehe sie zu Pferden übergingen. Die Grabanlagen beweisen, daß diese Stämme schon um 3000 v. Chr. Pferde hielten.

Die Theorie, daß sie vorher Rentierhalter waren, scheint die plausibelste. Ganz abgesehen von dem, was über den Charakter, die Gewohnheiten und Methoden der skythischen Pferdehalter bekannt ist, lassen sich auch Parallelen zwischen ihrem Sattelzeug und dem von rentierhaltenden Völkern ziehen. Interessanterweise waren die Pferde von Pazyryk, die durch die Kälte so gut konserviert waren, daß sie aussahen wie am Tage ihres Begräbnisses, nicht nur mit Prunkgeschirren geschmückt, sondern auch mit Masken, die den mittelalterlichen Roßstirnen ähnelten, sich aber bis über den Kopf hinaus erstreckten. Einige von ihnen hatten die Form von Vögeln oder Beutetieren, doch die

Hier sitzt ein Skythe des fünften Jahrhunderts v. Chr. auf einem Pferd, doch bevor sich die Skythen auf Pferde schwangen, ritten sie jahrhundertelang auf Rentieren.

erste Maske, die entdeckt wurde, verwandelte den Kopf des Pferdes in den eines Rentiers mitsamt dem Geweih. War dies ein symbolischer Rückblick in die Vergangenheit dieses Volkes?

Sicher ist, daß sich die domestizierten Pferde von diesen Hochsteppen aus nach Mittel- und Westeuropa, in den Kaukasus und weiter nach Arabien sowie südwärts nach China ausbreiteten. Während der anschließenden viertausend Jahre war das Pferd das schnellste Transportmittel auf dem Land.

Die Behauptung, daß es die Domestikation von Rindern war, die in Mesopotamien zur Verwendung von Onagern (Halbeseln) führte, läßt sich sogar leichter akzeptieren als die Rentier-Theorie. In diesem Teil der Welt wurden Onager schon lange vor den Pferden genutzt, vor allem weil sie in großen Mengen zur Verfügung standen. Doch die Onager hatten ein schwieriges Temperament und wurden kurz nach dem Auftauchen der ersten reitenden und pferdehaltenden Nomaden durch Pferde ersetzt.

Onager, die die Nachfolge der Ochsen antraten, wurden in der sumerischen Kunst des dritten Jahrtausends v. Chr. (also vor der Domestikation des Pferdes) dargestellt, wie jeweils vier von ihnen in Jochanspannung zwei- und vier-

**Diese dreitausend Jahre alte Darstellung eines assyrischen Kriegers läßt vermuten, daß die Einmischung des Menschen schon damals ein Pferd hervorbrachte, das größer war als gemeinhin angenommen.**

Gebißlose Zäumungen, wie sie um 2500 v. Chr. üblich waren, werden – wie die hier abgebildete sogenannte Hackamore – auch heute noch verwendet.

rädrige Wagen zogen. Gelenkt wurden sie durch Zügel an einem Nasenring (oder Ringen durch die Unterlippe), der durch einen Riemen um den Unterkiefer an seinem Platz gehalten wurde. Das Fahrgeschirr blieb jahrhundertelang dasselbe, das mit Erfolg für Ochsen verwendet worden war, obwohl sich der Körperbau eines Ochsen von dem eines Onager deutlich unterscheidet.

Höchstwahrscheinlich trugen indes die ersten Pferde ein ähnliches Zaumzeug wie die Rens; das einfachste bestand aus einem Grasseil oder einem Lederriemen, der direkt hinter den Ohren um den Hals gelegt wurde. Eine bessere Einwirkung wurde erzielt, wenn das Seil hinter den Ohren über den Kopf gelegt und dann in einer engen Schlinge über die Nase gewunden wurde, nur wenige Zentimeter über den Nüstern an der Stelle, an der das Nasenbein endet. Ein Ruck am Seil bewirkt eine kurze Unterbrechung der Atmung, was

dazu führt, daß das Pferd sofort den Kopf senkt und damit die für die Einwirkung des Reiters ideale Haltung einnimmt. Dieselbe Wirkung erzielt das «moderne» Hannoversche Reithalfter (Sperrhalfter), das heute fast überall in Gebrauch ist und das schon die Reiter der vorchristlichen Zeit kannten und zu schätzen wußten.

Eine Einwirkung ist nur möglich, solange das Pferd den Kopf tief hält. Um es in diese Stellung zu bringen, kann man ein Seil durch das Maul führen, das auf den zahnlosen Laden des Pferdemauls zwischen dem letzten Schneidezahn und dem ersten Backenzahn liegt und am Unterkiefer festgebunden wird. Das Seil wird zwar mit Sicherheit verschleißen, aber es besteht nicht die Gefahr, daß das Pferd es durchbeißt. Genau diese Form der Zäumung verwendeten die amerikanischen Indianer fast fünftausend Jahre nach den ersten reitenden Nomaden.

**Obschon es den Menschen gelungen war, das Pferd ihren Bedürfnissen anzupassen, mußten diese griechischen Reiter der klassischen Antike eine zum Reiten geeignete Kleidung erst noch erfinden. Im kälteren Klima der Steppen trugen die Reiter lange Hosen.**

**Ob die Reiter der Steppe, von denen dieser ungarische Csikós abstammt, ihre Pferde auch zu anderen als rein praktischen Zwecken einsetzten?**

Manche Reitervölker wie die Indianer benutzten einen einzelnen Zügel, der von der Rückseite des Unterkiefers in die Hand führte; die Araber reiten heute noch nach dieser Methode. Wenn der Zügel auf der linken Seite des Pferdehalses verläuft, stellt eine Linkswendung naturgemäß kein Problem dar. Man sollte annehmen, daß bei dieser Zügelführung eine Rechtswendung Schwierigkeiten bereitet, was jedoch nicht der Fall ist. Pferde lernen schnell, daß ein Anlegen des Zügels am Hals in Verbindung mit einer Verlagerung des Reitergewichts (eine Methode, die als *neck-reining* bezeichnet wird) das Zeichen für eine dem Druck des Zügels entgegengesetzte Wendung ist.

Heute benutzen Springreiter bei engen Wendungen im Parcours fast dieselbe Methode, wenn man davon absieht, daß heute mit zwei Zügeln geritten wird. Außerdem werden Pferde auch heute noch mit der sogenannten Hackamore geritten, einer modernen Version des um die Pferdenase geschlungenen Seils. Diese moderne Version wird mit zwei Zügeln benutzt und hat an den Seiten zwei Metallhebel, die den Druck auf die empfindliche Pferdenase verstärken. Ungefähr um 2500 v. Chr., nachdem das Pferd den Onager abgelöst hatte, wurden den Pferden Gebisse aus Knochen oder Horn ins Maul gelegt, mit denen die Reiter besser auf sie einwirken konnten als mit einem Seil oder Riemen.

Mit Sicherheit sind die ersten Reiter auf den ungesattelten Pferderücken gestiegen, und in warmen Gegenden wahrscheinlich auch mit nackten Beinen. Zu Lebzeiten Xenophons (um 430 – um 354 v. Chr.) und auch noch später ritten die Griechen überwiegend barbeinig, weil – wie Xenophon erklärte – nacktes Fleisch auf einem verschwitzten Fell den sichersten Halt bietet. Aber schließlich kannten Xenophon und seine Reiter auch die Vorzüge des Sattels noch nicht.

Auf einem Pferd mit breitem Rücken (wie es von Xenophon verständlicherweise vorgezogen wurde) ist das Reiten ohne Sattel kein Problem; auf einem schmalen, knochigen Pferd dagegen ist es kaum zu ertragen. Was war in einem solchen Fall naheliegender, als ein Fell über den Rücken des Tieres zu legen und damit den ersten Vorläufer eines Sattels zu schaffen? Es ist durchaus möglich, ein Pferd mit dieser Ausrüstung zu reiten, ohne daß das Fell herunterrutscht. Die Reiter in der ungarischen Pußta, die von nomadischen Viehhirten abstammenden Csikós, reiten ihre Pferde mit Filzsätteln, an denen sich keine Gurte befinden, und vollführen trotzdem akrobatische Kunststücke im vollen Galopp und knallen dazu noch mit ihren gewaltigen Hütepeitschen.

Es ist natürlich auch möglich, daß die Felle mit einem Seil auf dem Pferderücken festgebunden wurden. Das wäre nur logisch gewesen. Falls dies der Fall war, hat vielleicht einer unserer Vorfahren seine Füße durch dieses Seil gesteckt, um mehr Halt zu finden. Die Indianer banden sich beim Einreiten eines Pferdes buchstäblich auf ihm fest, indem sie einen Unterschenkel zwischen ein solches Seil und den Pferdeleib steckten. Falls es wirklich so gewesen ist, hätten wir hier den ersten Steigbügel. Eine faszi-

nierende Mutmaßung, allerdings auch eine sehr gewagte, denn Fundstücke deuten darauf hin, daß der Steigbügel erst dreitausend Jahre später in frühchristlicher Zeit erfunden wurde. Eine außerordentlich lange Zeitspanne, sollte man meinen, um einen so elementaren Ausrüstungsgegenstand zu entwickeln.

**Diejenigen, die behaupten, das Zebra hätte den Platz des Pferdes einnehmen können, wenn es den Steppenvölkern zur Verfügung gestanden hätte, belegen ihre Behauptung meist mit Bildern wie diesem von der Kutsche des Lord Rothschild. Meist versäumen sie aber darauf hinzuweisen, daß es sich bei dem vorn links angespannten Tier um ein Pferd handelt!**

# Pferd und Wagen

*Kapitel 5*

Die Historiker sind sich nicht einig, ob Pferde zuerst geritten oder vor einen Wagen gespannt wurden. In Syrien und Ägypten sowie in den Tälern des Indus, des Euphrat und des Tigris, auf flachem, ebenem Gelände also, war ein rollendes Fahrzeug sicherlich von Vorteil. Die Pferde, die in dieser Zeit verwendet wurden, waren noch nicht groß genug, als daß ein Mann bequem darauf hätte reiten können, aber zwei von ihnen vor einem leichten Wagen konnten zwei oder sogar drei Passagiere befördern. Mit zwei weiteren Pferden, also vierspännig, wurde das Gefährt schneller, und es konnten weitere Strecken zurückgelegt werden, weil das einzelne Tier weniger beansprucht wurde.

In bergigem, für Fahrzeuge ungeeignetem Gelände dagegen war es einfacher, zu reiten, auch wenn die Pferde nur klein waren. Bergponys sind bemerkenswert zäh, und auch die Menschen der Berge haben durchweg kürzere Beine und sind untersetzter als die Bewohner der Ebenen. Für sie stellt ein kleines Pony kein solches Problem dar wie für einen größeren Menschen.

Die heute in Indien und im Himalaja lebenden Ponys unterscheiden sich wahrscheinlich kaum von denen der frühen Reitervölker. Sie sind sicherlich nicht größer, können aber schwere Lasten und ausgewachsene Männer relativ flink über schwieriges Terrain tragen.

Zweitausend Jahre vor Christi Geburt hatten die Steppennomaden Gesellschaften gebildet, die auf ihren Pferden gründeten. Mit der Vergrößerung ihrer Herden mußten sie sich neue Weidegründe sichern. Da sie nie länger an einem Ort blieben und auch keinen Zugang zu Waren wie Eisen und Salz oder gar Luxusgütern hatten und auch selbst keine herstellen konnten, waren sie in hohem Maße von seßhaften Gemeinschaften abhängig.

Einige ihrer Bedürfnisse konnten sie durch Tauschhandel befriedigen, und wenn das nicht ging, führten Gewalt oder Androhung von Gewalt gewöhnlich zu einer befriedigenden Lösung. Zu Beginn des zweiten Jahrtausends v. Chr. hatten die Kassiten und die Elamiter den Nordwesten Persiens erobert, und die Hyksos waren mit ihren Ponys nach Kleinasien geritten, während die nomadischen Krieger aus den Steppen Südasiens und der Ukraine zu bewaffneten Wanderzügen übergegangen waren.

Nach der Evolution und Domestikation des Pferdes war die Erfindung des Rades der nächste bedeutsame Wendepunkt in der Geschichte des Verhältnisses zwischen Mensch und Pferd. Die ersten Völker, die mit Pferden auf Kriegszüge gingen, benutzten Streitwagen. Arische Völker zogen aus Zentralasien südwärts, um Indien und Persien zu erobern. Mit den Hethitern verwandte Stämme streiften durch Kleinasien, die Kelten drangen in Europa ein – und sie alle fuhren in Streitwagen.

**«Die Assyrer fielen ein wie der Wolf in eine Schafherde ...»**

Fahrzeuge mit Rädern sorgten für mehr Beweglichkeit und erleichterten die Mitnahme der Familien und Besitztümer. Außerdem schufen sie eine neue Dimension in der Kriegskunst, weil mit Hilfe der Streitwagen in wesentlich breiterer Front gekämpft werden konnte, als es bisher mit Fußvolk der Fall gewesen war; gleichzeitig stellte dies die beste Verwendungsmöglichkeit für Tiere dar, die zum Reiten zu klein waren. Die Streitwagen ermöglichten schnelle, koordinierte Manöver ganzer Truppenteile, und vor allem konnten die reichen Tallandschaften, die für das Fahren mit Pferd und Wagen so gut geeignet waren, mit Hilfe der Streitwagen bequem ausgeplündert werden.

Verglichen mit den für Reiter so wichtigen Dingen wie Sattel und Steigbügel wurde das Rad erstaunlich früh erfunden und mit Sicherheit schon vor der Domestikation des Pferdes verwendet. Aus der Zeit um 3500 v. Chr. stammende Beweise für die Existenz massiver Räder, die sich vermutlich aus Rollen entwickelten, die unter einen Schlitten gelegt wurden, fand man in den Tälern von Euphrat und Tigris in sumerischen Gräbern. Etwa tausend Jahre später wurden in Mesopotamien die ersten Speichenräder verwendet. In Ägypten gab es Streitwagen um 1600 v. Chr., in China um 1300 v. Chr.

Die Hyksos, die zu den ersten Benutzern von Streitwagen gehörten, fielen von Kleinasien aus im Nahen Osten ein und drangen bis nach Ägypten vor, wo sie die Herrschaft an sich rissen. Auch die Hethiter, ein Mischvolk mit einer indogermanischen Sprache, benutzten schon um 1600 v. Chr. Streitwagen, und als sie 1299 v. Chr. das Heer des ägyptischen Pharao Ramses II. bei Kadesch in der größten Streitwagenschlacht der Antike besiegten, verfügten

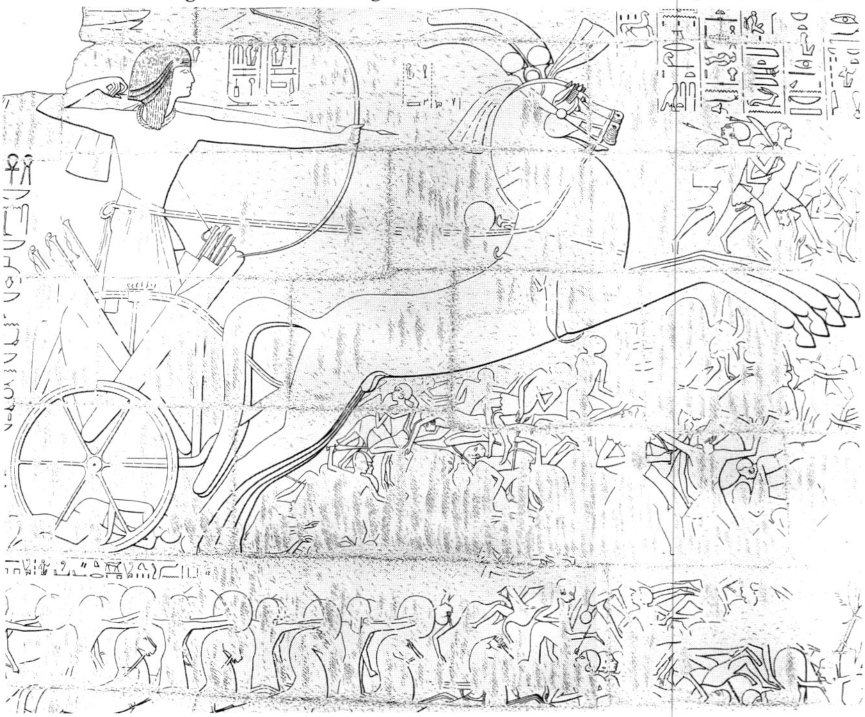

**Obwohl die Ägypter bereits eine sehr fortgeschrittene Gesellschaft waren, machten erst die Hethiter sie mit dem Rad bekannt. Die Hethiter waren es auch, die 1299 v. Chr. durch ihre überlegenen Streitwagentruppen in der größten Streitwagenschlacht der Antike bei Kadesch in Syrien über die Ägypter den Sieg errangen.**

sie über 17000 Fußsoldaten und 3500 Streitwagen – ein Verhältnis von fünf Mann auf einen Streitwagen. Die Hethiter besaßen eine hochentwickelte Gesellschaftsstruktur, und ihre Art der Pferdehaltung und ihre Streitwagenformationen im Kampf lieferten das Vorbild für andere mit Streitwagen kämpfende Völker.

Die Streitwagen der Hethiter waren die ersten, die mit drei Mann besetzt waren – einem Fahrer, einem Schildträger und einem Speerwerfer oder Bogenschützen. Außerdem waren die Hethiter, soweit bekannt, auch die ersten, die ein Handbuch der Pferdehaltung besaßen. Es wurde ungefähr um 1360 v. Chr. von dem Churriter Kikkuli für das Streitwagenheer der Hethiter verfaßt und behandelte sowohl die Pflege der Pferde als auch ihre Ausbildung. Aus diesem Werk ist zu entnehmen, daß die Gespanne mit Getreide (Gerste und Weizen), Luzerneheu und Stroh gefüttert und durch regelmäßige Bewegung in Form gehalten wurden. Die Erkenntnis, daß die Fütterung in einem bestimmten Verhältnis zur geleisteten Arbeit stehen muß, um ein Pferd zu konditionieren, ist ein sehr fortschrittliches Konzept und deutet auf besondere Sorgfalt und viel Verständnis. Ein großer Teil der Erfolge der hethitischen Streitwageneinheiten läßt sich darauf zurückführen, daß sie wußten, wie man Pferde fit macht und dafür sorgt, daß ihre Kondition während eines Krieges nicht nachläßt.

Die Gespanne wurden durch Gebisse gelenkt, die auf den Unterkiefer einwirkten; sie wurden schon sehr früh erfunden. Ursprünglich bestanden die Gebisse wohl aus Hartholz oder waren Abwandlungen des Lederriemens, der den Unterkiefer umschloß; später wurden die Gebisse aus Knochen oder Horn hergestellt. Um 1300 bis 1200 v. Chr. waren Metallgebisse allgemein in Gebrauch. Damit ein Streitwagen angesichts des Feindes (oder bei der Löwenjagd, dem Lieblingssport des assyrischen Adels) mit Höchstgeschwindigkeit gelenkt werden konnte, mußten die Pferde auf jede Zügeleinwirkung sofort reagieren, wenn es nicht zur Katastrophe kommen sollte. Die Reaktionsfähigkeit der Streitwagenpferde hing sicherlich von ihrem Training ab, aber zum großen Teil auch von der Wirksamkeit des Gebisses. Und für Reiter, die ohne die Sicherheit, die ein Sattel und Steigbügel verleihen, auf ihren Pferden sitzen, sind sinnvolle Methoden der Einwirkung natürlich noch wichtiger.

Gebrochene Gebisse, die eine «Nußknacker»-Wirkung auf den Unterkiefer ausüben, waren wirksamer als gerade Stangen und konnten durch gezackte Kanten oder das Aufsetzen von Stacheln noch schärfer gemacht werden. Frühe Gebisse sind in zahlreichen Formen erhalten geblieben, und viele von ihnen wirken erstaunlich modern. Ihre Wirkung könnte durch die Verwendung von Reithalftern oder Martingalen beziehungsweise stoßzügelähnlichen Konstruktionen noch verstärkt worden sein, doch bis zum vierten Jahrhundert n. Chr. trat in der Pferdezäumung keine entscheidende Veränderung ein. Erst dann erfanden die Kelten in Gallien ein Kandarengebiß, das eine Hebelwirkung ausübte.

Das Geschirr der Streitwagenpferde entwickelte sich aus der Jochanspannung, die sich bei den Ochsen so gut bewährt hatte, und das Verfahren, die beiden Zugtiere rechts und links von einer Stange anzuspannen, hatte denselben Ursprung. Pferde, die einen Schlitten oder eine Schleppe zogen, gingen zwar in einer Art «Einspänner-Deichsel», doch die eigentliche Wagendeichsel wurde trotz dieses frühen Vorläufers erst wesentlich später in China erfunden.

Um das Joch dem Körperbau des Pferdes anzupassen, wurde es stärker gebogen und wesentlich leichter gemacht. Dann wurde es mit Polstern versehen, die auf dem Widerrist zu liegen kamen, ein kleines Stück vor der Stelle, an der heute der Vorderzwiesel des Sattels liegt, und an der Stange befestigt. Das Joch wurde mit einem Gurt am Pferdehals festgeschnallt, so daß die Tiere gezwungen waren, die Lasten mit dem Hals zu ziehen und durch Einstemmen in das Joch zu bremsen. In der Bewegung mußte der Halsriemen einen Druck auf die Luftröhre ausüben, der sich bei schwerem Zug noch verstärkte, weil die Pferde dabei die Hälse streckten. Vielleicht ist dies der Grund für die verstärkte Entwicklung der Unterhalsmuskulatur dieser Pferde und für die Hirschhälse, die auf verschiedenen Darstellungen aus jener Zeit deutlich zu erkennen sind.

Das Hinzufügen eines weiteren Riemens, der vom Halsriemen zwischen den Vorderbeinen hindurch zum Bauchgurt führte, entschärfte die schwersten Nachteile der Jochanspannung. Dieser «Stoßzügel» verhinderte das Hochrutschen des Halsriemens und verlagerte den Zug weiter nach unten. Das Verhältnis zwischen aufgewendeter Kraft und Last war zwar immer noch unausgewogen, doch die Streitwagen waren nicht schwer, und die zusätzliche Anspannung von je einem weiteren Pferd rechts und links neben den Deichselpferden verringerte die Last des einzelnen noch weiter. Dieser Methode bedienten sich die Hethiter, die Babylonier, die Assyrer und die Ägypter und später auch die Römer mit ihrer Quadriga, bei der auf dem rechts außen angespannten Pferd oft noch ein Reiter saß.

Um 1190 v. Chr. verlor das Reich der Hethiter seine Vormachtstellung, doch inzwischen hatten die Streitwagen die ganze zivilisierte Welt jener Zeit erobert, und die Pferde wurden verehrt und hochgeschätzt. Für niedrige Arbeiten waren sie inzwischen zu wertvoll geworden; diese Aufgaben wurden den Ochsen überlassen.

Funde in einer urartäischen Festung in der Nähe der armenischen Stadt Jerewan (Eriwan) deuten darauf hin, daß Pferde in Urartu und Chaldäa bereits im zweiten Jahrtausend v. Chr. mit religiösen Kulten in Verbindung gebracht wurden – eine Praxis, die vermutlich bis in die frühchristliche Zeit hinein bestehen blieb. Der Status des Pferdes spiegelt sich in einer Fabel aus Mesopotamien, in der sich das Pferd vor dem Ochsen damit brüstet, daß es mit Königen und großen Männern zusammenlebt und bestens gefüttert wird, ohne je geschlachtet zu werden: ein weiter Weg von der Existenz bei den Nomaden der Steppe.

Wie die Hethiter handelten auch die kriegerischen Babylonier, Ägypter und Assyrer nach einem hochentwickelten Konzept der Pferdehaltung und -fütterung sowie der selektiven Zucht, die Größe und Qualität ihrer Pferde verbes-

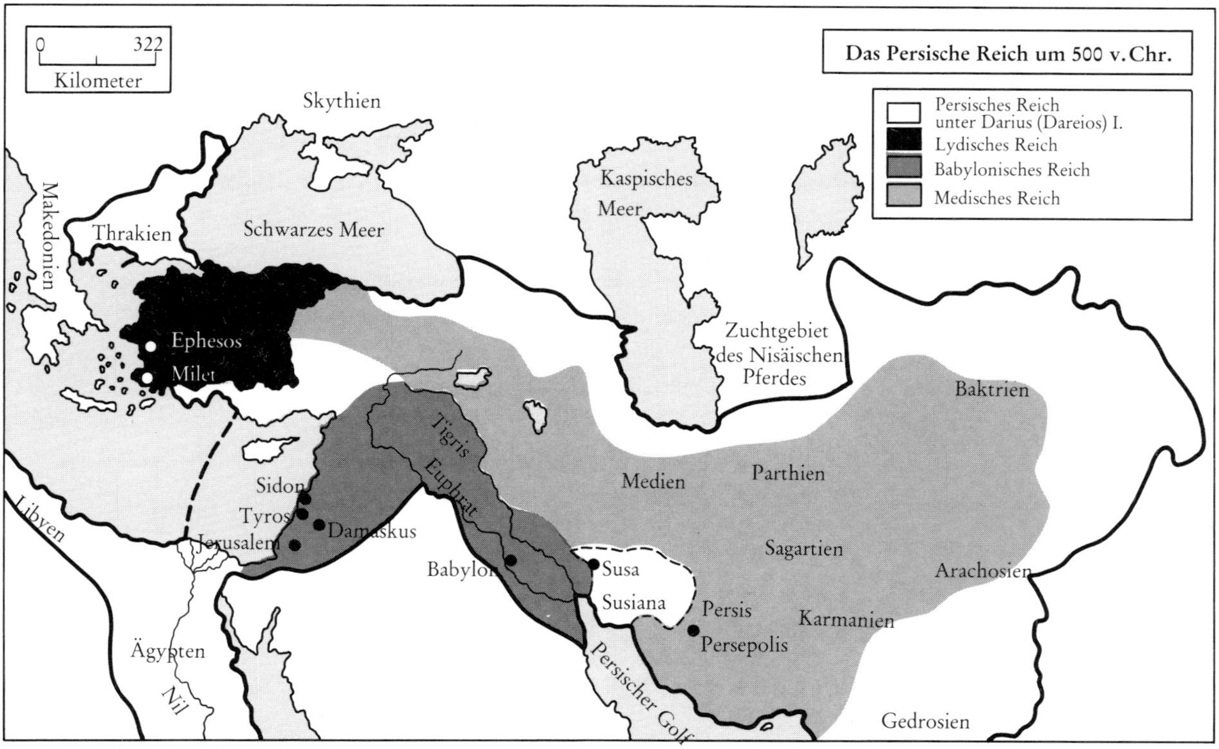


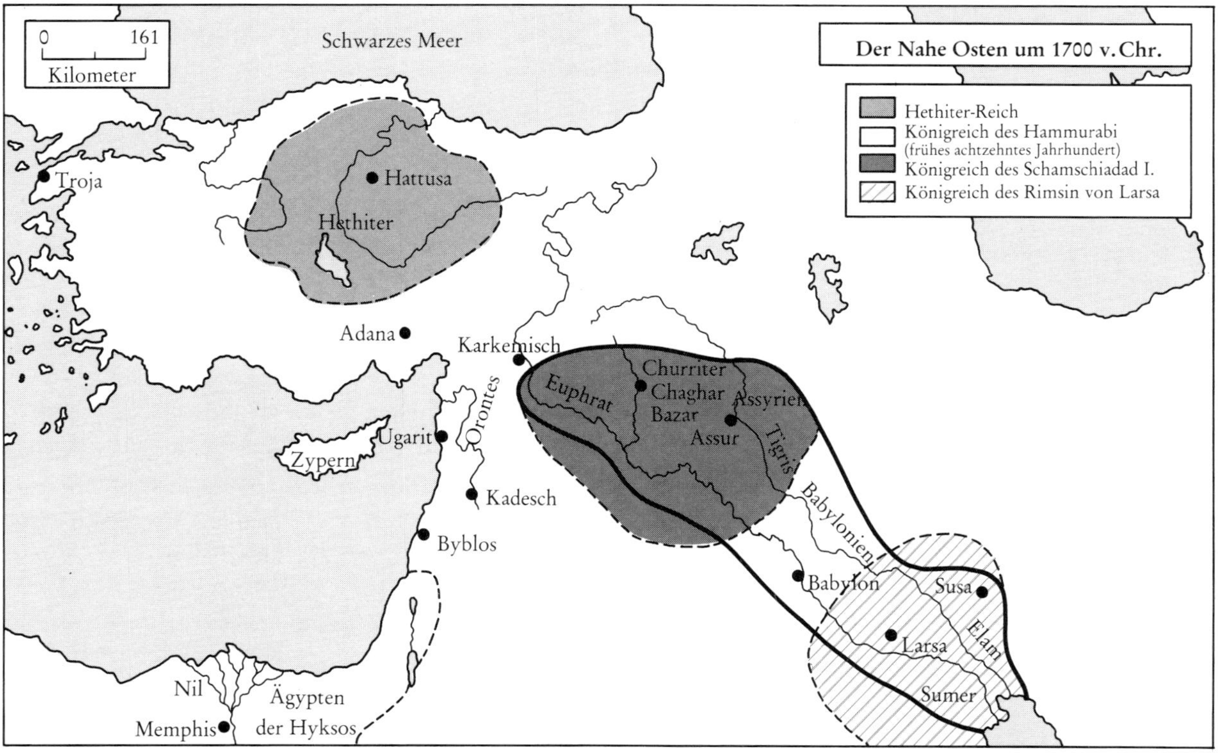


**Eine Zeitlang stand Ägypten unter der Herrschaft der asiatischen Hyksos. Babylonien und Assyrien waren Großmächte, und auch das Hethiterreich wurde sehr mächtig.**

sern sollte. Sobald die Tiere größer und stärker geworden waren, mußten auch stärkere Hilfsmittel erfunden werden, um auf sie einzuwirken. Im vierzehnten vorchristlichen Jahrhundert benutzten die Ägypter eine Art Hannoversches Reithalfter, ein heute allgemein gebräuchlicher Teil der Pferdeausrüstung. Die Fahrer der ägyptischen Streitwagen hielten es allerdings für erforderlich, die Nüstern ihrer Pferde aufzuschlitzen, um ihnen die Atmung, die durch die tief und eng sitzenden Riemen stark eingeschränkt war, zu erleichtern.

Die formstrenge und häufig dennoch hochdramatische Kunst der Assyrer, von der viele Zeugnisse erhalten sind, stellte im neunten Jahrhundert v. Chr. gut konditionierte, qualitätsvolle und makellos hergerichtete Pferde dar. Mähnen und Schweife waren ausgezeichnet gepflegt, oft durch eine Hülle geschützt und gelegentlich auch kunstvoll geflochten. Ähnlich prunkvoll und sehr dekorativ war die Ausrüstung.

Es gab natürlich einen praktischen Grund für eine solche Behandlung von Mähnen und Schweifen. Dichte, wallende Mähnen hätten sich in den Fahrleinen verfangen können, oder das Pferd hätte vielleicht die Leine mit dem Schweif eingeklemmt. (Aus dem letzteren Grund wurden auch den meisten Zugpferden in Europa die Schweife kupiert – eine unnötige und grausame Operation, die in Großbritannien schon vor dreißig Jahren verboten wurde.) Auch als aus dem Wagenlenker ein berittener Bogenschütze wurde, flocht man die Mähnen weiterhin ein, damit sie sich nicht im Bogen verfangen konnten.

Historiker schätzen die Größe der assyrischen Pferde auf etwa 142 Zentimeter; ich selbst vermute jedoch, daß manche von ihnen Stockmaße bis zu 153 Zentimetern erreichten.

Anfangs waren die Assyrer Streitwagenfahrer, deren Könige und Edelleute oft mit Pferd und Wagen auf die Jagd, zumeist auf Löwen, gingen. Später wurden sie als etwas ängstliche Reiter dargestellt, die weit hinten auf dem Pferderücken saßen, während ihre Pferde von Helfern geführt wurden, so daß sie beide Hände für den Bogen frei hatten. Sie saßen mit nach vorn gestreckten Beinen, hochgezogenen Knien und klammernden Unterschenkeln im klassischen Sitz des Anfängers auf ihren Pferden. Ihr Sitz dürfte dem des Mannes auf einem offenbar temperamentvollen Pferd geähnelt haben, der auf einer der frühesten bildlichen Darstellung eines Reiters erscheint: einem Relief vom Grabmal des ägyptischen Pharao Haremhab, der im vierzehnten Jahrhundert v. Chr. lebte. Der Mann sitzt weit hinten auf dem Pferderücken, so etwa, wie man damals auf einem Esel saß. Im Mittleren Osten werden Esel noch heute so geritten. Das Pferd trägt ein tiefsitzendes Reithalfter, das unterhalb eines Gebisses verschnallt oder als alleiniges Hilfsmittel verwendet worden sein könnte.

Zur Zeit des Assyrerkönigs Tiglatpileser III. (754–727 v. Chr.) bieten die berittenen Truppen schon einen ganz anderen Anblick. Jetzt stoßen wir auf geschickte Reiter, Bogenschützen und Speerwerfer, die wesentlich weiter vorn auf Tüchern oder Polstern saßen, die mit Vorderzeug und Bauchgurt befestigt

Im Osten ritten die Herrscher bei feierlichen Anlässen auf prächtig geschmückten Elefanten, doch für praktische Aufgaben konnten diese mit den schnelleren und vielseitigeren Pferden nicht konkurrieren.

Nachdem die Ägypter durch in ihr Land einfallende Streitwagenkämpfer das Pferd kennengelernt hatten, ersetzten sie ihre Esel durch Pferde. Die Pferde waren sicherlich fügsamer und vermutlich auch stärker. Dieses um 1400 v. Chr. entstandene Wandgemälde stammt aus dem Grab des Nebamun in Theben.

Bevor Pferde diese Arbeit übernahmen, dienten Rinder jahrhundertelang als Zugtiere und werden in manchen Gegenden auch heute noch angespannt.

Einige der schönsten Pferdedarstellungen finden sich auf den stilisierten und exakt ausgeführten persischen Miniaturen des sechzehnten Jahrhunderts.

*Gegenüberliegende Seite:* Diese romantische und detaillierte persische Miniatur aus dem sechzehnten Jahrhundert zeigt Alexander den Großen im Zweikampf mit dem Schwiegersohn des persischen Königs Darius (Dareios III.) in der Schlacht am Granikos im Jahre 334 v. Chr.

Die höchste Vollkommenheit der Antike verkörperte der Kentaur, ein Fabelwesen der griechischen Mythologie in der Mischgestalt von Mensch und Pferd, den beiden edelsten Schöpfungen der Götter.

Rennen mit Wagen, vor die bis zu vier Pferde gespannt wurden, waren in den griechischen und römischen Arenen ein beliebter Sport und auch Bestandteil der Olympischen Spiele der Antike.

Kaiser Konstantin, unter dessen Regierung die byzantinische Kavallerie entscheidende Neuerungen einführte.

*Gegenüberliegende Seite:* Diese prachtvolle Darstellung des römischen Kaisers Mark Aurel aus dem zweiten Jahrhundert ist ein gutes Beispiel für heroische Reiterstandbilder.

Für viele symbolisiert diese Darstellung von Rittern beim Turnier das Zeitalter des Rittertums. In den meisten Fällen winkte als Siegespreis nur die Gunst einer verheirateten Edeldame.

waren, und mit den Oberschenkeln das Gleichgewicht hielten. Ihre Pferde, ausschließlich Hengste, trugen reich verzierte und sehr ausgeklügelte Zäumungen; das normalerweise gebrochene Gebiß hatte die Form eines auf dem Kopf stehenden Y – eine Gebißform, die in der antiken Welt lange Zeit verbreitet war. Es wurde vermutet, daß solche Gebisse zuerst aus Geweihsprossen hergestellt wurden und daß die späteren Metallgebisse diese Geweihform nachahmten. Im siebten und achten Jahrhundert v. Chr. gab es solche Gebisse nicht nur in Assyrien, sondern auch im Kaukasus, im Iran und in Zentralasien. (Das häufige Vorkommen solcher Gebisse in einem so großen Gebiet stützt die Theorie, daß die ersten Pferde von Rentierhaltern domestiziert wurden.)

Der Übergang vom Streitwagen zum berittenen Krieger wurde notwendig, als sich das Assyrische Reich, dessen Zentrum am oberen Ende der Becken von Euphrat und Tigris lag, weiter nach Norden in bergigeres Gelände ausdehnte, das für den Einsatz größerer Streitwagenkräfte ungeeignet war.

Der Streitwagen verschwand jedoch keineswegs über Nacht, sondern blieb noch für mindestens weitere siebenhundert Jahre ein wichtiges Element der Kriegführung.

Im sechsten Jahrhundert v. Chr. verloren die Assyrer ihre militärische Überlegenheit. Danach spielten die Perser beim Kampf um die Macht im Nahen Osten die Hauptrolle, und auch bei ihnen war ein großer Teil ihrer Heere mit Streitwagen ausgerüstet.

Entscheidend für den Aufstieg des Persischen Reichs war, daß sie im Besitz der besten Pferde der Antike, der Nisäischen Pferde waren und daß deren Zuchtgebiet in ihrem Herrschaftsbereich lag. Das Nisäische Pferd wurde im Nordwesten des Iran gezüchtet, in der Gegend von Hamadan, einem Gebiet, das in der Antike Medien genannt wurde. Im Sommer wurden die Tiere auf die kühlen, saftigen Weiden des Vorgebirges getrieben, auf denen Alfalfa oder Luzerne wuchs, eine nahrhafte, eiweißreiche Pflanze, die für die Aufzucht von Jungpferden besonders geeignet ist.

**Der Wunsch nach mehr Zugkraft wurde anfangs durch das Vorspannen weiterer Pferde erfüllt, doch dann erkannten die Assyrer, daß größere Pferde sinnvoller waren, und brachten sie durch verbesserte Haltung hervor.**

Diese romantisierende Darstellung von persischen Reitern verdeutlicht sowohl ihre Jagdleidenschaft als auch die Schnelligkeit ihrer Pferde.

Nachdem die Perser in den Besitz des Zuchtgebietes gekommen waren und ihre Truppen die Seidenstraße kontrollierten – den berühmtesten Handelsweg der Antike, der sich über rund 10000 Kilometer von der chinesischen Pazifikküste bis nach Alexandria am Mittelmeer erstreckte –, erlangte ihre Kavallerie eine beneidenswerte Überlegenheit und Zugang zu den Pferdezuchtgebieten nicht nur im Norden, sondern auch entlang der Seidenstraße. Diese Kontrolle über die Seidenstraße, insbesondere über den Abschnitt zwischen Turkestan und Ekbatana (dem heutigen Hamadan) ermöglichte ihnen überdies die Ausbeutung der Handelskarawanen, die durch dieses Gebiet zogen.

Das Nisäische Pferd hatte bereits beim Aufstieg des Babylonischen und später des mächtigen Assyrischen Reiches eine wichtige Rolle gespielt. Jetzt garantierte es die Überlegenheit der persischen Streitwagen und der Kavallerie, mit deren Hilfe im dritten Jahrhundert v. Chr. ein Reich entstanden war, das sich von Ägypten bis nach Kleinasien und von Indien bis zu den Griechischen Inseln erstreckte. Herodot schrieb über das Herr von Kyros dem Großen: «Die gepanzerten persischen Reiter und ihre todbringenden Streitwagen waren unbesiegbar: niemand wagte, sich ihnen entgegenzustellen...»

Dieses Prachtbeispiel einer Pferderasse beruhte auf einer ungewöhnlichen Blutmischung. Es gab die ziemlich kleinen Pferde dieser Region, die die Merkmale von Ebhardts Pferde-Typ 4 aufwiesen und entschieden arabisch aussahen, und das Steppenpferd. Bei der selektiven Kreuzung dieser Pferdetypen, die rund fünfzehnhundert Jahre lang praktiziert wurde, könnte der Rasse auch Mongolisches Wildpferdblut zugeflossen sein. Dies würde auch erklären, warum die Pferde der Perser trotz einer gewissen Eleganz kräftiger und auch gröber waren als die wesentlichen edleren Pferde, die von den Assyrern dargestellt wurden. Aus dieser Blutmischung entwickelten sich schließlich der

Turkmene und der goldene Achal-Tekkiner, die beide für ihre Geschwindigkeit und Ausdauer berühmt sind.

Irgendwo zwischen ihnen lag das Nisäische Pferd, das bereits größer und auch stärker war als die bisher verwendeten Rassen. Seine Vorzüge machten es zu einem Gegenstand der Bewunderung in der antiken Welt, und neben seiner Verwendung zu Kriegszwecken erfüllte es in der persischen Gesellschaft noch eine ganze Reihe von weiteren Funktionen.

Die Perser, die als erste ein Großreich schufen, entwickelten auch das erste umfassende Kommunikationssystem. Sie bauten Straßen und führten ein erstaunlich effektives Postwesen ein, das auf Stationen aufgebaut war, die jeweils einen Tagesritt auseinanderlagen. Eine 2400 Kilometer lange Strecke legten königliche Boten unter häufigem Pferdewechsel in sieben bis vierzehn Tagen zurück. Ungefähr achtzehnhundert Jahre später führten die Mongolen unter Dschingis-Khan ein erstaunlich ähnliches System ein; der größte Unterschied bestand darin, daß die Mongolen Sättel mit Steigbügeln besaßen, die sie hoch über den Pferderücken erhoben, während die Perser nur auf untergelegten Polstern saßen und noch keine Steigbügel hatten.

Auch als die Reiter der Steppe endlich Steigbügel besaßen, trabten sie nicht; sie ritten entweder Schritt oder galoppierten. Wenn ihre Pferde in schwierigem Gelände vom Galopp zum Trab übergingen, konnten sie sich entweder in die Bügel stellen, bis das Pferd wieder in Galopp fiel, oder sie saßen die wenigen Trabschritte aus.

Das Leichttraben kam erst im achtzehnten Jahrhundert auf, als die Verbesserungen der englischen Straßen den Kutschgespannen einen flotten, ausgreifenden Trab erlaubten. Die Reiter der Sattelpferde, die Zweier- und Vierergespanne fast immer begleiteten, fanden heraus, daß das Leichttraben sie vor den auf einigen Pferden bestimmt entsetzlichen Stößen des Pferderückens schützte. Auch die Postreiter, die die Post auf Pferden transportierten, übernahmen das Leichttraben, um sich vor den harten Gängen der ihnen zugeteilten Gebrauchspferde zu schützen. Da das Leichttraben in England entwickelt wurde, wird es im übrigen Europa oft als Englisches Traben bezeichnet.

Steigbügel bedeuten im Galopp eine Erleichterung sowohl für das Pferd als auch für den Reiter, vor allem wenn der Reiter sein Gewicht nach vorn verlagert und es mit den Knien und den Steigbügeln abstützt. Ohne Steigbügel gibt es keine andere Möglichkeit, als aufrecht sitzen zu bleiben.

Vermutlich galoppierten die Perser auf den Strecken zwischen den einzelnen Poststationen, möglicherweise ritten sie aber auch flotte Paßgänger. Paßgänger, die statt einer diagonalen Fußfolge jeweils ein gleichseitiges Beinpaar vorschwingen, werden schon in Kikkulis hethitischem Reiterhandbuch beschrieben. Da es keinerlei Beweise dafür gibt, daß die Streitwagenpferde Paßgänger waren (auf Abbildungen sind sie ausschließlich im gestreckten Galopp zu sehen), wurden Paßgänger offenbar zum Reiten benutzt, vermutlich von reitenden Boten, weil das Reiten zu jener Zeit für Edelleute als unschicklich galt. Im neunzehnten Jahrundert v. Chr. schrieb der Hofbeamte Bahdi-Lim an Zimri-Lin, den König von Mari: «Mein Herr sollte nicht auf einem Pferd reiten. Mein Herr sollte eine Kutsche oder ein Maultier benutzen, um seinen königlichen Rang zu beweisen.»

Der Vorteil des Paßgängers, vor allem beim Reiten ohne Steigbügel, sind seine bequemen Gänge. Da sich der Pferderücken nur vor und zurück bewegt und nicht auf und ab, kann der Reiter ohne Mühe und große Strapazen auch lange Strecken zurücklegen. Eine Veranlagung zum Paßgang tritt bei vielen Rassen auf; diese Gangart findet sich bei Pferden aus dem Iran, aus Turkestan und den im Osten angrenzenden Gebieten, in denen die Hethiter lebten. Außerdem zeigte sich der Paß bei Pferden der Iberischen Halbinsel, von denen die im Spätmittelalter so beliebten Zelter abstammten.

Persische Reiter könnten aber auch im Tölt geritten sein, einer Gangart, die schon bei den Parthern sehr beliebt war und mit dem Paß verwandt ist. Bekanntlich sind die Island-Pferde Tölter; aber auch in den USA gibt es noch einige töltende Pferderassen. Beim Tölt setzt das Pferd alle vier Hufe kurz nacheinander auf, im Gegensatz zum Trab oder Paß, bei denen immer zwei Hufe gleichzeitig aufsetzen. Die Fußfolge ist hinten links, vorne links, hinten rechts, vorne rechts oder umgekehrt, genau wie beim Schritt, doch viel schneller. Der Renntölt ist fast genausoschnell wie der Galopp und außerordentlich bequem zu sitzen.

Pferde galten bei den Persern als Statussymbole, und je mehr Pferde ein Mann besaß, desto höher war sein Ansehen. Es durften allerdings, wie noch jahrhundertelang, nur landbesitzende Edelleute Pferde halten, für die es undenkbar gewesen wäre, irgendwo zu Fuß zu erscheinen. Dieser pferdebesitzende Adel bildete das Rückgrat der persischen Kavallerie und der Streitwageneinheiten.

In der persischen Gesellschaft spielten Pferde auch bei der Freizeitgestaltung eine wichtige Rolle. Die Jagd zu Pferde war weitverbreitet; außerdem organisierten die Perser regelmäßig Rennen auf ovalen Bahnen von ungefähr 1300 Meter Länge, bei denen die Pferde die Bahn zwischen zwei- und neunmal umrunden mußten. Neun Runden entsprachen etwa elf Kilometern; das ist eine längere Strecke, als sie bei den Griechen und Römern üblich war, aber selbst heute stellt dies für die Turkmenen und Achal-Tekkiner dieser Gegend keine ungewöhnliche Distanz dar.

Um das sechste Jahrhundert v.Chr. entstand in Persien auch das Polospiel, doch die eleganten Tiere auf den Hunderten von Miniaturen mit Jagd- und Poloszenen lassen vermuten, daß für diesen Zweck leichtere Pferde gezüchtet wurden. Das Polospiel in seiner heutigen Form ist eng mit den zentralasiatischen Spielen Baiga und Buzkashi verwandt, die noch heute in Afghanistan und Turkestan gespielt werden. Der Name Polo stammt von dem tibetanischen Wort *pulu* ab, das Ball bedeutet. Anfänglich könnte das Polospiel auch eine religiöse Bedeutung gehabt haben. Auf jeder Seite spielten bis zu tausend Männer, und der Ball galt als ein Symbol der Fruchtbarkeit.

Auch Tribute wurden oft in Form von Pferden geleistet – ein Zeichen dafür, wie hoch sie damals geschätzt wurden. Die medischen Satrapen stellten Weideflächen für fünfzigtausend Pferde des Königs zur Verfügung; die Armenier leisteten ihren Tribut mit jährlich zwanzigtausend Fohlen und die Kilikier mit einem weißen Pferd für jeden Tag des Jahres.

Bei religiösen Zeremonien spielten weiße Pferde eine wichtige Rolle, und Pferde dieser Farbe hatten für die Perser eine besondere Bedeutung. Die Anhänger von Mithras, dem «Herrn der großen Weiden», einem Gott mit einem ebensogroßen Einflußbereich, brachten – wie viele andere indogermanische Völker – bei ihren religiösen Ritualen Pferdeopfer dar. Sie stellten sich Mithras in einem Streitwagen vor, gezogen von vier weißen, unsterblichen Pferden, die goldene Hufeisen trugen und mit Ambrosia gefüttert wurden. Am Neujahrstag wurden dem Gott, sinnbildlich für diese heiligen Tiere, Pferde geopfert. Auch zum Gedächtnis des persischen Königs Kyros des Großen wurden Pferde geopfert, und zwar eines für jeden Monat nach seinem Tod.

Die starken, temperamentvollen Pferde der Perser, die gut gefüttert und konditioniert, ihre Herren fast unschlagbar gemacht hatten, stellten die Reiter, die nichts weiter besaßen als gepolsterte Tücher, vor immer größere Probleme. Der Streitwagenfahrer hatte immerhin den Vorteil, daß er sich gegen die Vorderwand seines Wagens stemmen und sein ganzes Gewicht in die Zügel legen konnte. In «A History of Horsemanship» vermutet Chenevix Trench, daß den starken Pferden mit den dicken Hälsen, die auf den persischen Reliefs stets den Kopf fast vor der Brust tragen, Nasenriemen mit Stacheln nach dem Prinzip der spanischen *careta* angelegt wurden. Das hätte sicher zu einer derartigen Kopfhaltung geführt, vor allem da die persischen Reithalfter anscheinend am Gebiß befestigt waren. In Indien benutzte man solche Vorrichtungen im ersten Jahrhundert, und es gibt keinen Grund, warum sie nicht schon vorher existiert haben sollten. Die Inder standen immer in Verbindung mit den Persern, die diesen Trick vielleicht von ihnen übernahmen – aber es kann natürlich auch umgekehrt gewesen sein.

Die Perser scheinen zu den ersten Völkern zu gehören, die einen solchen Nasenriemen benutzten. Er gelangte in die maurische Pferdekultur, wurde ein Teil der Zäumung auf der Iberischen Halbinsel, könnte die Anregung zur Entwicklung des Kappzaums der Renaissance geliefert haben und gelangte mit ziemlicher Sicherheit durch die Konquistadoren nach Nord- und Südamerika.

Auch das von den Persern verwendete Gebiß ist bemerkenswert, und seine Form läßt sich selbst in den Gebissen des zwanzigsten Jahrhunderts noch erahnen. Das persische Zaumzeug, das Knebel anstelle von Schnallen hatte, besaß oft Riemen, die sich vor dem Pferdkopf kreuzten, und war den modernen Zaumzeugen der südamerikanischen Gauchos sehr ähnlich. An den geteilten Backenstücken war ein Gebiß von der Form eines Phallus befestigt, an dessen Enden Pferdehufe als Verzierung dienten. Beides waren Symbole für die Fruchtbarkeit des Pferdes; sie sind in abgewandelter Form noch heute in den Steigergebissen vorhanden, die hauptsächlich zum Vorführen von Hengsten verwendet werden.

Als die Pferde größer, stärker und ausdauernder wurden, wurde es immer wichtiger, wirksame Hilfsmittel zum Lenken und Bremsen zu erfinden. An dieser Stelle setzt die Trennung zwischen den Reitweisen der sogenannten klassischen Kulturen und der asiatischen Steppenvölker ein; es entwickelte sich der Unterschied zwischen dem westlichen und dem östlichen Reitstil. Beim ersteren folgen die Reiter dem persischen Vorbild; sie sitzen ein wenig zurückgeneigt, halten sich an den Zügeln fest und reiten mit langem Bein. Die Reiter der Steppe dagegen halten die Zügel kürzer, verlagern ihr Gewicht nach vorn und lassen das Pferd mit langem Hals und vorgestrecktem Kopf gehen. Eine Verschmelzung der beiden Reitweisen erfolgte erst mehr als zweitausend Jahre nach dem Zerfall des Persischen Reiches.

Rund dreihundert Jahre lang herrschten die Perser über das größte Reich der antiken Welt, doch wie alle anderen Reiche vorher und nachher mußten sie einige lästige Dornen in ihren normalerweise gut geschützten Flanken ertragen. Das Hauptärgernis waren die berittenen Nomaden aus den Steppen, die immer wieder in die nördlichen Grenzregionen einfielen. Die persischen Heere waren zwar Meister der offenen Feldschlacht, doch gegen einen guerillaähnlichen Gegner, der nie in passender Formation für eine konventionelle Attacke stand und dessen Taktik es war, schnell und hart zuzuschlagen und sich dann ebensoschnell wieder zurückzuziehen, bevor der verwirrte Gegner Stellung beziehen konnte, waren sie hilflos.

Sowohl die Skythen als auch die Parther, die vermutlich von einer Linie der ersteren abstammten, waren ausgezeichnete Reiter. Ihre Waffe war ein kurzer, doppelt gebogener Hornbogen, mit dem sie im vollen Galopp, während die Zügel auf dem Pferdehals lagen, ganze Salven von Pfeilen auf ihre Feinde abschossen.

Im dritten Jahrhundert v. Chr. gründeten die Parther im Iran ein Königreich und fügten in den folgenden Jahrhunderten ihren Nachbarn empfindliche Niederlagen bei. Selbst die gefürchteten römischen Legionen hatten im

**Der genaue Ursprung des Polospiels konnte nicht ermittelt werden, aber zweifellos wurde es in ganz Asien gespielt. Bei den Reittieren dieser mongolischen Spieler scheint es sich jedoch um Maultiere zu handeln.**

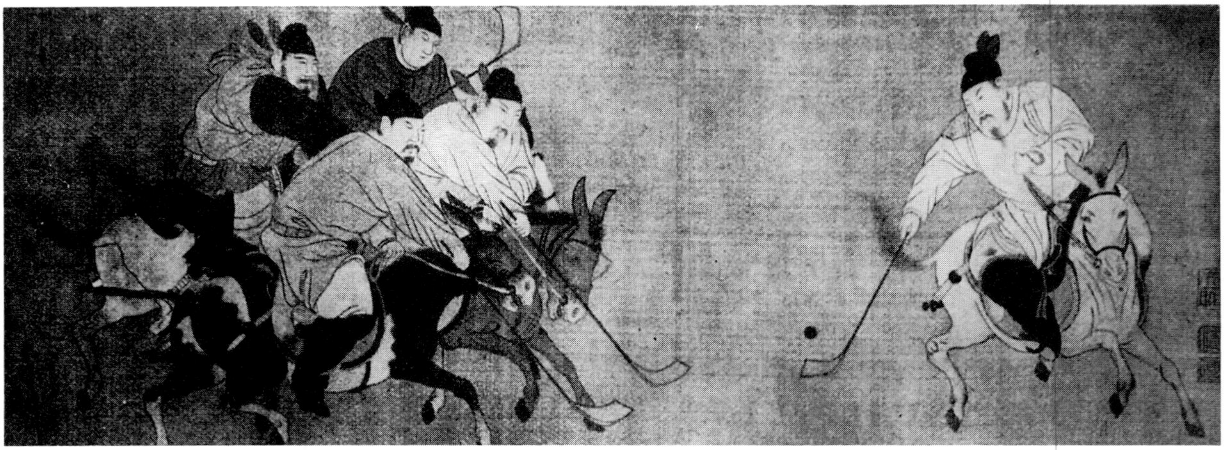

ersten Jahrhundert v. Chr. allen Grund, die Überlegenheit der parthischen Reiter anzuerkennen, nachdem sie im Jahre 53 v. Chr. bei Carrhae eine schwere Niederlage erlitten hatten – zu einer Zeit, da die Römer noch ihre Patriziernasen über berittene Truppen rümpften und sich ausschließlich auf die *alae* verließen, die Flankenreiter, die als Kundschafter dienten und die Flanken der Legionen schützten.

Zur Taktik der parthischen Bogenschützen gehörte es, eine Flucht vorzutäuschen und die nichtsahnenden Verfolger bis auf Bogenschußweite herankommen zu lassen. Dann drehten sie sich im Sattel um und schossen ihre Pfeile über die Schweife der Pferde hinweg ab.

Die parthische Aristokratie, über die Justinus schrieb: «Auf Pferden reiten sie in den Krieg, zum Festmahl, zu öffentlichen und privaten Geschäften, und auf Pferden reisen sie, machen Halt, handeln und unterhalten sich», folgte bis zu einem gewissen Grad persischen Vorbildern. Ihre Reiterheere bestanden nicht ausschließlich aus Bogenschützen *(sagittari)*, sondern, ähnlich wie die der Perser, auch aus schwerer Kavallerie. Diese sogenannten *cataphracti* trugen Rüstungen, ebenso ihre Pferde. Obwohl die Rüstungen verhältnismäßig leicht waren, wurden für diese Reiter doch größere Pferde wie das Nisäische oder das Baktrische Pferd aus der Umgebung von Fergana im Osten Irans gebraucht.

Diese gepanzerten Reiter, die nahe an das feindliche Fußvolk heranritten und dabei riskierten, vom Pferd gerissen zu werden (sie hatten keine Steigbügel), passen eigentlich nicht recht zur Vorliebe der Parther für schnelle, sehr bewegliche Reiter, und die schwere Kavallerie war ganz offensichtlich weniger erfolgreich als die berittenen Bogenschützen, die im parthischen Heer die Hauptrolle spielten.

Es gibt kaum Hinweise darauf, ob die Parther ihre gepanzerten Reiter häufiger einsetzten, aber interessant ist, daß hier zum erstenmal zwei Konzepte nebeneinander benutzt wurden: auf der einen Seite die wendige leichte Kavallerie, die mit einer Guerillataktik blitzartig zuschlug und sich dann wieder zurückzog und außerdem flüchtende Gegner verfolgte, und auf der anderen die schwer gepanzerten Reiter, die in geschlossener Formation versuchten, in das feindliche Fußvolk einzubrechen und es zu vernichten.

Die nomadischen Krieger schlossen sich zumeist zu irregulären Trupps zusammen, aber sie waren dennoch imstande, ihre Gegner bis zur Weißglut zu reizen. Allerdings konnten sie – von ein oder zwei Schlachten wie zum Beispiel der gegen die Legionen des Crassus bei Carrhae einmal abgesehen – nie größere Siege über gut ausgebildete und disziplinierte Berufssoldaten erringen und auch nie ein erobertes Gebiet über einen längeren Zeitraum hinweg halten. Dies gilt sowohl für die Parther wie auch für die Skythen, die beide zu den größten Reitervölkern der Welt gehörten.

Als Skythen bezeichneten die Griechen die südrussischen Nomadenvölker. Sie wanderten bis in die ungarischen Ebenen und in die Karpaten und drangen im siebten Jahrhundert v. Chr. bis nach Gallien vor. Dreihundert Jahre später

**Der persische Gott Mithras wurde gewöhnlich «Herr der großen Weiden» genannt. Hier tötet er einen Stier, was bei Kulthandlungen nachvollzogen wurde und sowohl der Förderung des Lebens wie der Erlösung dienen sollte.**

verfiel ihre Macht; sie wurden von ihren östlichen Verwandten, den Sarmaten, verdrängt.

Vermutlich bezogen die Griechen einen Teil ihrer Reitpferde von den Skythen und paarten sie mit den großen Nisäischen Pferden, die sie aus den besetzten persischen Gebieten erhielten. Möglicherweise wurden auch Pferde vom arabischen Typ eingekreuzt.

Die Skythen stellen für die meisten Historiker eine Art Paradoxon dar. Sie herrschten über ein gewaltiges Gebiet und gehörten offenbar einer ganzen Reihe von Stämmen an, zwischen denen lockere ethnische Bindungen bestanden, schlossen sich jedoch nie zu einem einheitlichen Reich zusammen. Sie hinterließen keine schriftlichen Aufzeichnungen; was wir über sie wissen, stammt aus den Schriften ihrer griechischen Nachbarn und von ihren Begräbnisstätten, vor allem den vom Frost konservierten von Pazyryk, von denen S.I. Rudenko 1929 die ersten freilegte.

Wie in Zentralasien allgemein üblich, bestatteten auch die Skythen ihre Toten mitsamt ihren Pferden, dem Sattelzeug und anderen Gegenständen, die es dem Verstorbenen ermöglichen sollten, sein Leben auch im Jenseits weiterzuführen. Die Grabbeigaben der sogenannten Kurgane (Grabhügel) von Pazyryk, besonders einer Anlage, die 1948 freigelegt wurde, waren seit dem fünften Jahrhundert v. Chr. in einem soliden Eisbett eingefroren gewesen. Nicht nur lederne Gegenstände und alle Arten von Textilien waren noch genauso erhalten wie am Tag der Bestattung, sondern auch die Leichen der Menschen und der mit ihnen beigesetzten Pferde. Selbst Gegenstände aus Pflanzenfaser-Seilen wie Halfter und Fußfesseln waren konserviert.

Die Sättel waren bedeutend besser gebaut als die, die Griechen und Römer zwischen etwa 300 v. Chr. und der Zeitenwende benutzten. Sie bestanden aus Leder und Filz und enthielten zwei mit Hirschhaar ausgestopfte Polster. Diese lagen beiderseits der Wirbelsäule und waren vorn und hinten mit Bögen aus Birkenholz verbunden, manchmal auch schlichter mit einem durchgehenden Lederstück. Die Sättel lagen auf Filzunterlagen und wurden durch Gurte, Vorderzeuge und eine Art Hintergeschirr, das oberhalb der Sprunggelenke um die Hinterhand herumführte, an ihrem Platz gehalten.

Die Zaumzeuge ähnelten denen, die in einigen Teilen Rußlands heute noch gebräuchlich sind, waren hier jedoch, da es sich um das Grab eines großen Herrn handelte, wesentlich kunstvoller. Das am häufigsten verwendete Gebiß war ein Trensengebiß, das sich am ehesten mit einer Kombination aus der heute üblichen Knebeltrense und einer Zungenstreckertrense vergleichen läßt. Es wurden auch noch wesentlich aufwendiger verarbeitete Zäume und Sättel gefunden. Sie waren reich mit Gold und Silber verziert, in das Leder waren strudelähnliche Muster eingearbeitet, und der Filz war mit kunstvollen Stickereien geschmückt, die Vögel, Greifen und Hirsche darstellten.

Trotz ihres reichen Schmucks war diese Ausrüstung sehr praktisch. Die Satelunterlage schützte den Rücken des Pferdes vor Druckstellen und diente dem Reiter nachts als Decke. Bis in die Gegenwart hinein wurden Satteldekken von vielen Reitern – Soldaten ebenso wie Zivilisten – auf diese Weise genutzt. Die Form des Sattels deutet auf eine klare Erkenntnis der Grundvoraussetzungen. Die erste und zweifellos auch die wichtigste von ihnen ist, daß auf die Wirbelsäule des Pferdes kein Druck ausgeübt werden darf, der Druck- oder Scheuerstellen hervorrufen oder die Bewegungsfreiheit einschränken könnte.

Die Polster des skythischen Sattels, die beiderseits der Wirbelsäule lagen, sorgten dafür, daß das Gewicht des Reiters auf die beiden Rückenmuskeln und die Rippen verlagert wurde. Auf diese Weise wurde Satteldruck vermieden, und das Pferd konnte mit unbelasteter Wirbelsäule auch auf langen Ritten mehr Kraft einsetzen. Der Sattel ähnelt dem der heutigen argentinischen Gauchos, vor allem in bezug auf die Polster. Wenn ein Gaucho einen erhöhten Punkt braucht, um über das hohe Pampasgras hinwegzusehen, stellt er sich auf die Polster. Die Skythen taten dasselbe, ebenso wie ihre Nachfahren auf den Steppen, die Hunnen und Mongolen.

Als die Indianer der amerikanischen Prärien Pferdehalter wurden, stellten sie Sättel her, die fast genau denen der Skythen entsprachen. Sie verzierten ihre Ausrüstung ebensoreich und hängten wie die Krieger der Steppen die Skalps ihrer Feinde vorn an den Sattelgurt.

Der wichtigste Unterschied war jedoch, daß die Skythen keine Steigbügel hatten. Aufgrund der Darstellung auf der Silbervase von Tschertomlyk aus dem vierten Jahrhundert v. Chr. sind einige Wissenschaftler der Ansicht, daß die Skythen die Erfinder der Steigbügel waren. Diese Darstellung zeigt ein skythisches Pferd, von dessen Sattel eine Art Schlaufe herunterhängt. Der russische Archäologe W.W. Arendt vermutete, daß es sich dabei um einen am Sattelgurt befestigten Steigbügel handelt. Dies ist jedoch ziemlich unwahrscheinlich, zumal es keine weiteren Beweise für den allgemeinen Gebrauch eines solchen Ausrüstungsgegenstands in dieser Gegend und um diese Zeit gibt. Wenn Steigbügel wirklich schon im vierten Jahrundert v. Chr. existiert hätten, müßte es aus den folgenden achthundert Jahren, also bis etwa zum vierten nachchristlichen Jahrhundert, weitere Hinweise auf seine Verwendung geben.

Die Pferde waren für die Beerdigung ihres Herrn alle prächtig herausgeputzt. Im Gegensatz zu den Pferden der großen Herren der Ebenen, deren Stolz ihnen verbot, ein kastriertes Pferd zu reiten, deren Pferdeverstand jedoch nicht an das intuitive Verständnis der Nomadenkrieger heranreichte, waren es sämtlich Wallache. Die Mähnen waren bis auf ein oder zwei Büschel, an denen die Bogenschützen sich in den Sattel schwangen, gestutzt. Die Schweife bewiesen Phantasie und Sorgfalt: sie waren in verschiedenen Mustern geflochten oder kunstvoll eingedreht und von verzierten Hüllen umgeben. (Solche Hüllen werden noch heute bei den Lipizzanern der Spanischen Hofreitschule und beim französischen Cadre Noir benutzt, vor allem bei Tieren, die Schulsprünge ausführen.)

Jedes Pferd trug als Kopfschmuck eine Greif- oder Rentiermaske. Das war ein Staatsgeschirr, das im künftigen Leben auf die Bedeutung des Verstorbe-

**Dieser Teller aus vergoldetem Silber wurde in den Gräbern von Pazyryk im Altai-Gebirge gefunden und ist über dreitausend Jahre alt. Er zeigt nicht nur die Kampfweise der Parther, sondern spiegelt auch die pferdeorientierte Kultur der Steppennomaden wider.**

Dieser «lachende Reiter» ist auf einem Wandbehang aus Filz abgebildet, der gleichfalls in den Gräbern von Pazyryk gefunden wurde.

nen hinweisen sollte. Mit ihm bestattet war auch ein sehr schöner vierrädriger Wagen mit einem Filzdach und einem hölzeren Rahmen, eine Nachbildung des Hauses, in dem er gelebt hatte, wenn er nicht mit den Herden umherzog. Alle Gegenstände, von der Futterkelle über Eimer und Beutel bis zu dem großartigen Wohnwagen, waren mit gemalten oder geschnitzten Bildern verziert. Im Grunde stellte dieses Grab ein Denkmal für einen «Zigeunerkönig» dar, und genau das dürfte dieser wohlhabende Skythen-Häuptling auch gewesen sein. Die Verbindung mit den heutigen Zigeunern ist unverkennbar.

Doch trotz all der Aufschlüsse, die uns die im Eis erstarrten Kurgane von Pazyryk vermittelten, blieb eine Frage offen. Dieser reiche Besitzer von Hunderten von Pferden, der mit all dem Pomp bestattet wurde, der seiner Stellung entsprach, trug auf dem ganzen Körper Tätowierungen – von Fabeltieren ebenso wie von den wilden und zahmen Geschöpfen, die in seinem Leben eine Rolle gespielt haben dürften. Doch auf seinem rechten Arm, an einer Stelle also, von der man wohl annehmen darf, daß sie die ehrenvollste war, befand sich der unmißverständliche Umriß eines Esels! Im alten Ägypten galten die Esel als heilig, und im Mittleren Osten waren sie natürlich weit verbreitet. Doch sie lebten nie in den Steppen Asiens. Wie kommt auf den Arm eines skythischen Fürsten ein Tier, mit dem er kaum je in seinem Leben in Berührung gekommen sein dürfte? Wahrscheinlich sah er auch nie einen Esel.

Überbleibsel dieser skythischen Tradition der symbolischen Mitbestattung von Pferden finden sich auch in den Begräbniszeremonien der Römer, bei denen das Pferd seinen toten Herrn ins Grab begleitete, aber nicht geopfert wurde. In Deutschland führten Fackelträger im Mittelalter (wie bei der Beerdigung von Johann Latomus Günther von Schwarzburg) Pferde zum Altar, wo sie symbolisch als Opfer dargeboten und dann von Verwandten gekauft wurden, wobei der Erlös der Kirche zugutekam. Es ist noch gar nicht lange her, daß auch bei uns eine Beerdigung kaum ihren Namen verdiente, wenn der Verstorbene nicht von einem Gespann mit schwarzen Pferdedecken zu seiner letzten Ruhestätte befördert wurde.

Den Skythen verdanken wir auch die bei uns übliche Männerkleidung und vieles andere mehr. Sie trugen passende Kleidungsstücke für ein «auf dem Pferderücken geborenes Volk» – wollene Hosen, Lederstiefel und warme Jacken mit Kapuzen –, während sich Griechen und Römer in wallende Gewänder aus kostbaren Stoffen kleideten, die zum Reiten nur schlecht geeignet waren. Die Hauptwaffe der Skythen war der kurze Bogen, denn obwohl sie auch Schwerter und Dolche trugen, zogen sie es doch vor, direkten Kontakt mit dem Feind zu vermeiden. Die beweglichen, ungepanzerten Reiter verließen sich auf ganze Salven von Pfeilen, die sie außer Reichweite der feindlichen Speerwerfer oder Schwertkämpfer abschossen, und sie dachten nicht daran, sich in konventionelle Feldschlachten hineinziehen zu lassen. Sie waren eine kriegerische Gesellschaft, die im Kampf keine Gnade kannte. Es war bei ihnen üblich, die Gefallenen zu enthaupten und ihre Sättel und Zaumzeuge mit

Skalps zu schmücken oder sie als Verschluß für ihre Köcher zu benutzen. Mit Gold ausgekleidete Schädel gaben hübsche Trinkbecher ab.

Sie waren auch große Jäger, die von Hasen bis zu Wildschweinen und sogar Tigern alles verfolgten und die ihre Beute mit außergewöhnlich zielsicheren Schüssen erlegten. Sie waren die Vorläufer von Attilas Hunnen und Dschingis-Khans Mongolen. Außerdem waren sie tüchtige Pferdehändler und -züchter. Sie züchteten die «Himmlischen Pferde» Chinas, die über eine Reihe von Mittelsmännern entlang der Seidenstraße ihr Ziel erreichten.

Im Gegensatz zu ihren Nachbarn ritten sie Wallache; die Kastration war bei ihnen von Anfang an üblich. Die Stuten wurden gemolken und zur Zucht verwendet; die Hengste dienten nur zur Zucht. Bei kriegerischen Auseinandersetzungen ist ein Hengst weniger zuverlässig als ein Wallach, er wiehert häufiger und verrät damit dem Gegner seine Position; er wird durch Stuten abgelenkt, und man muß damit rechnen, daß er im unpassendsten Moment mit anderen Hengsten kämpft. Außerdem waren die Skythen der Ansicht, daß Hengste zu oft stehenblieben, um (zur Reviermarkierung) Harn abzusetzen. Skythen, Hunnen und Mongolen, diese apokalyptischen Reiter der Steppe, ließen sich durch ihre eigenen natürlichen Bedürfnisse nicht stören – sie verrichteten sie, ohne vom Pferd zu steigen. Sie konnten sogar auf dem Pferderücken schlafen, und wenn man der Überlieferung glauben darf, befriedigten sie an diesem Ort auch ihre sexuellen Triebe.

Ihre Nachkommen oder Nachbarn, die sie vertrieben hatten, stürmten bis zur Großen Mauer, die die Chinesen mit ihrer hochentwickelten Kultur zum Schutz vor ihren ständigen Attacken gebaut hatten. An der Mauer gescheitert, wandten sie sich wieder nach Westen, gelangten bis an die Donau, brachten die ruhige Sicherheit der rationalen antiken Welt zum Einsturz und erschütterten die letzten Bastionen des großen Römischen Reiches. Mit Blut und Feuer, durch Gewalt, Vergewaltigung und Zerstörung errichteten sie die Fundamente des mittelalterlichen Europa.

Diese reitenden Nomaden blieben und beeinflußten die Gestalt, die die Welt später annahm. Auf sie geht eine Form der Reiterei und des Umgangs mit Pferden zurück, die den Unterschied der östlichen gegenüber der westlichen Einstellung verdeutlicht.

Das Ende der Herrschaft der persischen Könige und der Zusammenbruch ihres Reiches wurde zwischen 336 und 323 v. Chr. durch den größten Helden der Antike und einen der bedeutendsten Feldherrn aller Zeiten, durch Alexander den Großen, herbeigeführt. Danach entwickelten sich die beiden großen Kulturen der Antike: die der Griechen, die das Vorbild für alle demokratischen Gesellschaften lieferte, und die der pragmatischen Römer, die der Welt bis heute ihren Stempel aufdrückt. Ohne die Partnerschaft zwischen Mensch und Pferd hätte keine von ihnen entstehen, geschweige denn gedeihen oder die Fackel weiterreichen können, die der Menschheit eines Tages den Weg zu den Sternen erhellen wird.

BONAPARTE

# Griechenland und Rom

*Kapitel 6*

Zwischen der Gründung der griechischen Stadtstaaten im achten und siebten Jahrhundert v. Chr., die regelmäßige Handelsbeziehungen zu Ägypten und Asien unterhielten, und dem endgültigen Zusammenbruch des Römischen Reiches unter dem Ansturm von «Barbaren» (das heißt Völkern, die weder Hellenen noch Römer waren) im vierten Jahrhundert n. Chr. blühten diese beiden Kulturen, die einen beträchtlichen Einfluß auf die künftige Entwicklung der Menschheit ausübten.

Sie hatten mehr als tausend Jahre Bestand, und nach ihrem Untergang begann das sogenannte finstere Mittelalter. Doch trotz der unerfreulichen Begleiterscheinungen beim Zerfall großer Staatswesen ging der Glanz dieser Kulturen nicht verloren. Die Philosophie, die Kunst und die kulturellen Leistungen der Griechen und Römer waren so unzerstörbar, daß sie die Invasion der Barbaren überdauerten. In späteren Jahrhunderten ließen sich die Menschen von ihnen inspirieren und benutzten sie als Vorbild bei der Begründung eigener Gesellschaften.

Nachdem die Griechen in den Jahren 480 und 479 v. Chr. den Persern schwere Niederlagen zugefügt hatten, entwickelte sich das klassische Griechenland und mit ihm die Grundlagen des demokratischen Systems. Sein Einfluß und der der geordneten Gesellschaft des Römischen Reiches wirken bis in die heutige Zeit und werden es wohl auch in absehbarer Zukunft tun.

Weder die Griechen noch die Römer waren Pferdeleute in der Art der Skythen, Hunnen und Mongolen; bei den Römern spielten Pferde sogar noch eine geringere Rolle als bei den Griechen. Dennoch machten beide von Pferden Gebrauch, um ihre Gebiete zu erweitern, die Lebensadern ihrer Gesellschaften zu schützen und ihre Grenzen zu verteidigen.

Julius Cäsars erster Versuch, Britannien zu erobern, scheiterte, weil seine Kavallerie nicht rechtzeitig eintraf. Als er jedoch mit seinem schlagkräftigen, jetzt durch berittene Truppen verstärkten Fußvolk zurückkehrte, war die Eroberung Britanniens durch die Römer nicht mehr abzuwenden. Cäsar selbst stand im Ruf eines hervorragenden Reiters, der in seiner Jugend in der Lage gewesen sein soll, im vollen Galopp mit hinter dem Rücken verschränkten Armen zu reiten. Im Kampf erteilte er seine Befehle vom Pferderücken aus an seine Adjutanten; auf diese Weise verfuhren bis zum neunzehnten Jahrhundert praktisch alle Generäle. Es ist völlig unmöglich, sich den Herzog von Wellington in der Schlacht von Waterloo zu Fuß vorzustellen. Es hatte schon seine Gründe, daß der Sattel (oder der Pferderücken) in der angelsächsischen Dichtung als «Hochsitz des Königs in der Schlacht» bezeichnet wurde. Als eine schmerzhafte Erkrankung in Napoleons späteren Lebensjahren längere

**Ein perfektes Beispiel dafür, wie ein Pferd dazu dienen kann, das Heroentum seines Reiters zu unterstreichen; allerdings ist der Sitz Napoleons wenig beispielhaft. Das Pferd ist Napoleons Lieblingsschlachtroß Marengo.**

Ritte nicht mehr zuließ, benutzte er eine Kutsche als mobilen Befehlsstand; das gleiche tat der Herzog von Marlborough, und der Perserkönig Darius (Dareios III.) stand in einem Streitwagen, als ihm das griechische Heer im November 333 v.Chr. unter Alexander dem Großen bei Issos eine vernichtende Niederlage bereitete, wobei die Perser angeblich 110 000 Mann verloren, die Griechen jedoch nur 450.

Es wäre eine unzulässige Vereinfachung, wollte man behaupten, der Untergang des Römischen Reiches sei besiegelt gewesen, als Konstantin – der erste christliche Kaiser – die Hauptstadt des Reiches von Rom nach Byzanz verlegte (das er in Konstantinopel umbenannte), wo man nicht in der Lage oder nicht willens war, den Unterhalt und die Ausbildung berittener Streitkräfte zu finanzieren. Zu seinem Untergang trugen viele Faktoren bei – Korruption, Ausschweifungen, innerer Unfriede und ein ständiger Kriegszustand an den Grenzen. Der Zusammenbruch des Reiches wäre auch dann nicht ausgeblieben, wenn ein Teil des Reichtums für die Aufstellung einer starken Kavallerie verwendet worden wäre, aber er wäre vielleicht später erfolgt.

XENOPHON.

**Die ersten überlieferten Schriften über das Pferd stammen von Xenophon (um 430 – um 354 v. Chr.), der allerdings auf die frühere Lehre des Simon von Athen zurückgriff.**

Die Griechen waren sicher keine besseren Pferdekenner als vor ihnen die Assyrer und Perser, aber sie waren es, die – in erster Linie durch Xenophon (um 430 – um 354 v.Chr.), einen ihrer Historiker und Söldnerführer – der hippologischen Welt ein Vermächtnis hinterließen, das das Reiten zur Kunst erhob. Die ersten Beweise für die Verwendung von Pferden bei den Griechen stammen aus der Zeit um 2000 v.Chr. Streitwagen finden sich auf primitiven Reliefs aus den Schachtgräbern von Mykene (um 1550–1500 v.Chr.) und auf Vasenmalereien, doch die ersten schriftlichen Hinweise auf Pferde stehen in Homers «Ilias», die vermutlich aus der Zeit um 800 v.Chr. stammt. Die homerischen Helden kämpften von zweispännigen Streitwagen aus, vermutlich deshalb, weil die Pferde zum Reiten damals noch zu klein waren. Sie sprangen aus ihren Wagen, um mit Schwert und Speer zu Fuß zu kämpfen, während die Wagen von einem Krieger niederen Ranges gelenkt und aus dem Kampfgetümmel gefahren wurden, bis sie wieder gebraucht wurden.

*Schnell vom Wagen herab mit den Rüstungen sprang er zur Erde.*
*Schwenkend die spitzigen Lanzen, durchwandelt' er alle Geschwader,*
*Rings ermahnend zum Kampf, und erweckte die tobende Feldschlacht.*
*(Ilias, Fünfter Gesang)*

Griechenland ist ein bergiges Land und damit für den Einsatz größerer bespannter Einheiten nicht geeignet. Eine schlagkräftige Kavallerie wurde offenbar erst unter Philipp II. von Makedonien, dem Vater Alexanders des Großen, geschaffen, nachdem er im Jahre 337 v.Chr. die zersplitterten Staaten zum Korinthischen Bund gegen die Perser geeint hatte. Er stellte eine berittene Truppe auf, die dann, als ihm sein Sohn auf den Thron gefolgt war, bei der Sicherung der eroberten Gebiete im Nahen Osten half und nach dem Sieg über den Perserkönig Darius den grandiosen Marsch nach Indien anführte.

Bukephalos, das Schlachtroß Alexanders des Großen, trug ihn in all seinen Schlachten.

Alexanders Kavallerie war eine sehr disziplinierte Streitmacht, die darauf gedrillt war, in Verbindung mit dem Fußvolk zu kämpfen. Sie bestand aus «schwerer» und «leichter» Kavallerie und umfaßte auch eine Abteilung, die wir heute «Dragoner» nennen würden. Die Dragoner ritten in die Schlacht, saßen dann aber ab und kämpften zu Fuß. Vor dieser Zeit hatten die Griechen nur zu Fuß gekämpft, ausgenommen der Adel, der Streitwagen benutzte, wenn dies möglich war. Ihre ersten Siege gegen die Perser errangen sie mit disziplinierten Einheiten aus Fußvolk; an der Schlacht von Marathon im Jahre 490 v. Chr. zum Beispiel, nach der die Siegesbotschaft durch einen Läufer nach Athen getragen wurde, waren keine Pferde beteiligt.

Dennoch spielten die Pferde in Griechenland schon lange vorher eine wichtige Rolle und kamen auch in der griechischen Mythologie häufig vor. Die ersten Reiter versetzten die Bewohner von Thessalien (das später zum besten Pferdezuchtgebiet Griechenlands wurde) jedoch ebenso in Angst und Schrekken wie später die spanischen Konquistadoren die amerikanischen Indianer. Der Mythos von den Kentauren hat seinen Ursprung wahrscheinlich in einer Herde von Wildrindern, die zur Zeit der Herrschaft des Königs Ixion vom Pelion-Gebirge herabkamen und die thessalische Ebene verwüsteten. Daraufhin sollen sich einige junge Draufgänger, die sich die ausgesetzte Belohnung verdienen wollten, zum erstenmal auf die Streitwagenpferde geschwungen haben, um die zerstörerischen Rinder zu vertreiben.

In der griechischen Mythologie fuhr Ares, der Gott des Krieges, in einem mit vier Schimmeln bespannten Wagen der aufgehenden Sonne voraus. Das Abbild der Göttin Demeter hatte den Kopf einer schwarzen Stute, und die Priester ihrer Tempel wurden «Fohlen» genannt. Poseidon, der im Pferdezuchtland Thessalien besonders verehrt wurde, galt als «die Verkörperung aller Pferde, ihr Gott und ihr Herr», und später wurde ihm als dem Gott des Meeres die Schöpfung der Pferde zugeschrieben. Hin und wieder kam es vor, daß Pferde, die im alten Griechenland einen ungeheuer wertvollen Besitz darstellten, Poseidon geopfert wurden; sie wurden nicht geschlachtet, sondern ertränkt. Auf Rhodos wurde ein weißes Pferd, das einen brennenden Wagen zog, ins Meer getrieben, um nach den Wintermonaten «die Sonne wiederzubeleben».

Rund fünfzehnhundert Jahre lang waren Wagenrennen der Nationalsport der Griechen. Das Ziel jedes Pferdezüchters oder -halters war es, einen Gewinner bei den Olympischen Spielen hervorzubringen. Dichter wie Pindar (um 522–440 v. Chr.) wurden damit beauftragt, Gedichte zu Ehren der Sieger zu verfassen, und Bildhauer verewigten ihren Ruhm in Stein. Die ersten Rennen für vierspännige Wagen fanden 680 v. Chr. bei den fünfundzwanzigsten Olympischen Spielen statt; Rennen mit Zweispännern wurden erst 408 v. Chr. eingeführt. Rennen für gerittene Pferde gab es zwar schon seit 648 v. Chr., doch zumindest in den folgenden dreihundert Jahren reichte ihr Ansehen an das der Wagenrennen bei weitem nicht heran.

Ein früher Gewinner der gerittenen Rennen war eine Stute, die Pheidolas von Korinth gehörte. Obwohl ihr Reiter schon recht früh herunterfiel, setzte sie das Rennen unbeirrt fort, und als sie das Trompetensignal zur letzten Runde hörte, beschleunigte sie ihr Tempo sogar noch so stark, daß sie vor dem übrigen Feld durchs Ziel ging. Danach stellte sie sich selbst auf den Ehrenplatz vor den Richtern. Ihr wurde der Sieg zuerkannt, und sie wurde durch eine Statue geehrt, die im Heiligen Hain neben denen anderer Siegerpferde aufgestellt wurde.

Die Hauptzuchtgebiete in Griechenland waren die Ebenen von Thessalien, Argos auf dem Peloponnes und Elis in der Nähe von Olympia und seinen Rennen. Das wichtigste Zuchtgebiet war Thessalien, und von dort bezogen die Griechen einen Großteil ihrer Kavalleriepferde.

Im Vergleich zu Pferdezuchtgebieten wie West- und Osteuropa oder Virginia und Kentucky mit seinem «Blue Grass Country» in den USA hat Griechenland von Bodenstruktur und Klima her seinen Pferden wenig zu bieten. Aus diesem Grund waren die Pferde der Griechen ziemlich klein und sind es auch heute noch; man war deshalb auf Importe aus Nachbarländern angewiesen. Mit gutem Zuchtmaterial versehen, waren sie jedoch geschickte Züchter, wie ihre Rennveranstaltungen bewiesen. Anfänglich verbesserten sie ihre Pferde durch Zuführung von Tieren vom Fergana-Typ aus dem Osten, was das arabische Aussehen ihrer Pferde erklärt. Das Größenwachstum wurde gesteigert, und zwar durch die Anpaarung von skythischen Pferden (Philipp von Makedonien importierte zwanzigtausend skythische Stuten) wie auch größerer östlicher Pferdeschläge von den Persern (Alexander forderte einen Tribut von fünfzigtausend solcher Pferde).

Die in der griechischen Kunst dargestellten Pferde scheinen etwa 145 Zentimenter groß gewesen zu sein. In manchen Fällen, neben stehenden Menschen, wirken sie kleiner, aber das scheint eine Eigenart der griechischen Kunst zu sein. Die beste Methode, die Größe eines Pferdes zu schätzen, besteht darin, daß man feststellt, wie weit die Beine des Reiters an den Seiten des Pferdes herunterhängen.

Xenophon hinterließ eine Beschreibung dessen, was er für ein gutes Pferd hielt; sie trifft weitgehend auf die temperamentvollen Pferde des Parthenonfrieses zu. In seiner Übersetzung von Xenophons Werk «Über die Reitkunst» ins Englische, die zuerst 1894 erschien und bis heute unübertroffen ist, zitiert Professor Morris H. Morgan den Pferdeschriftsteller «Stonehenge», der sich über Xenophons Pferde folgendermaßen äußerte: «Hier wird ein kräftiges, aber doch temperamentvolles und munteres Pferd mit einer leichten und irgendwie merkwürdigen Kopf- und Halshaltung beschrieben, wie wir es auch auf dem Parthenonfries sehen können.» Morgan bemerkte dazu, dies sei «die exakteste Übersetzung von Xenophons Beschreibung des Pferdes, die mir je begegnete».

Die «irgendwie merkwürdige Kopf- und Halshaltung» kann durch das relativ scharf wirkende Trensengebiß der Griechen erklärt werden (sie kannten das Kandarengebiß zwar schon, benutzten es aber nicht). Das Gebiß wirkt nach oben auf die Maulwinkel, besonders stark bei einem Reiter, der ohne Sattel und Steigbügel auf dem bloßen Pferderücken sitzt. Daraus ist leicht zu ersehen, warum die Pferde ihre Köpfe fast waagrecht trugen. Der einzige Nachtrag, der zu dieser ausgezeichneten Beschreibung vielleicht noch geliefert werden könnte, ist der, daß der Kopf eindeutig orientalisch geprägt war, und dies in einem Maße, daß das Pferd Alexanders des Großen wegen seiner breiten Stirn und dem leicht konkaven Profil «Bukephalos», also Ochsenkopf genannt wurde; diese Merkmale deuten auf orientalisches Blut und in diesem Fall auch auf eine bestimmte thessalische Zuchtrichtung.

Es wäre undenkbar, über Griechenland zu reden, ohne seinen berühmtesten Feldherrn Alexander zu erwähnen, und ebenso unmöglich wäre es, hier die Geschichte seines außergewöhnlichen Pferdes Bukephalos auszulassen. Bukephalos war, wie es hieß, «von bestem thessalischem Blut», groß im Vergleich zu seinen Zeitgenossen und schwarz mit einem weißen Stern mitten auf der Stirn. Möglicherweise hatte er, wie ein unbekannter griechischer Schriftsteller behauptet, ein unpigmentiertes Auge, ein sogenanntes Glasauge. König Philipp kaufte ihn im Jahre 343 v. Chr. von einem Thessalier namens Philoneikus und bezahlte dafür laut Plutarch dreizehn und laut Plinius sechzehn Talente, was umgerechnet einer Summe von mindestens 30 000 Mark entspräche. Als Bukephalos dem König vorgeführt wurde, war er so wild und unruhig, daß niemand aufsitzen konnte. Doch der junge Alexander, ein frühreifer Zwölfjähriger, der bereits an Schlachten teilgenommen hatte, behauptete, er könne das Pferd reiten. Er hatte festgestellt, daß das Tier vor seinem eigenen Schatten scheute, deshalb wendete er es zur Sonne und sprang leichtfüßig auf seinen Rücken. Nachdem er das Pferd «geklopft und liebkost» hatte, galoppierte er hin und her, bevor er zu seinem Vater zurückkehrte. «Du mußt dir ein Königreich suchen, das zu dir paßt, mein Sohn», sagte Philipp. «Makedonien ist für dich nicht groß genug.»

Danach ließ sich Bukephalos zwar ungesattelt von seinen Pflegern reiten, doch wenn er seine volle Ausrüstung trug, ließ er nur Alexander aufsitzen,

**Wellington sagte von seiner Armee, sie sei «der Abschaum der Gesellschaft, befehligt von Hohlköpfen», doch die Bewunderung für sein Kriegspferd Copenhagen wird in seinem folgenden Ausspruch deutlich: «Ich habe es nie geschafft, ihn bis zum Äußersten zu fordern.»**

wobei er sich hinkniete, um ihm das Aufsteigen zu erleichtern. Er trug Alexander bei all seinen Feldzügen und starb im Jahre 327 v. Chr. im Alter von dreißig Jahren an den Wunden, die er in der Schlacht gegen den indischen König Poros am Hydaspes davongetragen hatte. Er wurde mit allen militärischen Ehren bestattet, und ihm zu Ehren gründete Alexander eine Stadt, die er Bukephalia nannte.

Es gibt zahlreiche weitere Beispiele von Pferden, die fast genauso berühmt wurden wie die Feldherren, die sie trugen. Zu ihnen gehören Napoleons Schimmel Marengo und Wellingtons Brauner Copenhagen, der ihn am Tag vor der Schlacht von Waterloo 96 Kilometer weit trug und am Tag der Schlacht selbst fünfzehn Stunden unter dem Sattel war. Wellington saß während des ganzen Tages nicht ein Mal ab. Als er dann endlich völlig erschöpft und mit steifen Gliedern von Copenhagen herunterglitt, drückte das Pferd seine Erleichterung darüber aus, indem es kräftig mit beiden Hinterbeinen ausschlug und Wellingtons Kopf dabei nur knapp verfehlte. Als Copenhagen 1836 im Alter von achtundzwanzig Jahren starb, trauerte nicht nur der Herzog von Wellington, sondern mit ihm die ganze Nation. Er wurde auf Stratfield Saye, dem Landsitz des Herzogs, mit militärischen Ehren beigesetzt und erhielt einen Grabstein mit folgender Aufschrift:

> *God's humble instrument, though meaner clay,*
> *Should share the glory of that glorious day.*
> (Gottes demütiges Instrument, obgleich von bescheidenem Rang,
> sollte teilhaben am Ruhm jenes glorreichen Tages.)

Meine Lieblingsgeschichte handelt von einem weniger berühmten Pferd aus dem siebzehnten Jahrhundert. Es war eine ältere gescheckte Stute, ein für die Kavallerie gezüchtetes «Vielzweckpferd», eine Berber/Limousin-Kreuzung. Die Stute hieß La Pie und gehörte dem französischen Feldmarschall Turenne. An einem Julinachmittag saß der Feldmarschall am Rhein auf seinem Pferd, der Tradition entsprechend einige Längen vor seinem Stab, und war im Begriff, seine Truppen gegen die Österreicher zu führen, als ihn eine feindliche Kanonenkugel unzeremoniell ins Jenseits beförderte. Die Truppen, die den Tod des Generals mit angesehen hatten, wankten unter dem stetigen Artilleriebeschuß. «Laßt die Scheckstute laufen – sie wird uns den Weg zeigen», rief plötzlich jemand aus der Mannschaft. Ein Offizier ließ die Stute frei und wendete sie auf das ferne Mündungsfeuer zu. Sie begriff und setzte sich, wie sie es gewohnt war, in Richtung auf den Feind in Bewegung, und die französischen Truppen folgten ihr mit frisch gestärkter Kampfkraft entschlossen in die Schlacht.

Der griechische Reiterführer und Historiker Xenophon schrieb seine überaus nützlichen Bücher über Landwirtschaft, Jagd, Kavallerie und Pferdehaltung vor ungefähr dreiundzwanzig Jahrhunderten. Er war nicht nur fachlich sehr versiert, sondern auch ein Schüler des Sokrates, und seine Prosa war erstaunlich klar und logisch. Das klassische Griechenland hatte etwas an sich, das später in der Renaissance wieder aufgegriffen wurde und das in diesem kultivierten, wortgewandten Berufssoldaten seine vollkommene Ausprägung fand. Seine erhalten gebliebenen Schriften, besonders die über die Reiterei, sind heute für jeden, der sich mit Pferden beschäftigt, ebensowichtig, wie sie es zu seiner Zeit für einen jungen griechischen Kavallerieoffizier gewesen sein dürften.

Fast tausend Jahre nach ihrer Entstehung lieferten Xenophons Werke, besonders «Peri Hippikes» (Über die Reitkunst) und «Hipparchikos» (Anweisungen für einen Reiterobersten) den wißbegierigen Reitern der Renaissance neue Anregungen. Sie bildeten die Grundlage dessen, was wir heute klassische Reitkunst nennen. Allzu häufig wird zwar die moderne Dressur als klassische Reitkunst bezeichnet, doch in der Regel ist sie das nicht. Die letzten Stätten, an denen die klassische Reitkunst gepflegt wird, sind die Spanische Hofreitschule in Wien und vielleicht das französische Cadre Noir in Saumur. In Spanien und Portugal gibt es noch einzelne Reiter, die im klassischen Stil reiten, zum Beispiel Maestro Nuno Oliveira in Portugal.

Xenophon stammte aus Attika und gehörte einer «Ritterfamilie» an. In seiner Jugend nahm er am Peloponnesischen Krieg teil und wurde für seine Leistungen im Feldzug gegen Artaxerxes II. zum Offizier befördert. Nach dem Tod des persischen Prinzen Kyros bei Kunaxa 401 v.Chr. übernahm Xenophon das Kommando über die griechischen Truppen, die Kyros bei dem Versuch, seinen Bruder Artaxerxes vom Thron zu stürzen, unterstützt hatten, und führte die zehntausend Krieger über Tausende von Kilometern vom Euphrat ans Schwarze Meer zurück.

Über dieses Unternehmen berichtete er in «Anabasis» (Der Rückzug der Zehntausend). Dabei dürfte er ungefähr viertausendachthundert Kilometer geritten sein und große Erfahrungen im Umgang mit der Kavallerie gewonnen haben. Höchstwahrscheinlich nahm sich Alexander der Große seine scharfsinnigen Beobachtungen zu Herzen und benutzte sie bei seinen eigenen siegreichen Feldzügen als Grundlage für den Einsatz berittener Einheiten.

Xenophons *Anweisungen für einen Reiterobersten* gehören zu den wertvollsten Militärhandbüchern. Leider scheinen die europäischen Kavallerieoffiziere zwischen dem siebzehnten und dem neunzehnten Jahrhundert, vor allem aber in der Zeit, in der der «Kavalleriegeist» für wichtiger gehalten wurde als eine professionelle Ausbildung, Xenophons Schrift nicht gelesen zu haben – andernfalls hätte es vermutlich weniger Kavallerie-Katastrophen gegeben.

*Über die Reitkunst* verdeutlicht die hohe Meinung, die die Griechen von den Pferden und der Reiterei hatten. Der Besitz von Pferden war einer wohlhabenden Oberschicht vorbehalten, aus der sich auch die Kavalleristen rekrutierten, und in ihr war der Umgang mit Pferden Bestandteil der Erziehung. Das erste Einbrechen (die Gewöhnung an Zaumzeug und Sattel und das erste Aufsitzen) wurde von Pflegern vorgenommen, und Xenophon geht nicht in Einzelheiten darauf ein, erwähnt aber, wie wichtig es ist, daß diese Arbeit richtig ausgeführt wird.

Die folgenden Instruktionen sind jedoch sehr detailliert. Die Pferde wurden im Schritt, im Trab und im langsamen und schnellen Galopp trainiert. (Die Pferde der Griechen gingen, im Gegensatz zu denen der Römer, keinen Paß; die Griechen, die begeisterte Sportler waren, hielten nichts von einem bequemen Leben.) Besonderer Wert wird darauf gelegt, daß das Pferd auf ein Zeichen des Reiters hin im richtigen Galopp anspringt. Wenn das Pferd linksherum auf dem Zirkel galoppiert, muß es, um seine Balance zu halten, mit dem linken Vorderbein weiter ausgreifen, also Linksgalopp gehen. Zum Lösen der Pferde wurde viel auf dem Zirkel geritten, wie es auch heute noch üblich ist.

Die Pferde lernten auch die halbe Pirouette, eine schnelle Kehrtwendung auf der Hinterhand. Sie wurden in einer rechteckigen «Rennbahn» geschult, an deren Enden sie scharfe Wendungen machen mußten, wie heute die Polo-ponys oder die Springpferde; außerdem lernten sie das Springen und das geschickte Überwinden unebenen Geländes mit Gräben oder anderen natürlichen Hindernissen. Xenophon verstand sich auch auf Lektionen, die heute als fortgeschritten gelten und die die Fähigkeiten von mindestens neunzig Prozent der modernen Reiter übersteigen. Das Paradepferd zum Beispiel lernte, sich in einem erhabenen, kadenzierten Trab fortzubewegen, dem Gegenstück zur modernen Passage, die nur in der Grand Prix-Dressur enthalten ist. Außerdem kannte und liebte Xenophon die Levade, die in der heutigen Dressurreiterei nicht mehr vorkommt und nur noch in der Spanischen Hofreitschule und vom Cadre Noir geritten wird. Bei dieser Lektion sind die Hanken stark gebeugt, und die angewinkelten Vorderbeine sind vom Boden abgehoben. Laienhaft ausgedrückt: das Pferd steigt. «Das schönste Kunststück, das ein Pferd zeigen kann», schreibt Xenophon, «ist das Erheben der Vorderhand, so daß man den Bauch von unten sieht, und das Untersetzen der Hinterhand weit unter den Leib; dann sieht es für den Zuschauer aus, als machte das Pferd das alles von sich aus.» Pferden solche Bewegungen anzuerziehen, hatte allerdings auch Nachteile. Ungefähr um 500 v. Chr. brachten die luxusliebenden Bewohner der Stadt Sybaris in Unteritalien ihren Pferden bei, zu Flötenmusik zu tanzen. Doch ihre Gegner, die Leute von Kroton, statteten ihre Spielmänner anstelle der üblichen Trompeten mit Flöten aus. Tanzmusik spielend zogen sie nach Sybaris, und die sybaritischen Pferde warfen prompt ihre Reiter ab und begannen zu tanzen. Die Krotoniaten eroberten die Stadt.

All dies verweist auf Pferde mit einem sehr hohen Ausbildungsstand, der um so bemerkenswerter ist, als die Griechen weder Sättel noch Steigbügel besaßen. Aus dem letzteren Grund widmete Xenophon dem Aufsitzen besonders viel Raum. Normalerweise schwangen sich die Griechen einfach auf ihre Pferde, wobei sie häufig einen Speer oder Wurfspieß als Stütze benutzten. Für junge und bewegliche Reiter ist dies kein Problem, und in modernen Rennställen schwingen sich die Pfleger täglich in die Sättel von wesentlich größeren Pferden, als die Griechen sie hatten. Für Reiter, die eine Rüstung trugen, könnte der Wurfspieß eine große Hilfe gewesen sein. Man brachte den Pferden aber auch bei, sich hinzuknien, und ältere Reiter benutzten einen Aufsitzblock oder bedienten sich eines Sklaven als lebendiger Aufsteigehilfe. Die griechischen Reiter ritten häufig nackt oder fast nackt. Deshalb ist es nicht verwunderlich, daß Xenophon die jungen Männer aufforderte, so aufzusitzen, daß von hinten nichts Unschickliches zu sehen sei.

Xenophon scheint auch ein exzellenter Pferdekenner gewesen zu sein, der wußte, daß gut gebaute, wohlproportionierte Pferde ein besseres Gleichgewicht besaßen und für die Arbeit besser geeignet waren, obwohl er verständlicherweise Pferde mit breitem Rücken vorzog.

Das Fehlen des Sattels legte den Reitern natürlich Beschränkungen auf, selbst den erfahrensten unter ihnen. Die von Xenophon beschriebenen Zäumungsarten der Griechen sind allerdings sehr fortschrittlich und beweisen eine gute Kenntnis des Pferdemauls und seiner Reaktionen auf Schmerzen. Durch die Form der *icheni* (wörtlich «Seepferdchen»), mit denen die Trensengebisse besetzt waren, wirkten sie entweder scharf oder mild. Die *icheni* waren Rollen, die das Gebiß umschlossen und kurze stumpfe oder längere und schärfere Spitzen trugen.

Doch Xenophon sagte auch: «Es ist nicht das Gebiß, sondern sein Gebrauch, der bewirkt, daß das Pferd sich wohlfühlt und der Hand vertraut; es gibt keinen Grund für strenge Maßnahmen, das Pferd sollte eher sanft ermuntert werden, so daß es freudig mit flotten Gängen vorwärtsgeht.» Milde Gebisse wurden scharfen vorgezogen, und es wird immer wieder betont, wie wünschenswert eine leichte Hand des Reiters ist. Kandarengebisse waren zwar bekannt, wurden jedoch nicht benutzt; gebräuchlich war allerdings ein metallener Kappzaum *(psalion)*, der auf das Nasenbein wirkte.

Griechische Kavalleristen trugen eine detailliert beschriebene Rüstung und waren mit Speer oder Wurfspieß und einem Schwert bewaffnet, das freilich wesentlich kürzer war als die später gebräuchlichen. Für Xenophon bestand die beste Verteidigung des Soldaten in seiner Rüstung und seinem sicheren Sitz zu Pferde.

Auf seinem Zug nach Indien setzte Alexander außer Speerwerfern auch Lanzenträger ein, obwohl Xenophon von der Lanze nicht viel hielt. Um eine Lanze wirksam einzusetzen, muß der Reiter seinem Gegner sehr nahekommen. Bei der Verfolgung eines fliehenden Feindes, bei der die Reiter einzeln oder in kleinen Gruppen vorgehen, spielt die mangelnde Sicherheit des Reitens ohne Sattel und Steigbügel keine große Rolle, doch im Nahkampf gegen Fußtruppen läuft der Reiter stets Gefahr, vom Pferd gerissen zu werden. Besonders gefährlich wäre es für Reiter ohne Sättel gewesen, wenn sie sich mit gut ausgebildeten und disziplinierten Infanterieeinheiten auf ein Gefecht von Mann gegen Mann eingelassen hätten – eine Taktik, auf die die Befehlshaber der Kavallerieregimenter des neunzehnten Jahrhunderts regelrecht versessen waren.

Die Taktik der griechischen Kavallerie bestand darin, vor den feindlichen Linien entlangzureiten und ihre Speere zu schleudern; außerdem mußten sie feindliche Stellungen erkunden und angreifen. Im Jahre 369 v. Chr. wurden fünfzig Kavalleristen aus Sizilien zur Unterstützung der Spartaner abkommandiert. «Obwohl sie nur wenige waren, verteilten sich diese Reiter und ritten vor der feindlichen Linie entlang oder auf sie zu und warfen ihre Speere. Wenn sich der Feind auf sie zubewegte, wichen sie zurück, wirbelten dann aber herum, um erneut Speere zu werfen. Zwischendurch saßen sie ab und ließen ihre Pferde ruhen, und wenn sich ihnen währenddessen jemand näherte, sprangen sie mit Leichtigkeit auf ihre Pferde und zogen sich zurück. Wenn sie aber über eine längere Strecke verfolgt wurden, die sie weit genug von der Hauptstreitmacht des Feindes wegführte, griffen sie ihre Verfolger an und brachten ihnen schwere Verluste bei. Auf diese Weise zwangen sie das ganze Heer, vorzurücken oder zurückzuweichen, wie sie es gerade wollten.»

Jeder Soldat war mit zwei Speeren bewaffnet, doch nachdem er beide geworfen hatte, blieb ihm nur sein Schwert. Dieses Problem, dem in geringerem Maße auch die berittenen Bogenschützen gegenüberstanden, konnte durch Kamele gelöst werden, die außerhalb der Gefahrenzone warteten und mit Ersatzwaffen beladen waren, oder durch die Verwendung eines Streitwagens als mobilem Nachschublager.

«Eine Haltung zu Pferde, bei der der Reiter wie auf einem Stuhl sitzt», schrieb Xenophon, «mißbillige ich. Er sollte eher eine Haltung einnehmen wie beim aufrechten Stehen mit gespreizten Beinen.» Auf diese Weise konnte sich der Reiter besser mit den Oberschenkeln anklammern und außerdem konnte er «in einem gestreckten Sitz seinen Speer mit größerer Kraft schleudern und vom Pferderücken aus bessere Hiebe austeilen». Von den Knien abwärts hingen die Beine locker herunter, und oberhalb der Hüften war der Körper locker. Griechische Reiter zeigen einen eleganten Sitz mit langem Bein; der einzige Unterschied zwischen ihrem Sitz und dem heute üblichen besteht darin, daß die Griechen die Unterschenkel bei entspannt herunterhängendem Fuß locker nach vorn hängen lassen. Heutige Reiter neigen dazu, die Unterschenkel zurückzunehmen und die Fußspitze leicht anzuheben. Der griechische Sitz wurde, von kleineren Abwandlungen abgesehen, von der westlichen Welt fast unverändert übernommen. Selbst auf modernen Bildern kann man seinen Einfluß noch feststellen. Die verbreitete Neigung, die Unterschenkel zurückzunehmen, ist erst in jüngster Zeit aufgekommen.

Das Gegenstück zu diesem klassischen Sitz findet sich bei den barbarischen Bogenschützen, die ihren Oberkörper weit vorneigten und die Unterschenkel so weit hochzogen, daß sie mit den Oberschenkeln einen spitzen Winkel bildeten. Diese zwei Haltungen verdeutlichen verschiedene Reitstile. Der Reiter des Westens ritt sein Pferd «versammelt», mit weit unter den Körper tretenden Hinterbeinen und hoher Kopfhaltung. Der Barbar dagegen ritt sein Pferd völlig gelöst mit dem Schweif an einem und dem niedriggehaltenen, ausgestreckten Kopf und Hals am anderen Ende. Der eine ritt nach Regeln, der andere nach Gefühl, doch beide ritten weitgehend, wie das Terrain, der Pferdetyp und die von ihnen getragenen Waffen es erforderten. So blieb es, bis vor ungefähr einem Jahrhundert europäische Reiter die beiden Reitstile zu einem verschmolzen, der sich den wechselnden Umständen ihrer Reitweise anpaßte.

Die von Xenophon beschriebenen Ausbildungsmethoden sind den modernen Auffassungen erstaunlich ähnlich; noch bemerkenswerter ist indes seine generelle Einstellung zu Pferden. Er fordert eine ruhige Behandlung, die das Pferd zur Mitarbeit einlädt: «Was unter Zwang erreicht wurde, wurde ohne Verständnis erreicht und ist ebenso unschön wie das Peitschen oder Spornieren eines Tänzers.» Aus den Anweisungen Xenophons spricht sehr viel Verständnis für die Psyche des Pferdes, vor allem in bezug auf sein Mißtrauen vor fremden Gegenständen oder plötzlichen Bewegungen und Geräuschen. «Wenn das Pferd vor etwas scheut und sich weigert, näher heranzugehen, muß ihm gezeigt werden, daß es sich nicht zu fürchten braucht... und wenn das nicht wirkt, sollte der Reiter den Gegenstand berühren und das Pferd sanft hinführen. Diejenigen, die das Pferd durch Schläge zwingen, machen ihm nur noch mehr Angst.» Doch vor allem: «Verliere beim Umgang mit Pferden nie die Beherrschung; dies ist die wichtigste Regel für jeden Reiter.»

Heute bekennt man sich zwar theoretisch zu den griechischen Ratschlägen, und man würde gern glauben, daß die Mehrheit sie verstanden hat und sie beherzigt, doch bei der Pferdehaltung gibt es immer noch weite Bereiche, in denen man auf völlige Ignoranz stößt.

Bei aller Menschlichkeit, die aus Xenophons Werken spricht, warnt er doch häufig vor den Gefahren, die mit Pferden verbunden sind. Ganz offensichtlich war auch er der Ansicht, daß Pferde wilde Tiere sind, die an einem Ende beißen und am anderen ausschlagen. Er rät zur Benutzung von Maulkörben beim Putzen oder Führen von Pferden. Entweder waren die griechischen Pferde ziemliche Biester oder sie wurden beim ersten Einbrechen durch die Pfleger verdorben.

Professor Morgan ist der Ansicht, daß «Xenophon wahrscheinlich ebensonahe daran war, die Pferde zu lieben, wie jeder andere Grieche», doch er bemerkt auch, daß Xenophon nirgends auch nur «ein einziges liebevolles Wort über die Pferde sagt... und er schlägt nicht einmal vor, daß der Reiter in seinem eigenen Interesse versuchen sollte, die Zuneigung seines Pferdes zu gewinnen.» Außerdem lenkte Morgan die Aufmerksamkeit auf die Tatsache, daß «man nirgends von einem Griechen liest, der zum Vergnügen reitet». Daraus schloß er, daß die Reiterei bei den Griechen ausschließlich praktischen Zwecken diente. Pferde waren die «Kriegsmaschinen» der Griechen oder wurden als Teilnehmer an den kaum weniger kriegerischen Sportveranstaltungen im Hippodrom geschätzt. Ihre wirkliche Aufgabe jedoch «lag bei den Kriegern», und im täglichen Leben spielten sie nur eine geringe Rolle; zum Reisen und als Zugtiere wurden Maultiere verwendet.

Widerstrebend wird man zugeben müssen, daß früher in der Beziehung zwischen Mensch und Pferd die Liebe oft keine Rolle spielt. Respekt, Bewunderung – aber keine Liebe. Heute indes besteht zwischen den meisten Reitern und ihren Pferden zweifellos eine ganz besondere Beziehung. Und was

George Morris, der amerikanische Olympiareiter, 1985 über die Briten sagte, ist zwar zutreffend, gilt jedoch ebensosehr für andere Nationen. «Die Engländer sind seit jeher große Pferdeliebhaber. Sie leben und atmen mit ihren Pferden und kennen sie besser als jedes andere Volk der Welt. Sie kümmern sich um ihre Pferde und machen sich wirklich Sorgen um ihr Wohlergehen.»

Nach dem Tode Alexanders im Jahre 323 v. Chr. in Babylon zerfiel Griechenland in einen losen Staatenbund. Die Tage des Großreichs waren vorüber, doch das griechische Vermächtnis an die Welt war keineswegs erschöpft. Ein weiteres Buch über die Pferdehaltung wurde jedoch erst im sechzehnten Jahrhundert wiederentdeckt. Ein anderes, das Plinius verfaßt hatte, verschwand unter der Lava, die Pompeji unter sich begrub.

Im Gegensatz zu den Griechen, die aus praktischen Erwägungen zum Pferd kamen, schlossen sich die Römer dem Pferdekult nur zögernd an. Es stimmt zwar, daß Lukian (um 125–190 v. Chr.) diese seltsam modern klingende Bemerkung machte: «Die Verrücktheit nach Pferden ist zu einer regelrechten Epidemie geworden; viele Menschen sind ihr verfallen, denen man mehr Verstand zugetraut hätte», doch scheint sie mehr auf den Besitzerstolz als auf die wahre Pferdeliebe gemünzt gewesen zu sein.

Rom hatte wie Griechenland immer eine wirksame Seestreitmacht besessen, die in aller Welt gefürchtet wurde. Doch an Land verließen sich die Römer auf

**Die Wagenrennen im Circus Maximus waren ein Ventil für die politischen Spannungen in der römischen Gesellschaft.**

ihren undurchdringlichen Schutzwall aus hervorragend organisierten Legionen, die sie auch selten enttäuschten. Dagegen bestanden ihre berittenen Einheiten, die den Befehlshabern der Legionen unterstanden und das Fußvolk unterstützten, zum größten Teil aus Söldnern.

Die Benutzung von Streitwagen war ein Vorrecht des Adels, und Wagenrennen waren, ebenso wie bei den Griechen, ein außerordentlich beliebter Sport. In Rom dienten Wagenrennen in erster Linie dazu, die Leidenschaften der aufrührerischen und immer zur Rebellion neigenden Bevölkerung auf einzelne Persönlichkeiten umzulenken. Anfänglich gab es vier Wagengruppen, die verschiedene Farben trugen – Grün, Rot, Blau und Weiß (für Frühling, Sommer, Herbst und Winter) –, von denen jede von einer politischen Gruppierung unterstützt wurde. Zum Schluß waren nur die Grünen und die Blauen übrig; die ersteren wurden vom niederen Adel, die letzteren von Händlern und Handwerkern unterstützt. Sie waren erbitterte Rivalen, und die Rennen endeten oft in blutigen Straßenschlachten.

Viele der heutigen Zirkusnummern mit Pferden stammen von den Römern, obwohl einige auch von den Griechen übernommen wurden. Von den Römern stammt zum Beispiel die sogenannte Ungarische Post, bei der ein Mann mit zwei Pferden um die Arena galoppiert und dabei mit je einem Fuß auf dem Rücken jedes Pferdes steht. Nach dem Zusammenbruch des Römischen Reiches wurde der Zirkus in Byzanz fortgeführt, und die dortigen Reiterspiele hatten einen direkten Einfluß auf die Entwicklung der klassischen Reitkunst. Der Zirkus ist mit der klassischen Reitweise eng verbunden, und viele der großen Neuerer der Reitkunst zeigten ihr Können im Zirkus. Sowohl James Fillis, der Reitlehrer des russischen Zaren und Begründer der russischen Dressurschule, als auch François Baucher, einer der besten Repräsentanten der klassischen Reitkunst in Frankreich und ein genialer Trainer, waren im Zirkus aufgetreten. Das gleiche tat Henri Cuyer, und dann war da natürlich noch die berühmte Familie Schumann, deren Mitglieder es an Talent mit dem jedes Reiters außerhalb der Zirkusdisziplin aufnehmen konnten.

Im römischen Zirkus fanden auch Gladiatorenkämpfe zu Pferde statt, und Reiter kämpften gegen alle möglichen Tiere von Stieren bis zu Elefanten. Auch die Griechen hatten vom Pferderücken aus gegen Stiere gekämpft, und vor diesem griechisch-römischen Hintergrund hat sich der Stierkampf in Spanien und Portugal entwickelt. Möglicherweise haben auch einige der amerikanischen Rodeodisziplinen denselben Ursprung, da auch sie zum Teil auf iberische Traditionen zurückgehen.

Beim spanischen Stierkampf ist der Torero zu Fuß, und die bedauernswerten Pferde der *picadores* spielen nur eine Nebenrolle. In Portugal, wo der Stier nicht getötet wird, kämpft der *rejoneador* auf einem ausgezeichnet geschulten Pferd, dessen Bewegungen als Dressur im Galopp zu bezeichnen sind, gegen den Stier. Diese Reitweise kommt der klassischen Idealvorstellung vielleicht näher als alles andere, denn die klassische Reitkunst der Renaissance war in

Obwohl im Grunde kein Reitervolk, waren die Römer doch geschickte Züchter, die verschiedene Pferdeschläge für die speziellen Verwendungszwecke hervorbrachten.

Wirklichkeit eine Nachahmung der Bewegungen, die ein geschultes Kriegspferd in der Schlacht beherrschen mußte.

Die Römer waren ein tatkräftiges, praktisches Volk, ausgezeichnete Organisatoren und Administratoren mit einer natürlichen Begabung für rationelles Denken und Handeln. Sie waren keine großen Reiter, aber gute Züchter, die Gestüte ebenso sinnvoll und systematisch aufbauten, wie sie ihr Transport- und Kommunikationswesen errichteten. Sie setzten die verschiedenen Rassen und Schläge, die ihnen in ihrem gewaltigen Reich zur Verfügung standen, geschickt ein, um eine Vielzahl von Pferden für bestimmte Zwecke zu züchten. Neben Kavalleriepferden und Zugtieren hatten sie Paradepferde, Rennpferde und Reisepferde. Wichtig waren auch die Packpferde, da selbst die römischen Straßenbauer kein vollständiges Netz gut passierbarer Straßen schaffen konnten. Die Packpferde sahen wahrscheinlich ziemlich gewöhnlich aus, waren aber ebenso wie Maultiere in unwegsamem Gelände von unschätzbarem Wert.

Viele der Rassen, die sich in Europa entwickelten, und auch viele der Tiere, aus denen später einmal die amerikanische Pferdepopulation hervorgehen sollte, stammen von Pferden ab, die die Römer bis zum dritten Jahrhundert gezüchtet hatten.

Nach der endgültigen Niederwerfung Karthagos stand dem Zufluß des heißen Blutes der nordafrikanischen Berberpferde auf die Iberische Halbinsel nichts mehr im Wege. Ihre Kreuzung mit den einheimischen Ponys ließ eine gute Pferderasse entstehen, die oft eine Veranlagung zum Paßgang zeigte. Im Gegensatz zu den Griechen wußten die Römer Paßgänger für längere Reisen zu schätzen.

Kreuzungen mit den schwereren Pferdeschlägen Nordeuropas brachten ein wesentlich größeres, stärkeres Pferd hervor, und aus diesem «Halbblut» entwickelte sich das Paradepferd, *cantherius*, das auch als Kavalleriepferd benutzt wurde. Dieses «Paradepferd» ist ein gutes Beispiel für die recht romantische Vorstellung, die sich die Römer von einem Reiter machten. Dieses Pferd, feurig und temperamentvoll, verlieh seinem Reiter eine ähnliche Aura und ließ ihn besonders kriegerisch wirken.

Römische Generäle verstanden sich sehr gut aufs Kommandieren, aber für sie wäre es undenkbar gewesen, eine Kavallerieattacke mit sechs Längen Abstand anzuführen, selbst wenn sie leidenschaftliche Reiter gewesen wären. Sie dirigierten den Verlauf einer Schlacht vielmehr vom Zentrum aus, in einer Position zwischen den angreifenden und den Reserveeinheiten, von der aus sie am besten kommandieren konnten.

Wenn sie nach einem Sieg in Rom einzogen, benutzten sie entweder einen Triumphwagen, der von bis zu zehn Pferden gezogen wurde, oder sie ritten einen schnaubenden *cantherius*, der «das gesammelte Feuer aus seinen Nüstern» blies und seine Hufe in dem stolzen, kadenzierten Trab hob, den schon Xenophon kannte und ritt und aus dem schließlich die Passage wurde, eine der schwersten Lektionen in der Dressur. Um diese Bewegungen zu erzielen – die Pferde normalerweise nur zeigen, wenn sie sehr aufgeregt sind –, legten die Römer hölzerne Rollen um die Fesseln ihrer Pferde, ein Trick, den auch die Parther benutzten. Dadurch wurden die Pferde veranlaßt, ihre Beine höher zu heben als gewöhnlich. Ähnliche Vorrichtungen werden noch heute bei einigen amerikanischen Pferderassen wie zum Beispiel beim Saddle Horse und Tennessee Walker benutzt, um eine Gangart zu betonen, die von den meisten Menschen als unnatürlich empfunden wird.

Nach den Punischen Kriegen wurde Iberia die wichtigste Pferdezuchtprovinz; sie lieferte die Kavalleriepferde und versorgte den gesamten Westen des Reiches mit guten Pferden. Doch zuvor hatte sich Rom jahrhundertelang ausschließlich auf seine Fußtruppen verlassen. Frühe Legionen bestanden aus dreitausend Fußsoldaten, die von dreihundert Reitern, meistens Freischärlern, unterstützt wurden. Im dritten Jahrhundert war ein Drittel der Streitkräfte beritten, doch bei den Reitern handelte es sich hauptsächlich um Hilfstruppen aus benachbarten Ländern. Führend waren hier die nordafrikanischen Numidier, die dreihundert Jahre zuvor unter dem Kommando von Hannibal die Legionen besiegt hatten, und die Mauretanier, die schon unter Cäsar gedient hatten. Weitere *foederati* stellte der mysteriöse Stamm X, von dem nur bekannt ist, daß es sich um Neger handelte. Ihre Grabhügel und

Artefakte wurden im Niltal gefunden, im heutigen Grenzgebiet zwischen Ägypten und dem Sudan. Zweifellos waren es diese Reiter – mit Sätteln versehen, aber noch ohne Steigbügel –, die sich als erste der Taktik der überraschenden Kavallerieattacke bedienten und die Lanze unter dem Arm trugen, statt von oben herab mit ihr zuzustoßen. Im zweiten Jahrhundert setzte Mark Aurel berittene Beduinen, Syrer und Iturier als Söldner an den östlichen Grenzen des Reiches gegen die Perser ein und verteidigte sein Reich im Norden Italiens gegen die Invasion barbarischer Reiter mit gotischer Kavallerie.

Erst unter Kaiser Gallienus (218–268) kam es zu einer wirkungsvollen Reform der römischen Kavallerie. Die Rüstungen hatten die Römer von den Persern übernommen und verbessert; das System von Remontegestüten sorgte für ausreichend Kavalleriepferde, doch das wichtigste Problem wurde erst gelöst, als Gallienus die Kommandostruktur änderte. Bis dahin hatte die Kommandogewalt bei den Legionen gelegen. Gallienus stellte unabhängige Kavallerieeinheiten mit eigenen Kommandoketten auf. Dadurch wurde es möglich, die Kavallerie bei Bedarf massiert und wesentlich schneller einzusetzen, als es auf dem längeren Weg über die Legionskommandanten möglich gewesen war.

Unter Diokletian und Konstantin entwickelte sich die Kavallerie weiter. Sie wurde unterteilt in *clibanarii*, die leichte Kavallerie, die als beweglicher Flankenschutz für das Fußvolk fungierte, und *catafracti*, die schwere Kavallerie, die mit der Lanze unter dem Arm oder in beiden Händen Überraschungsangriffe ritt. Sie waren die Vorläufer der fränkischen Ritter, deren große Zeit etwa fünfhundert Jahre später anbrach.

Ein weiterer Beitrag der Römer war das Hufeisen, das sie von den Kelten übernommen hatten, einem in der Bearbeitung von Eisen sehr erfahrenen Volk. Wahrscheinlich benutzten die Kelten schon in der vorchristlichen Zeit Hufeisen, vor allem deshalb, weil das feuchte Klima Nordeuropas einen Hufschutz in irgendeiner Form erforderte. Feuchtigkeit läßt die Hufe aufquellen; außerdem vernichtet der feuchte Boden die Schutzschicht der Hufe, was zu Hornspalten und Lahmheiten führt. Pferde in heißen, trockenen Klimazonen haben gewöhnlich kleinere Hufe, oft mit einer Tendenz zum Bockhuf, bei dem die Hufe eng sind und die Hornwand fast senkrecht steht. Die Ballen rücken dichter zusammen, und die Sohle und mit ihr der Strahl sind weiter vom Boden entfernt als bei europäischen Pferden. Das Horn ist sehr hart und nützt sich auch ohne schützenden Beschlag nicht übermäßig ab. Auf hartem, steinigen Boden werden die Hufe natürlich abgenutzt, vor allem wenn der Strahl den Boden berührt und damit seine natürliche Funktion erfüllt.

Die Söldner aus dem Norden, die in römischen Diensten standen, haben sicher Hufeisen benutzt, doch wie weit die Römer selbst welche verwendeten, ist nicht bekannt. Es gibt Hinweise darauf, daß Zugpferde eiserne «Hipposandalen» trugen, aber keine auf eine allgemeine Benutzung von Hufeisen bei Reitpferden; die finden sich erst aus späterer Zeit. Die «Hipposandale» wäre jedenfalls für Reitpferde keine praktische Lösung gewesen, da sie für höhere

Geschwindigkeiten ungeeignet war. Man muß also annehmen, daß die Kelten ein wesentlich leichteres, verfeinertes Hufeisen benutzten.

Die Griechen benutzten keine Eisen, obwohl Xenophon von Armeniern gelernt hatte, wie man die Hufe durch das Anlegen sackartiger Stiefel schützen kann. Xenophon erwähnt auch Maultiere, die mit Hufschützern aus geflochtenen Fasern beschlagen waren, und 346 v. Chr. beschrieb Aristoteles Pferde, die ebenso ausgerüstet waren.

Im Jahre 376 n. Chr. stürmten die Hunnen gegen die Grenzen des Römischen Reiches an. Fast zwanzig Jahre, bevor die schwergepanzerte römische Kavallerie bei Straßburg einen entscheidenden Sieg über die Alemannen errang, wurde die römische Vorherrschaft bereits durch die Hunnen bedroht, die, mit Steigbügeln ausgerüstet, die Rücken ihrer galoppierenden Pferde als stabile Plattform benutzten, von der sie ihren todbringenden Pfeilhagel abschossen. Anfangs war es den römischen Diplomaten gelungen, eine beachtliche Zahl von gotischen Reitern zum Kampf gegen die Hunnen anzuheuern. Doch schon bald kam es zu einem Zerwürfnis, und 378 traten die Goten gemeinsam mit hunnischen Söldnern dem römischen Heer unter der Führung des Kaisers Valens bei Adrianopel entgegen. Die standfesten Legionen, die dicht zusammengerückt waren, wurden zuerst von den hunnischen Bogenschützen dezimiert; dann fielen die mit Schwertern und Lanzen bewaffneten gotischen Reiter über sie her. Valens fiel, zusammen mit vierzigtausend seiner Soldaten. Diese gotischen Attacken waren das Vorspiel zum Aufkommen der schweren Kavallerie in Europa und zerstörten den Mythos von der Unbesiegbarkeit der Römer.

410, vierzig Jahre später, wurde Rom von Alarichs Westgoten geplündert, und 451 kämpfte es mit dem größten Kavallerieaufgebot der Antike gegen Attila und seine Hunnen auf den Katalaunischen Feldern seine letzte Schlacht. Die Schlacht endete zwar mit der Niederlage Attilas, doch fünfundzwanzig Jahre später brach das Römische Reich endgültig zusammen. Die Reiter der Steppe zogen sich nach Osteuropa zurück, um gegeneinander zu kämpfen, blieben aber als Söldner noch weitere hundert Jahre eine schlagkräftige Macht auf den Schlachtfeldern Europas.

# Kämpfer für den Glauben

*Kapitel 7*

Nach dem Zusammenbruch des Römischen Reiches und dem Ende des Hunnenreiches nach dem Tod Attilas im Jahre 453 war es das Byzantinische oder Oströmische Reich, das, selbst ständig im Krieg mit Persien, die Grenzen einer erschlaffenden Zivilisation zu schützen versuchte.

Daß es den Byzantinern unter Kaiser Justinian I. gelang, ihre Grenzen und ihre Vorherrschaft zu wahren, hatten sie in erster Linie ihrem großen Feldherrn Belisar (500–565) zu verdanken sowie einer großartigen Kavallerie, die größtenteils aus Reitern bestand, die man als «Mehrzweck-Kavalleristen» bezeichnen könnte. Anfangs standen hunnische Söldner (Bogenschützen vom Kaspischen Meer) ebenso in byzantinischen Diensten wie eine schwere Kavallerie aus Goten, Langobarden und Thrakern. Sie übernahmen sehr schnell den Steigbügel (einige Wissenschaftler sind sogar der Ansicht, daß sie ihn erfanden) sowie viele Taktiken und Waffen der Nomadenstämme.

Sie benutzten auch dieselben Schlachtformationen wie die Awaren, ein Hunnenstamm, der in Osteuropa ein eigenes Reich gegründet hatte, das jedoch nur kurze Zeit Bestand hatte. Die Awaren führten Krieg mit ihren Nachbarn, und als sie an ihrer Grenze von den Chinesen angegriffen wurden, machten sie sich wie ihre nomadischen Vorgänger über die Steppen auf den Weg nach Westen in Richtung Donau. Sie ließen sich in Ungarn nieder, von wo aus sie immer wieder Raubzüge gegen das Byzantinische Reich unternahmen. In Europa hielten sie sich fast zweihundertfünfzig Jahre lang, bis es Karl dem Großen in den Jahren 791–796 gelang, endgültig mit ihnen aufzuräumen, wonach sie und ihre Kultur verschwanden. Die einzigen Spuren, die sie hinterließen, sind die Steigbügel, die in ihren Grabhügeln gefunden wurden – dieselben Steigbügel, die sie auf ihrem Ritt von der Mongolei bis an die Donau überall eingeführt hatten. Die Alanen übernahmen diese Steigbügel ebenso wie viele andere germanische Stämme. Auch die Perser erkannten schnell ihren Wert, und die Byzantiner natürlich auch. Durch die Wikinger, die als Händler und Plünderer umherstreiften, gelangte der Steigbügel der Awaren weit in den Norden Europas; in Schweden wurden solche Steigbügel in Grabstätten gefunden. Danach hat dieses räuberische Reitervolk vielleicht doch einen nützlichen Beitrag zur Weltgeschichte geleistet.

Belisar, der von den Nomaden die besten Methoden übernahm, schuf ein neues taktisches System, das klar und deutlich in dem Militärhandbuch «Strategicon» dargelegt wurde. Die byzantinischen Kavalleristen benutzten stabile Sättel mit Steigbügeln. Sie trugen Rüstungen, die aber nicht so konstruiert oder so schwer waren, daß sie ihre Bewegungsfreiheit eingeschränkt hätten. Bekleidet waren sie mit dreiviertellangen Kettenhemden, runden Helmen,

**Attila rühmte sich, daß dort, wo sein Pferd die Hufe hinsetze, nie wieder ein Grashalm wachsen würde.**

**Unter der Bedrohung durch Attila schloß sich die christliche Welt für kurze Zeit zusammen, um ihren Glauben zu verteidigen.**

Reithosen, die denen ähnelten, die die skythischen Krieger rund tausend Jahre zuvor getragen hatten, und langen Lederstiefeln. Da ihre Pferde größer waren als die Ponys der Nomaden und gelegentlich ohne Zügeleinwirkung geritten werden mußten, benutzten die Reiter auch spitze Sporen.

Sie waren mit einer größeren Vielzahl von Waffen ausgerüstet, als andere Reiter vor ihnen je getragen hatten. Auf der Rückseite des Schildes war eine große Auswahl an gefiederten Pfeilen befestigt, die sie entweder warfen oder zum Stechen benutzten; außerdem hatten sie Lanzen, Breitschwerter und einen verstärkten Bogen mit den dazugehörigen Pfeilen, die sogar Rüstungen durchdringen konnten.

Der größte Nachteil beim Einsatz bewaffneter Reiter war bis dahin gewesen, daß diese auf ihre Seitenwaffen angewiesen waren, bis Ersatz für die bereits geworfenen Speere oder abgeschossenen Pfeile eintraf. Dieses Problem meisterten die byzantinischen Truppen weitgehend durch ihre vielfältige Bewaffnung.

Andererseits mußten diese schwer bewaffneten Männer auf ihren großen Pferden ausgezeichnet reiten können, um in der Praxis so vielseitig zu sein, wie die verschiedenen Waffenarten es theoretisch von ihnen verlangten. Sie waren sowohl schwere Lanzenreiter, die Überraschungsangriffe ritten, als auch leichte Bogenschützen, die ihre Bogen im vollen Galopp spannten und abschossen, wobei sie keine Hand für die Zügel frei hatten. Da diese Truppen bemerkenswerte Erfolge hatten, muß man annehmen, daß sie wirklich sehr fähige und äußerst disziplinierte Reiter waren.

In den Jahren 534–535 schlug Belisar die Vandalen in Afrika, und 553 besiegte die byzantinische Kavallerie die Ostgoten vor den Mauern Roms. Diese Kavallerie schaffte es sogar, ihre alten Feinde, die Perser, zu schlagen, die für die östlichen Grenzen des Reiches eine ständige Bedrohung dargestellt hatten.

Das Byzantinische Reich verblaßt jedoch gegenüber den Arabern, die in einem der größten und wichtigsten Eroberungszüge der Geschichte die Chinesische Mauer erreichten und beinahe auch ganz Europa eingenommen hätten. Nie zuvor war ein derart großes Gebiet besetzt worden, das den Eroberten ein solches Maß an kulturellen Reichtümern anbot, und angeblich war auch noch nie ein Krieg aus edleren Motiven heraus geführt worden. Der Krieg hatte einen religiösen Hintergrund; er diente nicht der Anhäufung von Besitz, sondern der Verbreitung des islamischen Glaubens. Und dieser Krieg wurde nur durch den Einsatz von Pferden ermöglicht, die allen anderen überlegen waren. Von ihnen wurde gesagt, «der moslemische Glaube von Malaysia bis Marokko» sei «in den Hufspuren des arabischen Pferdes» begründet worden.

Ursprünglich waren die Araber keine Pferdehalter gewesen. Unter Alexander waren sie auf Kamelen und Dromedaren geritten, und gelegentlich hatten sie mit diesen Tieren auch Transporte für die Römer ausgeführt. Doch im vierten Jahrhundert hatte sich das Pferd bei ihnen stark verbreitet, und das Interesse an Pferdezucht und -haltung erlebte einen gewaltigen Aufschwung, als Mohammed dem arabischen Pferd eine wichtige Rolle im Islam zuwies.

Robert I. bei Bannockburn, wo die beweglichen und flinken schottischen Reiter die Engländer besiegten und damit die Verletzlichkeit der schwergepanzerten Kavallerie bewiesen.

*Gegenüberliegende Seite:* Das Symbol des militaristischen japanischen Staates war der Samurai, der adlige Ritter. Einer alten Tradition zufolge mußten die Angehörigen dieser Kaste von Berufssoldaten Jiu-Jitsu, Fechten, Bogenschießen und Reiten beherrschen.

Eine Attacke der Samurai. Die Elite der japanischen Ritter im Jahre 1583 beim Angriff in der Schlacht am Shizugatake-Paß im Japanischen Bürgerkrieg.

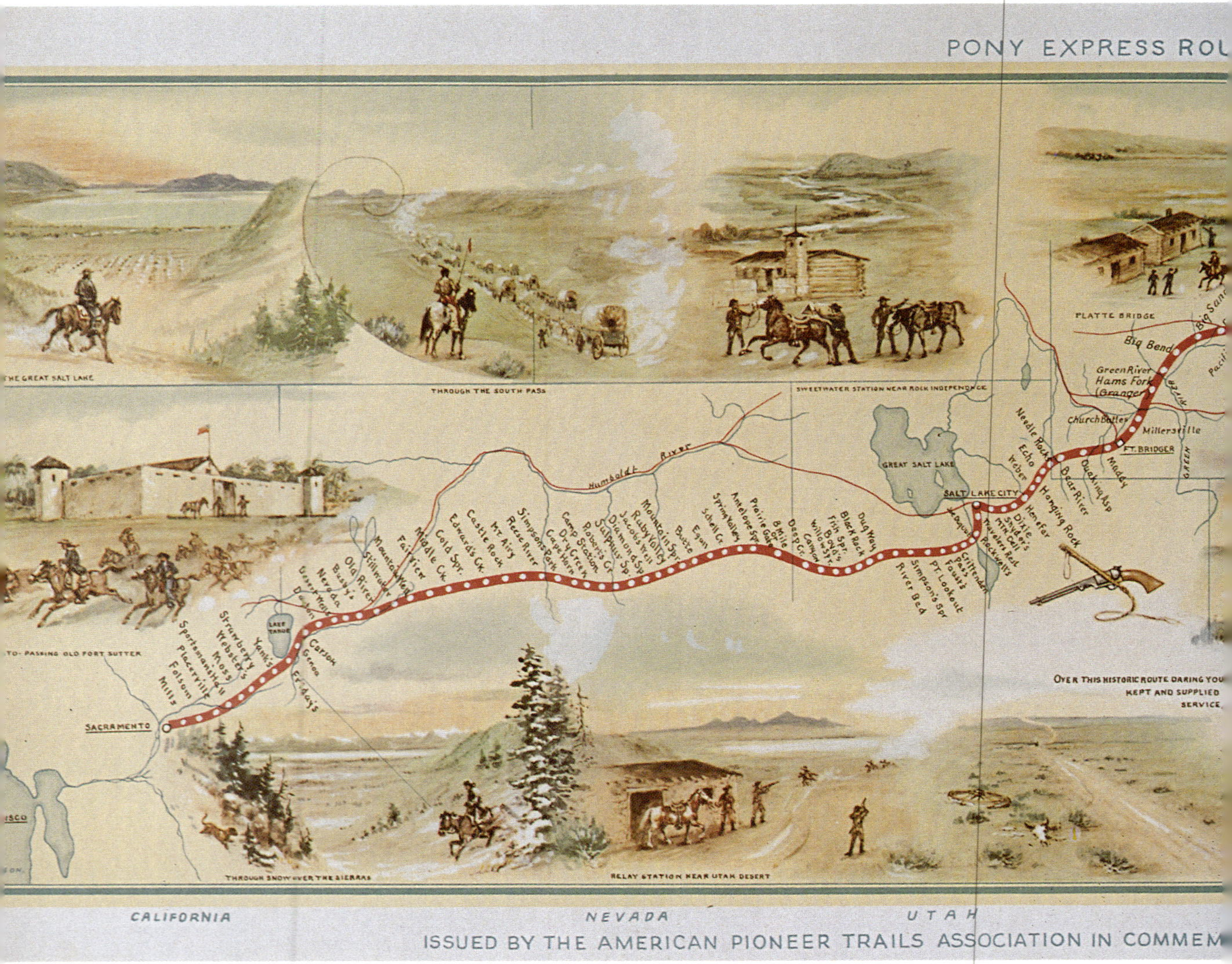

PONY EXPRESS ROU
THE GREAT SALT LAKE
THROUGH THE SOUTH PASS
SWEETWATER STATION NEAR ROCK INDEPENDENCE
PLATTE BRIDGE
TO-PASSING OLD FORT SUTTER
GREAT SALT LAKE
SALT LAKE CITY
Humboldt River
FT. BRIDGER
SACRAMENTO
LAKE TAHOE
THROUGH SNOW OVER THE SIERRAS
RELAY STATION NEAR UTAH DESERT
OVER THIS HISTORIC ROUTE DARING YOU
KEPT AND SUPPLIED
SERVICE
CALIFORNIA
NEVADA
UTAH
ISSUED BY THE AMERICAN PIONEER TRAILS ASSOCIATION IN COMMEM

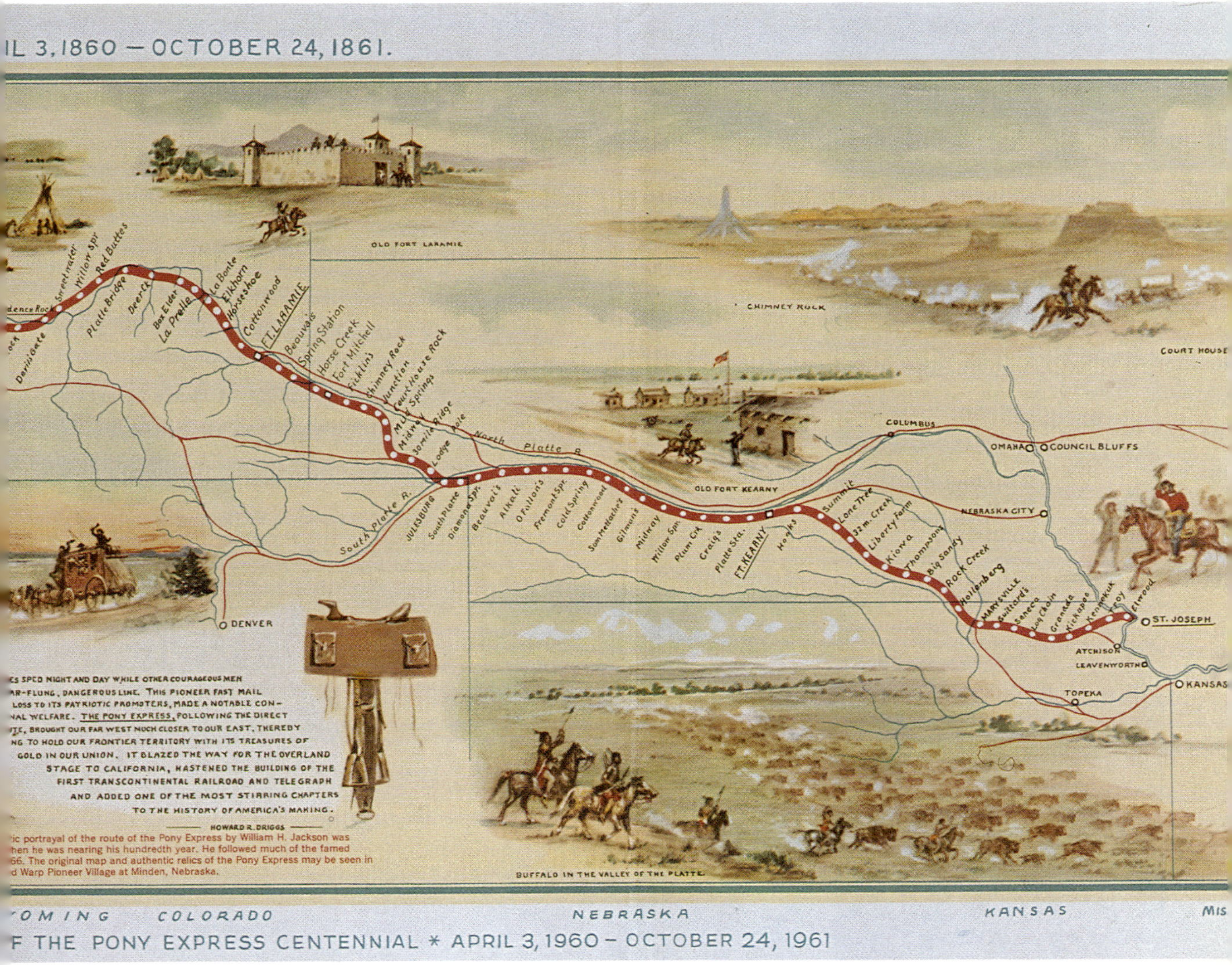


Obwohl er nur kurze Zeit existierte, wurde der Pony Express schnell ein wichtiger Bestandteil der Legende vom Wilden Westen. Diese Karte zeigt die 3164 Kilometer lange Route von St. Joseph in Missouri nach Sacramento in Kalifornien.

Ende des neunzehnten Jahrhunderts legten die wohlhabenden New Yorker auf ihre Kutschen und Gespanne fast ebensoviel Wert wie auf die seidenen Kleider der Damen oder den modischen Schnitt eines Herrenanzugs.

Wie sähe die amerikanische Legende aus, wenn es keine Pferde gäbe, und was wäre ohne Westernfilme aus dem Kino geworden?

REGISTERED AT THE G. P. O. AS A NEWSPAPER.

# THE MILLION

EDITED BY GEO. NEWNES.

No. 39, Vol. 2.] FOR THE WEEK ENDING SATURDAY, DECEMBER 17, 1892. [Price One Penny.

Mohammed starb im Jahre 632 in Medina, doch innerhalb eines Jahrzehnts hatten seine fanatischen Wüstenkrieger unter der Führung seines Nachfolgers Abu Bekr die wertvollsten Provinzen des Byzantinischen Reiches erobert: Syrien, Palästina, Mesopotamien, Armenien und danach, zwischen 639 und 643, auch Nordafrika. Nachdem sie die Mittelmeerinseln eingenommen hatten, wären sie imstande gewesen, auch Konstantinopel anzugreifen.

Mit ihren beweglichen Reitern auf den schnellen und ausdauernden Pferden schlugen sie 642 auch das persische Heer mit seiner wesentlich schwereren Kavallerie. Zwanzig Jahre später erreichten sie das Industal. Im folgenden Jahrhundert, zwischen 706 und 716, beherrschte der Islam einen Großteil Zentralasiens zwischen Chorasan, Buchara, Samarkand und Fergana. Nur die Chinesische Mauer stellte ein unüberwindliches Hindernis dar.

Im Jahre 711 drangen die maurischen Anhänger des Propheten über die Straße von Gibraltar in Spanien ein, wo sie die Westgoten unter ihrem letzten König Roderich besiegten. Nachdem sie im Besitz der gesamten Iberischen Halbinsel waren, überwanden sie die Pyrenäen und stießen nach Gallien vor.

Eine Zeitlang sah es so aus, als stünde das Christentum vor dem Untergang und als würde Europa von den Moslems überrannt. Das fränkische Königreich in Gallien hatte ihnen nicht viel entgegenzusetzen. Nach dem Untergang Roms war es auch mit Gallien bergab gegangen. Die Reitkunst war verfallen, die schlagkräftigen berittenen Truppen waren aufgelöst worden. Der letzte Merowinger-König mußte in einem Ochsenkarren reisen, und als die Franken in den Jahren 539 und 552 in Italien gegen die Goten kämpften, hatten sie es zu Fuß getan; nur der König und seine Leibwache waren beritten gewesen. Ohne Kavallerie war es den Franken unmöglich, sich einer Schlacht mit den Mauren zu stellen, geschweige denn sie zu gewinnen.

Doch inzwischen war wieder einmal die Bühne bereit für eine bedeutende historische Tat. Bei den wiederholten Angriffen der Mauren hatte Karl Martell, der Hausmeier des fränkischen Königs, begriffen, worin deren Stärke lag, und war darangegangen, das fränkische Heer neu zu organisieren. Das Schwergewicht legte er, zum ersten Mal in der mittelalterlichen Geschichte, auf stark gepanzerte Ritter.

Im Jahre 732, einhundert Jahre nach dem Tode Mohammeds, trafen Karl Martell und seine gepanzerten Ritter zwischen Tours und Poitiers auf die maurischen Eindringlinge. Ebenso wie die grandiose Schlacht auf den Katalaunischen Feldern einen Wendepunkt sowohl für Rom als auch für das Hunnenreich Attilas bedeutet hatte, setzte auch diese Schlacht ein Zeichen für den endgültigen Sieg über die Mauren, denn obwohl diese große Teile der Iberischen Halbinsel noch fast sieben weitere Jahrhunderte besetzt hielten, markiert diese Schlacht den Beginn der Entstehung eines christlichen Europas.

Die moslemischen Reiter ritten mit kurzem Bein – sie waren leichte Männer auf kleinen, lebhaften Pferden, die nur etwa 145 Zentimeter groß waren. Ihr Sitz unterschied sich nur unerheblich von dem heute üblichen, abgesehen davon, daß die Steigbügelriemen kürzer geschnallt waren. Die Unterschenkel

*Gegenüberliegende Seite:* Die Zirkustradition, in der Pferde seit jeher eine wichtige Rolle spielen, hat ihre Wurzeln in den Arenen von Griechenland, Rom und Byzanz.

Karl Martell, «der Hammer der Christenheit», stand im Dienst des letzten Merowingerkönigs. Er könnte tatsächlich so in Paris eingeritten sein, wie dieses Bild andeutet; allerdings dürfte er Steigbügel benutzt haben.

In der Schlacht zwischen Tours und Poitiers wurden von den fränkischen Rittern unter Karl Martell die über die Pyrenäen vorgedrungenen Mauren zurückgeschlagen.

wurden zurückgenommen, und das Körpergewicht des Reiters ruhte über den Steigbügeln, was natürlich zu größerer Mobilität führte, da dieser Sitz den Schwerpunkt des Pferdes mit dem des Reiters vereint und Gleichgewicht und Bewegungsfreiheit des Pferdes so wenig wie möglich eingeschränkt werden. Der Bogenschütze konnte seine Waffe optimal einsetzen, wenn er diese Haltung einnahm, die der eines Polospielers beim Abschlag ähnelt, und auch bei einem von oben nach unten geführten Schwerthieb war es für den Reiter einfacher, seine ganze Kraft einzusetzen.

Doch dieser Sitz, der für eine flinke leichte Kavallerie ideal ist, wird bei einem Kampf mit stark gepanzerten Männern auf schwereren Pferden völlig nutzlos. Dem furchtbaren Anprall der gepanzerten Franken, die durch ihre langen, nach vorn gestreckten Beine unverrückbar fest im Sattel saßen, war die moslemische Kavallerie nicht gewachsen. Die Franken schlugen die wiederholten Attacken der Mauren zurück und gingen im richtigen Augenblick zum Gegenangriff über. Der Sieg war eindeutig, doch waren die fränkischen Pferde nicht schnell genug, den geschlagenen Feind zu verfolgen.

Obwohl die damaligen Christen es nicht zu erkennen vermochten, brachten ihnen diese arabischen Eroberungszüge mehr Vor- als Nachteile. Die Araber waren keine Barbaren, die Ströme von Blut vergießend durch die Welt zogen und nichts hinterließen als verbrannte Erde. Statt dessen brachten sie das kulturelle Erbe des Mittleren Ostens und Asiens mit sich, aus dem einst die klassische Antike hervorgegangen war. Europas kultureller Reichtum lag in

Trümmern. Nachdem Nordafrika zu einem Gebiet geworden war, das zu Asien in engerer Beziehung stand als zu Europa, konnte die arabische Kultur neue Impulse geben, deren Auswirkungen nach Spanien reichten und von dort aus bis ins Herz Europas drangen.

In Spanien war der Einfluß der Mauren allgegenwärtig und anregend. Das Kalifat von Cordoba wurde zum Zentrum der Gelehrsamkeit und Hochkultur. Die Mauren errichteten Bauwerke in ihrer anmutigen Architektur, führten Verbesserungen in Landwirtschaft und Gartenbau ein und förderten Literatur, Dichtung, Philosophie und Theologie ebenso wie Mathematik, Medizin und Naturwissenschaften.

Es gab aber auch andere Entwicklungen. Karl Martell hatte seine Ritter für ihre Dienste damit belohnt, daß er ihnen Grundbesitz verlieh. Damit hatte er ein System eingeführt, das zum beherrschenden Faktor des politischen und gesellschaftlichen Lebens im Mittelalter werden sollte.

Karl Martells Erkenntnis, daß die Aufstellung und der Unterhalt einer schlagkräftigen Reitertruppe unerläßlich war, führte zur Zucht passender Pferde, die so groß waren, daß sie das Gewicht der Ritter tragen konnten, aber auch Ausdauer und Mut besaßen. Was er brauchte, war eine Kreuzung aus den kaltblütigen Pferden Europas, die vermutlich von primitiven Waldpferd-Typen abstammten, und den heißblütigen orientalischen Pferden, die die Araber zurückgelassen hatten.

Es ist ein weitverbreiteter Irrtum, daß die frühen mittelalterlichen Ritter Pferde benutzten, die dem heutigen Shire Horse oder dem Suffolk Punch ähnelten. Pferderassen von dieser Größe entstanden erst viel später, und auch dann nur, weil sie in der Landwirtschaft gebraucht wurden. Auf dem Teppich von Bayeux sind die Pferde, die die Normannen 1066 in der Schlacht von Hastings ritten, deutlich zu erkennen. Sie ähneln den heutigen Leicht- oder Mittelgewichtshuntern, sind aber kleiner als diese. Das größte Gewicht, das diese Pferde tragen mußten, betrug wahrscheinlich um die 100 Kilogramm, da die Plattenpanzer erst rund dreihundert Jahre später erfunden wurden. Zum Vergleich: ein britisches Kavalleriepferd mußte im Jahre 1914 ein Gewicht von 108 – 114 Kilogramm tragen.

Die «großen Pferde», die zwischen dem dreizehnten und dem fünfzehnten Jahrhundert verwendet wurden, waren sicherlich größer und klobiger, vor allem gegen Ende dieses Zeitabschnitts, als Pferde und Reiter Rüstungen trugen, die ihnen Schutz vor dem gnadenlosen Pfeilhagel der Langbogenschützen bieten sollten. Die Kriegspferde des fünfzehnten Jahrhunderts, der Blütezeit der schweren Rüstungen, mußten das extreme Gewicht von 190 Kilogramm tragen. Diese Pferde waren zudem kleiner als die heutigen Shire Horses; sie ähnelten vermutlich den heutigen Jütländern oder den inzwischen ausgestorbenen Walisischen Zugpferden, die aus dem Welsh Cob entstanden waren. Um diese Pferde in einen schwerfälligen Trab zu versetzen, war ein entschiedener Einsatz der langen scharfen Sporen erforderlich. Aus diesen Pferden, die von nordeuropäischen Kaltblütern abstammten, entwickelten

Obwohl zu jener Zeit bereits Pferde vom orientalischen Typ im Gebrauch waren, wirken die auf dem Teppich von Bayeux abgebildeten doch ungewöhnlich klein. Der um 1077 angefertigte Teppich zeigt die Vorgeschichte der Eroberung Englands durch die Normannen und den Sieg Wilhelms des Eroberers im Jahre 1066 in der Schlacht bei Hastings.

Karl der Große, der Begründer des romantischen Bildes vom edlen Ritter.

sich die schweren Zugpferde der Renaissance. Solange es noch keine guten Straßen gab, waren es solche Pferde, die die frühen Kutschen zogen.

Karl der Große, der Enkel von Karl Martell, setzte ebenfalls schwer gepanzerte Kavallerie ein; ihm gelang es, die Mauren aus Nordspanien zu vertreiben und einen mitteleuropäischen Staat zu gründen. Während seiner Regierungszeit wurde der christliche Ritter zum Symbol für Recht und Ordnung. Er verkörperte die höchsten Ideale jener Zeit und wurde zum Sinnbild für den Sieg des Guten über das Böse.

Wenig später gingen diese christlichen Ritter zur Offensive über. Ruy Díaz de Vivar, genannt El Cid, der spanische Nationalheld, leitete mit der Einnahme von Valencia im Jahre 1094 die Ära der Rückeroberungen (die Reconquista) ein. Ebenso wie die Konquistadoren, die später Nord- und Südamerika eroberten, war er im Grunde ein Söldner. Seine Einstellung wird durch die Antwort verdeutlicht, die er einer ihn bewundernden Dame gab: «Ihr seht, das Pferd schwitzt und das Schwert ist blutig. Nur so zieht man gegen die Mauren zu Felde.»

Das Kriegspferd von El Cid, der berühmte Babieca, verdient einen Platz in der Geschichte neben Alexanders Bukephalos. Er entstammte der hochgeschätzten Andalusischen Rasse, die bis zum Ende des achtzehnten Jahrhunderts die europäischen Luxuspferde stellte, und war ein ideales Kriegspferd. Er hatte das richtige Gewicht, war leicht zu reiten, schnell genug für die an ihn gestellten Ansprüche und besaß viel *brío escondido* (verborgene Kraft), das ihm Temperament und Lebhaftigkeit verlieh, ihn aber trotzdem umgänglich und sanft bleiben ließ. Wie es sich für das Reittier eines großen Generals geziemte, war Babieca ein Schimmel, der mit zunehmendem Alter immer weißer wurde. Über zwanzig kriegerische Jahre hinweg war er der Gefährte von El Cid und wurde zusammen mit seinem Herrn im zwölften Jahrhundert mit dem Epos «Poema del Cid» unsterblich gemacht.

Ruy (oder Rodrigo) Díaz wurde um 1043 in Vivar in der Nähe von Burgos in Kastilien geboren. Er kämpfte sowohl auf seiten der Spanier als auch für die Mauren, die ihm den Titel Al Sid (der Herr) verliehen, aus dem im Spanischen El Cid wurde. Außerdem trug er den Beinamen El Campeador (Der Kämpe).

Sein Pate, ein Priester, versprach dem jungen Ruy ein Pferd. Die spanische Kirche war immer sehr an der Pferdezucht interessiert; einige der besten spa-

nischen Pferde wurden von den Kartäusermönchen in Jerez de la Frontera gezüchtet (die den Hof, auf dem ihre alten Pferde das Gnadenbrot erhielten, *Galto al Cielo* – Sprungbrett zum Himmel – nannten). Noch heute werden dort Pferde gezüchtet.

Der Junge wählte einen so unscheinbaren Hengst aus, daß sein Pate aufschrie: «Babieca!» (Dummkopf). So nannte Ruy das Pferd, das ihm von diesem Tage an gehörte, und unter diesem Namen wurde es in ganz Spanien berühmt. Als El Cid dem König Alfons VI. von Kastilien und León sein Pferd anbot, lehnte der König mit folgenden Worten ab: «Gott bewahre, daß ich ihn nähme! Ein Pferd wie Babieca verdient keinen anderen Reiter als Euch, mein Cid, damit ihr beide gemeinsam die Mauren vom Schlachtfeld treiben und verfolgen könnt. Möge Gott seine Gunst von allen abwenden, die Euch Babieca nehmen wollen; denn Ihr und dieses Pferd, ihr habt uns große Ehre eingebracht.»

El Cid starb 1099 in Valencia, als die Mauren die Stadt wieder einmal belagerten. Da er wußte, daß die Nachricht von seinem Tod die Kampfmoral seiner Männer schwächen würde, gab er seinen letzten, makabren Befehl. Sein Leichnam wurde aufrecht in Babiecas Sattel befestigt, sein Schild angebracht, und so führte El Cid in voller Rüstung und mit dem Schwert in der leblosen Hand seine schweigenden Reiter genau um Mitternacht zum Tor hinaus und zum Lager der Mauren. Die Ritter waren ganz in Weiß gekleidet und trugen weiße Banner. Das Visier von El Cids Helm war geöffnet, und es heißt, das von seinem bärtigen Gesicht ein «gespenstisches Leuchten» ausging.

Dieser geisterhafte Reiter, der mit erhobenem Schwert auf seinem weißen Pferd saß, war zuviel für die Mauren. Es erhob sich ein Geschrei, Al Sid sei von den Toten auferstanden; sie flohen in Panik und wurden von den spanischen Reitern verfolgt und überwältigt.

El Cid wurde im Kloster von San Pedro de Cardena in der Nähe von Burgos beigesetzt; später wurde sein Leichnam in die Kathedrale von Burgos überführt. Babieca bekam sein Gnadenbrot und wurde nie wieder von jemandem geritten. Er starb etwa zwei Jahre später im hohen Alter von vierzig und wurde vor den Toren des Klosters unter zwei Ulmen begraben. Wo das Grab genau lag, ist nicht bekannt, doch noch 1948 wurde an der Stelle, an der sich früher das Kloster befand, ein Denkmal für Babieca errichtet.

Ein anschauliches Beispiel für den Reitsitz der christlichen Ritter.

El Cid gründete einen christlichen Ritterorden, dessen Aufgabe es war, den Glauben zu schützen und die Iberische Halbinsel von den Mauren zu befreien. Diese Befreiung begann 1212 mit dem Sieg in der Schlacht von Navas de Tolosa, den die Heere der Könige von Kastilien und von Aragon gemeinsam errangen. Danach setzte der Niedergang der maurischen Herrschaft in Spanien ein.

Im Jahre 1095 forderte Papst Urban II. anläßlich der Synode von Clermont die christlichen Herrscher auf, sich einem Kreuzzug zur Vertreibung der Ungläubigen aus dem Heiligen Land anzuschließen, in diesem Fall der türkischen Seldschuken, die Palästina ein Vierteljahrhundert zuvor erobert hatten. Gottfried von Bouillon führte 1097 den ersten Kreuzzug nach Kleinasien, und 1099 wurde Jerusalem erobert. Danach gelang es dem Templerorden, dem Deutschen Orden und dem Johanniterorden, Jerusalem eine Zeitlang gegen die wiederholten Angriffe der Türken zu verteidigen.

Die Teilnahme am Kreuzzug war für die Ritter eine Pflicht, die sie für Gott und ihre Lehnsherren auf sich nahmen. Hunderttausende christlicher Ritter zogen wie Pilger nach Osten und erduldeten dabei die größten Strapazen. In gewisser Hinsicht waren die Kreuzzüge aber auch ein Zeitvertreib für den Adel, und wenn sie beendet waren oder jemand das Gefühl hatte, genügend Strapazen ertragen zu haben, boten die Turniere eine verlockende Alternative.

Die Turniere waren ursprünglich aus blutigen Scharmützeln zwischen etwa gleichstarken Ritterhorden hervorgegangen, doch entwickelten sie sich schnell zu Einzelkämpfen nach sehr strengen Regeln, bei denen man auf Profit oder Ehre hoffte, ohne sich übermäßigen Risiken oder Anstrengungen aussetzen zu müssen. Eine wichtige Rolle spielte dabei die Idee der «höfischen Liebe» oder Minne, wobei die Ritter zu Ehren verheirateter Damen kämpften, die sie liebten, und oft einen Gegenstand aus dem Besitz der betreffenden Dame bei sich trugen. In England war dies nicht der Fall; dort galten Turniere eher als ernsthaftes Training für den Krieg oder als Gelegenheit, sich an der frischen Luft zu betätigen.

Neben den normalen Rittern gab es auch äußerst geschickte Berufsreiter, die wie die heutigen Springreiter von Turnier zu Turnier zogen und vom Verkauf der Pferde und Rüstungen, die ihre Gegner bei einer Niederlage verwirkt hatten, gut leben konnten.

Obwohl die Leistungsfähigkeit der leichten Kavallerie durch die Mauren und auf den Kreuzzügen durch die Sarazenen wie schon früher durch den mehrfachen Ansturm von Nomadenhorden hinreichend bewiesen worden war, lehnten die westlichen Reiter, die auf ihren schwer gepanzerten Pferden so erfolgreich gewesen waren, jede Änderung beharrlich ab. Unter dieser Halsstarrigkeit hatten die berittenen Truppen fast bis zu der Zeit zu leiden, in der man ohnehin auf das Pferd verzichtete.

Im späten dreizehnten und frühen vierzehnten Jahrhundert, als die Menschen in Westeuropa in zunehmendem Maße unter den Folgen von Überraschungsangriffen zu leiden hatten, wurden die Rüstungen und die Bewaffnung immer schwerer. Dagegen war nichts einzuwenden, sofern das Gelände geeignet war und die Bewegungsfreiheit von Pferd und Reiter nicht eingeschränkt wurde. Doch das erhöhte Gewicht machte es notwendig, schwerere, weniger reaktionsfähige und damit unbeweglichere Pferde einzusetzen.

Die Nachteile der schweren Rüstung in der mittelalterlichen Kriegführung wurden 1314 bei Bannockburn besonders deutlich. Dort hatte der schottische König Robert I. die Truppen von Edward II. durch seine Wahl des Geländes in eine für Edward ungünstige Position manövriert, die es ihm ermöglichte, das englische Heer aus viertausend Berittenen und zehntausend Fußsoldaten zu besiegen. Wegen ihrer schweren Rüstungen versanken die englischen Reiter buchstäblich in dem sumpfigen, aufgewühlten Boden. Die leichte Kavallerie Roberts, die auf struppigen Highland Ponys saß, konnte die englischen Fußsoldaten aufreiben, während die Kavallerie, die sie unterstützen sollte, im Morast steckte und dem schottischen Fußvolk zum Opfer fiel.

Edward war nicht in der Lage, seine Bogenschützen wirksam gegen die schottischen Speerwerfer einzusetzen, weil sie von der leichten schottischen

**Der geschickte Einsatz der schottischen Kavallerie bei Bannockburn führte zur Niederlage der zahlenmäßig weit überlegenen Engländer, obwohl König Robert I. das Kriegshandwerk bei den Engländern erlernt hatte.**

Kavallerie angegriffen und in die Flucht geschlagen wurden, noch bevor sie ihre Gefechtsstellungen einnehmen konnten. In früheren Schlachten hatten die Langbogen der Engländer auf die Schotten eine verheerende Wirkung gehabt, eine Tatsache, die von der europäischen Kavallerie weder anerkannt noch gewürdigt wurde.

Die Niederlage von Bannockburn veranlaßte die Engländer, zu «Hobilars» überzugehen, leichten Reitern, die Lederkoller trugen, mit Schwertern und Speeren bewaffnet waren und flinke, trittsichere Ponys ritten. Die Franzosen dagegen verließen sich weiterhin auf ihre prächtig herausgeputzten Ritter und deren Fähigkeit, dem Feind mit einer einzigen, die Erde erschütternden Attakke den Todesstoß zu versetzen.

Nach der Schlacht von Crécy im Jahre 1346 hätten sie es besser wissen müssen. Hier erwies sich der Langbogen wieder einmal als die tödlichste Waffe des Mittelalters. Die englischen Bogenschützen, die an den Flanken ritten, stürzten die französische Kavallerie in ein Chaos, das durch die verwundeten, von Panik ergriffenen Pferde noch entsetzlicher wurde.

Zum besseren Schutz vor den Pfeilen des Langbogens wurden die Kettenhemden durch Plattenpanzer ersetzt, was jedoch nur sinnvoll war, wenn das Pferd ebenso geschützt war. Um 1415 hatten die französischen Rüstungen groteske Ausmaße angenommen. Wie die Panzer des Ersten Weltkriegs im Schlamm der Somme quälten sich auch die Ritter der französischen Kavallerie bei Azincourt wie prähistorische Mastodonten voran und waren der leichten Kavallerie Heinrichs V. von England hilflos ausgeliefert.

Als immer mehr Gebrauch von Schießpulver gemacht wurde, hatten die Ritter auf dem Schlachtfeld ausgespielt. Das Turnier als Schulung für den Krieg war überflüssig geworden und hatte ebenso wie die Idee des Rittertums seine Anziehungskraft verloren. Das Pferd dagegen erfreute sich auch weiterhin großer Beliebtheit. Reiten zu können und sich als geschickter Reiter sehen zu lassen, wurde zu einem mit hohem Ansehen verbundenen Attribut. An die Stelle des Turniers trat die würdevolle Schulreiterei, bei der die Herren ihre Künste zu Musikbegleitung zeigten.

Als in Europa die Renaissance begann, war für das Pferd die Zeit gekommen, als Partner in der sogenannten klassischen Reitkunst eine neue Rolle zu übernehmen.

**Die Schlacht von Crécy im Jahre 1346 hätte eigentlich zu einer veränderten Taktik der schwergepanzerten Ritter führen müssen. Nach einem Sieg über die Franzosen bei Maupertuis kam der Schwarze Prinz König Peter I. von Kastilien zu Hilfe. Dafür wurde er mit dem großen Rubin belohnt, der heute das Prunkstück der britischen Reichskrone ist.**

# Jenseits der Großen Mauer

*Kapitel 8*

Nirgendwo in der Geschichte stößt man auf einen so deutlichen Unterschied zwischen nomadischen Hirten und seßhaften Bauern wie den, der zwischen den kultivierten Chinesen auf der einen Seite der Großen Mauer und den rastlosen asiatischen Nomaden auf der anderen bestand.

*Entsprechend dem gegenwärtigen Zustand... sollen die Völker nördlich der Großen Mauer, die den Bogen spannen, unter der Regierung von Shan-yu leben. Doch innerhalb der Mauer... bin ich der Herrscher. Ich befehle meinen Leuten, den Boden zu bestellen und zu weben; Ihr befehlt Euren Leuten, wilde Tiere zu jagen für Nahrung und Kleidung.*

Dies schrieb Kaiser Wen-ti im Jahre 162 v. Chr. an den Nomadenführer Shan-yu während eines unsicheren Waffenstillstandes, der von den Nomadenhorden häufig gebrochen wurde.

Abschnitte der Mauer waren von einzelnen Staaten gebaut worden, nachdem die Chou-Dynastie im vierten Jahrhundert v. Chr. immer mehr Macht eingebüßt hatte und das Reich zusammengebrochen war. Fast zweihundert Jahre später wurde China unter der Ch'in-Dynastie wieder geeint. Der Nordwesten hatte ständigen Kontakt mit seinen nomadischen, reitenden Nachbarn, von denen viele mit der chinesischen Gesellschaft verschmolzen. Unter der Ch'in-Dynastie, vor allem zur Zeit des Kaisers Shih Huang-ti (221–209 v. Chr.), wurde die Mauer bis zu einer Länge von 2253 Kilometern ausgebaut. Sie galt als achtes Weltwunder und ist eines der wenigen Bauwerke auf der Erde, die man selbst vom Weltraum aus erkennen kann.

Die Aufgabe der Mauer war eindeutig: sie sollte als Schutz vor den asiatischen Reiternomaden dienen. In gewisser Weise war sie die Demarkationslinie zwischen seßhafter Ordnung und gewalttätiger Veränderlichkeit – in der vorchristlichen Welt fast eine Grenze zwischen Hell und Dunkel. Wichtig war, daß die Mauer die Nomaden daran hinderte, sich weiter nach Osten auszubreiten, was schließlich dazu führte, daß sich die asiatischen Reitervölker nach Westen wandten und Europa ins finstere Mittelalter führten.

Die Bedrohung durch die nomadischen Reitervölker prägte zweitausend Jahre lang die militärische Denkweise der Chinesen, und diese Besessenheit führte oft dazu, daß sie die Verteidigung ihrer anderen Grenzen vernachlässigten. Bis zu einem gewissen Grade erklärt sie sogar die Unfähigkeit Chinas, seine Ostküste gegen das Eindringen der Europäer im neunzehnten Jahrhundert zu verteidigen. Selbst heute ist dieses Gefühl der Verletzlichkeit noch nicht vollständig geschwunden, denn chinesische Kavallerieeinheiten reiten

**Die Große Mauer stellte zugleich die symbolische Demarkationslinie zwischen den seßhaften Bauern und den Hirtennomaden dar. Diese zwei sehr unterschiedlichen Lebensformen blieben bis in die Gegenwart hinein bestehen.**

nach wie vor die nordwestlichen Grenzen ab, um die Nachbarn im Auge zu behalten.

Die Chinesen fingen erst spät zu reiten an, etwa vier Jahrhunderte, nachdem im Nahen Osten Reitpferde an die Stelle der Streitwagen getreten waren. Die Ch'in waren wie die Römer praktisch denkende Leute und ausgezeichnete Organisatoren. Sie waren nicht nur in der Lage, zu planen und zu erfinden, sondern konnten ihre Pläne auch in die Tat umsetzen – ein Zeichen für herrscherliche Begabung. Unter den Ch'in wurde die Schrift ebenso genormt wie Gewichte, Maße und Achsenbreiten, so daß die Straßen wirksamer genutzt werden konnten (die Straßen wurden eingeteilt in solche für Fahrzeuge mit enger Spurweite, breiter Spurweite und andere, die so breit waren, daß zwei oder drei Wagen nebeneinander fahren konnten). Auch in der Anspannung der Zugpferde wurden Fortschritte gemacht, die schließlich zur Erfindung von Hintergeschirr und Kummet führten.

Die Ch'in legten die Fundamente für ein Reich, das gut zweitausend Jahre überdauern sollte und in dem Kunst, Literatur und Wissenschaft blühten und gediehen. Die Chinesen wurden zu Reitern oder stellten vielmehr Einheiten aus professionellen Reitern auf – nicht aus natürlicher Neigung, sondern aus Gründen der Zweckmäßigkeit, weil sie überzeugt waren, daß sie sich vor den lästigen Nachbarn nur schützen konnten, wenn sie einige von deren Strategien übernahmen.

Wegen der bedrohten Grenzen konzentrierten sich die Ch'in erst auf den Einsatz ihrer berittenen Truppen, nachdem sie erstklassige Pferde gekauft und später auch selbst gezüchtet hatten. Bis zum dritten Jahrhundert v. Chr. hatten sich die Chinesen in erster Linie auf Fußvolk in Streitwagen verlassen, eine entschieden zu schwerfällige Taktik gegen die schnellen und beweglichen Nomaden. Die Veränderung kam mit dem Han-Kaiser Wu-ti, dessen kriegerischer Geist sich nicht mit einer Politik der Beschwichtigung zufriedengab. Inzwischen hatten sich die Nomadenstämme des Nordens unter der Führung der Hsiung-nu (die in Europa Hunnen genannt wurden) zu einem Bündnis zusammengeschlossen.

Sie waren eine durchorganisierte Gesellschaft, die sich einem Führer, Shan-yu, unterordnete. Um dieses Bündnis zusammenzuhalten, mußten die zahlreichen Anführer die Oberherrschaft von Shan-yu anerkennen, was jedoch nur durch die ausreichende Verteilung von Beutegut zu erreichen war. Je mehr Beute gemacht wurde, desto sicherer war das Bündnis und die Stellung seines Führers Shan-yu.

Wu-ti, der sich zu einem direkten Angriff gegen die Nomaden entschlossen hatte, forderte Shan-yu heraus, indem er den häufig demütigenden Tribut verweigerte – eine Zeitlang verlangten die Hsiung-nu größere Mengen vornehmer Jungfrauen. Die Hunnen rächten sich, indem sie die Mauer durchbrachen und China zu überrennen versuchten. Wegen ihrer großen Erfahrung im Einsatz von berittenen Einheiten gelang es ihnen, tief in chinesisches Gebiet einzudringen, die chinesische Kavallerie zu besiegen und die schwerfällige Infanterie zu umgehen. Ein chinesischer Beamter schrieb: «Die chinesischen Pferde können mit ihren Pferden nicht konkurrieren, wenn es um das Erklimmen steiniger Berge geht oder um das Durchwaten von Gebirgsströmen, ebensowenig unsere Reiter mit ihren beim Galoppieren über steile Pfade oder beim Abschießen von Pfeilen in schneller Bewegung.»

Um diesen Mißstand zu beseitigen, schickte Kaiser Wu-ti Boten nach Baktrien mit dem Auftrag, Zuchttiere der Goldenen Pferde von Samarkand – Nachkömmlinge von Alexanders Nisäischen Pferden – zu kaufen. Diese Pferde wurden die Himmlischen Pferde, die Göttlichen Pferde, die «blutschwitzende Rasse» und später die Ili genannt. Es gab sie in der Gegend um Tayuan am Oberlauf des Syr-Darja (Jaxartes) in Turkestan und jenseits des

**Vor mehr als zweitausend Jahren führten die Chinesen, große Erfinder von Ausrüstungsgegenständen für Pferde, dieses Brustblattgeschirr ein, das zum Ziehen von Wagen mit erstaunlich moderner Formgebung benutzt wurde.**

Die Chinesen waren überzeugt, das Pferd sei im Jenseits ebensowichtig wie im Leben. Diese Terrakottafiguren stammen aus der Zeit der Kin- oder Südlichen Sungdynastie und wurden in dem Gebiet gefunden, in dem die Flüsse Ba, Wei und Qing zusammenfließen.

Tienschan-Gebirges in Fergana – in den Gebieten also, in denen seit jeher die besten Pferde gezüchtet wurden. Aus den Ili und den Fergana-Pferden, die sich wahrscheinlich nicht sehr voneinander unterschieden, entstanden der Achal-Tekkiner, das goldene Pferd, dessen Fell einen einzigartigen Metallschimmer hat, und der Turkmene, ein Pferd von enormer Ausdauer und beträchtlicher Geschwindigkeit.

Es besteht kaum ein Zweifel, daß viele dieser Pferde das gefleckte Fell und andere charakteristische Merkmale der heutigen Appaloosas zeigten, einer Rasse, die zuerst von den Nez-Percé-Indianern in Idaho im Tal des Palouse River gezüchtet wurde. Auf vielen chinesischen Gebrauchsgegenständen sind Pferde mit geflecktem Fell abgebildet. Das «Blutschwitzen», das bei Pferden dieser Farbe häufiger auftritt als bei anderen, wird durch in der Haut lebende Parasiten verursacht, die eine geringfügige Blutung hervorrufen, wenn das Pferd bei warmem Wetter arbeitet. Der Schweiß vermischt sich mit dem Blut zu einem rosafarbenen Schaum. In Zentralasien kommt der Parasit häufig vor, aber das «Blutschwitzen» tritt vereinzelt auch in Europa auf. Es ist zum Beispiel schon bei Arabischen Pferden vorgekommen, vor allem bei solchen mit einer anders pigmentierten Stelle auf der Schulter, aber auch bei Rotschimmeln.

Chang Ch'ien, ein Abgesandter des Kaisers, besuchte diese Gebiete zwischen 138 und 126 v. Chr. Bei seiner zweiten Reise begegnete er den Wu-Sun, die im Ili-Tal südlich des Balchaschsees lebten. Zweimal schenkten die Wu-Sun dem chinesischen Kaiser eine große Anzahl von Zuchtpferden; später schickte Wu-ti bis zu zehnmal jährlich Käufer in die westlichen Staaten Aorsi, Tayuan, Yüeh-chih und Parthien. Die Pferde wurden gegen chinesische Seide, Jade und Korallen eingetauscht.

Alles ging gut, bis der Herrscher von Fergana sich weigerte, weitere Pferde herzugeben, und die chinesischen Abgesandten töten ließ. Daraufhin schickte Wu-ti im Jahre 104 v. Chr. ein Heer über die fast fünftausend Kilometer lange Strecke, die ihn von den Himmlischen Pferden trennte, um sie sich mit Gewalt anzueignen. Doch die Expedition, die unter dem Kommando des Bruders von Wu-tis Lieblingskonkubine stand, wurde eine fürchterliche Katastrophe, die die Chinesen unzählige Männer und wertvolle Pferde kostete.

Zwei Jahre später hatte eine neuerliche Expedition mehr Erfolg. Sie brachte dreißig reinrassige Pferde und dreitausend halbblütige Stuten und Hengste mit. Doch der Preis dieses Raubzugs war sehr hoch. Die Verluste betrugen schätzungsweise mehrere hunderttausend Mann mit der dazugehörigen Ausrüstung, und in nur einem Jahr verloren die Chinesen an die hunderttausend Pferde.

Diese großangelegten Raubzüge dienten zweifellos der Beschaffung guter Kavalleriepferde, die schneller und stärker waren als die Steppenponys und die chinesischen Reiter in die Lage versetzten, die Nomaden erfolgreich zurückzuschlagen. Als die Chinesen die Pferde hatten, verloren sie beim Errichten von Gestüten keine Zeit. Unter der Tang-Dynastie (618–907) gab es auf den Kalksteinsteppen im Norden mit ihrem harten, eiweißreichen Gras Gestüte, auf denen fast eine dreiviertel Million Pferde lebten. Alfalfa war schon im Jahre 111 v. Chr. als Futterpflanze in China eingeführt worden.

Wu-ti stellte Heere auf, in denen die Kavallerie die Hauptrolle spielte. Leichte Truppen behielten den Bogen bei, doch die schwere Kavallerie, die auf Sätteln mit Holzrahmen ritt, trug bewegliche Gliederpanzer und war mit zweischneidigen Breitschwertern und Lanzen bewaffnet. Die Aufstellung einer derartigen Kavallerie hatte weitreichende Wirkungen. Durch die Raubzüge Wu-tis verbreitete sich der chinesische Einfluß in Zentralasien und eröffnete Wege für den Handel jeglicher Art sowohl aus China heraus als auch nach China hinein. Dadurch wurde die chinesische Zivilisation entscheidend beeinflußt.

Eine weitere und dauerhafte Nebenerscheinung war die Veränderung der chinesischen Kleidung als Reaktion auf die langen Auseinandersetzungen mit den Nomaden. Um ungehindert reiten zu können, vertauschten die Chinesen ihre fließenden Gewänder mit praktischeren Jacken, Hosen und Stiefeln, die denen der asiatischen Reiter ähnelten. Seither hat sich wenig geändert; die moderne chinesische Kleidung sah bis vor kurzem immer noch so aus wie die der ersten chinesischen Kavalleristen.

Obwohl man in China nie spezielle Zugpferde züchtete, wurden Pferde in vorchristlicher Zeit nur in Rom häufiger zu friedlichen Zwecken verwendet als in China. Allerdings gab es in China mehrere Jahrhunderte lang eine schlagkräftige Kavallerie. Als dann unter der Sung-Dynastie (960–1280) die Kontrolle über die Pferdezuchtgebiete im Norden verlorenging, war ihr Niedergang und die Besiegung durch Gegner, die sowohl regieren als auch Pferde wirksam einsetzen konnten, nicht mehr abzuwenden.

Diese Kombination gab es entlang der Nordgrenze, von wo die großen Eroberer Chinas, die Mongolen und die Mandschu, kamen. Die Mandschu regierten fast dreihundert Jahre lang, und als sie schließlich 1912 stürzten, geschah dies nicht durch die Reiter der Steppe, sondern durch den Ansturm der modernen Welt.

**Die Chinesen folgten dem Beispiel ihrer nomadischen Nachbarn und ritten mit kurzen Steigbügelriemen und abgewinkelten Knien – eine Haltung, die dem modernen Reitsitz ähnelt.**

鄧潼敝位武

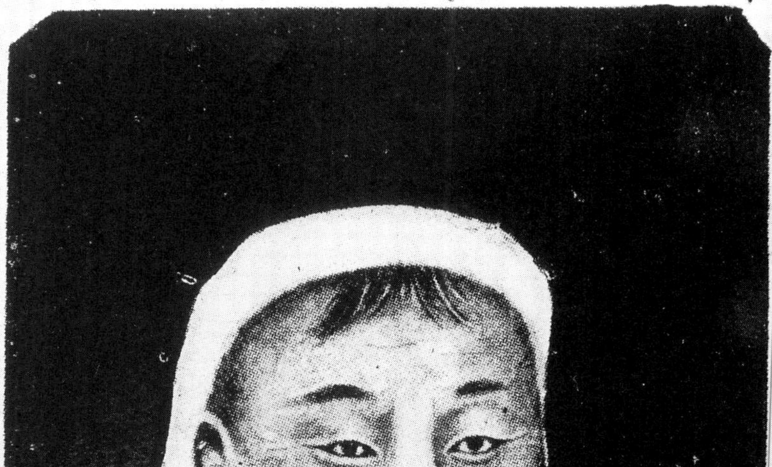

太祖輕之遂與金絕及病革謂左右曰金精
難以驟破若假道於宋宋金世仇必能許我
直擣大梁金
關然千里赴
破之必矣言
二十二年號
壽六十六

# Die asiatischen Reiterhorden

*Kapitel 9*

Im Laufe der Geschichte gab es viele Zeiten, in denen es durchaus begreiflich war, wenn die Menschen der Meinung waren, die vier todbringenden Reiter der Apokalypse wären ausgesandt worden, um das Ende der Welt vorzubereiten. Sowohl die Hunnen als auch die Mauren hatten die Menschen in Angst und Schrecken versetzt, aber sie waren kein Vergleich zu den Mongolenhorden des Dschingis-Khan, die schieres Entsetzen verbreiteten.

Im Jahre 1206 zog Dschingis-Khan in den Norden Chinas, und innerhalb von nur zwanzig Jahren waren seine Horden durch dieses Gebiet gestürmt, waren wie ein verheerender Wirbelsturm über Asien hinweggefegt und hatten in Osteuropa das Ufer der Donau erreicht. Die von ihnen verursachte Zerstörung von Leben und Eigentum erreichte unfaßbare Ausmaße, selbst im Vergleich zu den beiden Weltkriegen des zwanzigsten Jahrhunderts. Die Mongolen zerstörten nicht nur, was ihnen in den Weg kam – sie löschten es buchstäblich aus.

In den Kirchen wurde im dreizehnten Jahrhundert immer wieder um die Erlösung von den Mongolen gebetet. Sowohl Moslems als auch Christen waren überzeugt, daß das Ende der Welt in einem Holokaust aus Blut und Feuer bevorstand und daß die Mongolen übernatürliche Kräfte besaßen.

In einem Brief an Heinrich III. von England gelangte der deutsche Kaiser Friedrich II. zu dem Schluß, diese schrecklichen Reiter müßten von Gott geschickt sein, um die Christenheit für ihre Sünden zu strafen. Roger Bacon formulierte es deutlicher. Für ihn waren die Mongolen die Soldaten des Antichrist, die kamen, um die letzte schreckliche Ernte einzubringen, wie es der heilige Hieronymus vorhergesagt hatte, der von einem «Türkenvolk» aus dem Land von Gog und Magog hinter den Bergen Asiens sprach: «Ein verderbtes, ungewaschenes Volk, das weder Wein noch Salz noch Weizen benutzt.»

Die mongolischen Kleinkinder wurden durch tägliches Eintauchen in eiskaltes Wasser abgehärtet. Es ist nicht verwunderlich, daß sie danach jegliche Verwendung von Wasser zu Reinigungszwecken strikt ablehnten. Kleider und Behälter für Nahrungsmittel und die ranzige Butter aus Stutenmilch, die bei der Herstellung von allen möglichen Delikatessen verwendet wurde, wurden nie abgewaschen, höchstens gelegentlich einmal erneuert. So kam es, daß man die Annäherung einer Mongolenhorde bei günstigem Wind schon aus dreißig Kilometern Entfernung riechen konnte.

Dschingis-Khan wurde mit dreizehn Jahren König, und es gelang ihm wie keinem anderen Nomadenführer, Attila nicht ausgenommen, die Mongolenstämme, die ihm mit beeindruckender Loyalität anhingen, zu einen. Dieser ungebildete, aber ungeheuer charismatische Sohn der Wüste Gobi (neben den

**Dschingis-Khan, ein ungebildeter Nomade, aber der größte Reiterführer der Welt**

Polargebieten wohl der ödeste Landstrich der Erde) wurde als Kha Khan anerkannt, die Macht Gottes auf Erden, die Gottesgeißel, der Beherrscher der Menschheit, der Mächtige Totschläger, der Vollkommene Krieger und der Herr über Throne und Kronen. Dschingis-Khan selbst begnügte sich damit, in sein Siegel eingravieren zu lassen: «Gott im Himmel. Der Kha Khan, die Macht Gottes auf Erden».

Dennoch haben die Mongolen zum Fortschritt der Menschheit, der Pferde oder sonst irgend etwas nur einen äußerst geringen Beitrag geleistet. Das Reich des Dschingis-Khan bestand weniger als hundert Jahre, und obwohl es eine Zeitlang einen gewissen Einfluß ausübte, war es nie ein entscheidender Faktor in der Weltgeschichte, sondern höchstens eine kurzzeitige, gewalttätige und zerstörerische Unterbrechung – eine Art Erdbeben in der Geschichte der Menschheit. Dies erkannte zweifellos auch der chinesische General Yah-lu T'au T'zu, der über die Mongolenherrschaft sagte: «Das Reich wurde vom Pferderücken aus gewonnen, aber vom Pferderücken aus kann man nicht regieren.»

Kublai Khan; seine Flotte wurde das Opfer des «Göttlichen Windes» *(Kamikaze)*.

Die positiven Auswirkungen der «Pax Mongolica» waren die neuerliche Öffnung der Seidenstraße und das Wiederaufleben des Handels und des kulturellen Austauschs zwischen Europa und China. Die moslemische Vorherrschaft in Vorderasien war gebrochen, und die Wiedervereinigung Chinas im Jahre 1279 durch Dschingis-Kahns Enkel Kublai Khan schuf die Grundlage für die Entstehung kulturell aktiverer Reiche.

Kublai Khan versuchte Japan zu erobern, wobei er Südkorea als Stützpunkt benutzte. Die Japaner waren irgendwann im dritten Jahrhundert über Korea zu Pferden gekommen. Im Jahre 682 gab ein japanischer Erlaß folgendes bekannt: «In einer Regierung haben militärische Belange eine entscheidende Bedeutung. Deshalb sollen sich alle Beamten und Militärs ausgiebig im Gebrauch der Waffen und im Reiten üben.» Im elften Jahrhundert waren die japanischen Adligen gepanzerte Ritter, die unter einer der europäischen ähnlichen Feudalherrschaft lebten. Japan wurde zu einem militaristischen Staat, dessen Sinnbild der berittene Krieger oder Samurai war; das romantische Ideal des japanischen Mittelalters wurde durch die «Dreieinigkeit des Pferdes, des Kriegers und der Blüte» verkörpert. Die obligatorischen Fähigkeiten eines Samurai waren «Geschicklichkeit im Reiten, Bogenschießen, Fechten und Jiu-Jitsu».

Diese beiden grundverschiedenen Gesellschaften, die japanische und die mongolische, sollten nun in einer Schlacht aufeinandertreffen, die nicht durch ihre Geschicklichkeit im Umgang mit Waffen entschieden wurde, sondern durch eine Laune der Natur. Kublai Khan landete im Jahre 1274 in Hakata, und seine überlegenen Streitkräfte hätten die Japaner wahrscheinlich überwältigen können, doch ein plötzlich aufziehender Sturm zwang sie zum Rückzug. Sieben Jahre später kehrten die Mongolen mit einem Heer von hundertfünfzigtausend Mann zurück, konnten aber gegen die weiter ausgebauten japanischen Verteidigungsanlagen nichts ausrichten. Außerdem bemerkten sie nicht, daß abermals ein Sturm heraufzog. Ein Taifun, der *Kamikaze* (göttlicher Wind) genannt wurde, versenkte fast die gesamte Armada des Khans, wobei der größte Teil seiner Männer ertrank.

Die letzten der mongolischen Nomaden, die Tataren, setzten sich ein knappes Jahrhundert später unter der Führung von Tamerlan (Timur-Leng) in Bewegung, einem weiteren Nachkommen von Dschingis-Khan, der versuchte, das Reich seiner Vorfahren neu zu begründen. Tamerlan wurde 1369 Herrscher von Samarkand und brach von dort auf, um die Welt zu erobern. In schnell aufeinanderfolgenden Feldzügen eroberte er Asien und den Nahen Osten und drohte, das türkische Reich zu zerstören und bis nach Europa vorzudringen. Doch er starb 1405, und seine Herrschaft zerfiel und hinterließ nur die Erinnerung an Tod und Zerstörung, die vom Pferderücken aus erfolgte.

Gemeinsam mit Dschingis-Khan und seinen wichtigsten Orchonen (Unterführern) gehört Tamerlan zu den größten Kavallerieführern der Geschichte und war vielleicht der fähigste von ihnen. Berühmte europäische Feldherren wie Gustav Adolf von Schweden, der polnische König Johann III. Sobieski und sogar Napoleon beschäftigten sich eingehend mit Tamerlans Feldzügen. Sie alle übernahmen in der einen oder anderen Form seine *tulughma,* die «Standardtaktik» der Umgehung der Flanke des Feindes, um ihn von hinten her angreifen zu können.

Tamerlan sorgte auch für eine entscheidende Verbesserung seines Pferdematerials, indem er ständig Araberblut zuführte. Die Mongolenhorden verdienen Beachtung und Respekt, weil sie die letzte große Gesellschaft waren, deren Leben sich ausschließlich am Pferd orientierte. Keine andere Kavallerie der Welt war je so leistungsfähig.

Die mongolischen Heere bestanden ausschließlich aus Reitern, obwohl es auch eine Belagerungsdivision gab, *tuman* (d.h. zehntausend Mann) genannt, die einem nordchinesischen Offizier unterstand, dem *Ko pau yu* oder Meister der Geschütze. Das Wort «Horde» (ein Begriff, den die Mongolen selbst verwendeten) ist etwas irreführend. Es läßt an ein riesiges Gewimmel von Reitern denken, von denen jeder tut, was er will, doch davon konnte keine Rede sein. Die Heere des Dschingis-Khan waren straff organisiert und strenger Disziplin unterworfen.

Alle Völker des Khan hatten sich an den Yassa oder Aszan zu halten, den mongolischen Gesetzeskodex, der ebenso umfassend war wie der sechshundert Jahre später eingeführte Code Napoléon. Dieser Kodex war in dieser Militärgesellschaft im Grunde eine ständige Dienstanweisung. Jeder Mann war verpflichtet, Kriegsdienst zu leisten; kein Krieger durfte einen seiner Kameraden aus einer Zehnergruppe, der kleinsten Einheit, oder einen Verwundeten im Stich lassen. Auch für das Plündern gab es strenge Regeln; während der Kampfhandlung war es verboten. In einer Schlacht durfte kein Mann um Gnade bitten oder sie gewähren; alle Gefangenen mußten getötet werden. Disziplin und Befolgung der Gesetze wurden gnadenlos erzwungen. Hier ein Auszug aus einem Tagesbefehl, den der Kha Khan während eines Feldzugs erließ:

**Tamerlan war vielleicht noch grausamer als Dschingis-Khan; seine Tataren hinterließen in der persischen Stadt Isfahan eine Pyramide aus siebzigtausend menschlichen Schädeln.**

**Selbst Napoleon studierte die Kavallerietaktiken von Tamerlans Tataren. Tamerlan erfand die Zangenbewegung, deren sich die Strategen der Kriegführung noch heute bedienen.**

*Achtet darauf, daß die Handpferde in eurer Truppe nicht an Kondition verlieren. Denn wenn das passiert, könnt ihr sie schonen, so viel ihr wollt, sie werden sich während des Feldzuges nicht wieder erholen... Auf dem Marsch werdet ihr viel Wild sehen. Laßt die Männer nicht hinterherjagen... Erlaubt den Männern nicht, etwas hinter den Sattel zu binden. Auf dem Marsch wird kein Zaumzeug benutzt – die Pferde sollen ihre Mäuler frei haben. Aus diesem Grund kann nicht galoppiert werden. Wenn ein Befehl erteilt wurde, werden jene, die ihn mißachten, ausgepeitscht und unter Arrest gestellt. Diejenigen jedoch, die meine persönlichen Befehle mißachten, schickt zu mir, falls sie einer eingehenderen Betrachtung würdig erscheinen. Die übrigen, die unwichtigen, müssen auf der Stelle geköpft werden...*

Das Entscheidende bei den Mongolenhorden war, daß sie keine schwerfälligen Nachschubeinrichtungen brauchten. Sie lebten von dem, was ihnen das Land bot, und konnten, wenn es nötig war, auf ihre eisernen Rationen zurückgreifen – getrocknetes Fleisch, das unter dem Sattel lag, und entwässerten Quark aus Stutenmilch, der in einem Ledersack vorn auf dem Sattel transportiert wurde. Diese Ledersäcke hatten noch eine zweite Funktion: vor dem Überqueren eines Flusses wurden sie zu einer Art Schwimmflügel aufgeblasen.

Dieser nomadische Brauch, das Fleisch unter den Sattel oder sogar direkt unter das Gesäß in die Hose zu legen, wurde von Samuel Butler treffend beschrieben:

*... seine Landsleute, die Hunnen, kochten ihr Fleisch zwischen dem Hintern und dem Pferderücken, auf dem sie saßen, und jeder Mann aß im Sattel.*
*(Hudibras)*

Jeder Reiter hatte mindestens drei Pferde, die er häufig wechselte, wenn die *tumane* über den persischen Sand oder die russischen Steppen galoppierten. An die Truppe schloß sich eine große Pferdeherde an. Diese Ersatzpferde folgten einer Leitstute mit einer Glocke oder einem Mann auf einem Leitpferd, wie es bei den Nomaden üblich war. Die Herde diente vielen Zwecken; sie war die Nachschuborganisation der *tumane* und ermöglichte es größeren Einheiten, bis zu 125 Kilometer am Tag zurückzulegen. Zwei der größten Mongolenführer, Subutai Bahadur («Der Mutige») und Chepe Noyan («Der Pfeilprinz»), verfolgten Schah Mohammed von Samarkand nach Afghanistan und bis zum Kaspischen Meer und zogen nach seinem Tod weiter in den Kaukasus und nördlich bis zur Wolga, bevor sie in die 3220 Kilometer entfernte Wüste Gobi zurückbeordert wurden. Für die gesamte Strecke brauchten sie weniger als zwei Jahre.

Die Herde lieferte auch Ersatzpferde. Die Stuten gaben Milch, und frisches Fleisch war immer vorhanden. Unterwegs konnte Blut aus dem Pferdehals gezapft werden, das über dem Feuer eingedickt und wie Blutwurst gegessen wurde.

Aber die mitlaufenden Pferde dienten noch einem weiteren, finsteren Zweck. Sie halfen den Mongolen, den Eindruck gewaltiger Kampfkraft zu erwecken. Manchmal banden die Mongolen Puppen auf ihre überzähligen Pferde, damit ihre Feinde glauben sollten, sie hätten es mit wesentlich größeren Verbänden zu tun, als dies wirklich der Fall war. Dieser Trick, dessen sich im Lauf der Jahrhunderte verschiedene Heere bedienten, könnte der Grund für die gewaltigen Truppenstärken sein, die den Mongolen oft zugeschrieben werden. In Wirklichkeit bestand das größte Heer, mit dem Dschingis-Khan je in eine Schlacht zog, aus etwa 230000 Mann.

Ihre Pferde, eigentlich eher Ponys, waren hauptsächlich vom mongolischen Typ und zeigten deutliche Przewalski-Merkmale. Doch auf ihren Feldzügen hatten die Mongolen natürlich Zugang zu anderen Pferderassen. Sie werden gute Pferde kaum zurückgelassen haben, selbst wenn sie nur als Nahrung dienten. Nachdem Ogotai (Ügedei), der Sohn von Dschingis-Khan, die Übergabe Bagdads erzwungen hatte, forderte er als Tribut unter anderem auch «große Pferde mit langen Hälsen aus westlicher Zucht».

In einer Schlacht bedienten sie sich häufig der Taktik der schnellen Einkreisung, um den Feind von hinten angreifen zu können, und zudem waren sie Meister des vorgetäuschten Rückzugs. In einem solchen Fall flüchteten sie vielleicht zwei Tage lang, sprangen dann auf frische Pferde und kehrten in weniger als einem Tag zurück, um heftige Attacken gegen die auseinandergezogenen Linien des Feindes zu reiten. Den mongolischen Angriffen gingen stets sorgfältige Erkundungszüge voraus, eine Lektion, die zu lernen der europäischen Kavallerie oft sehr schwerfiel.

Wenn sich der Khan nicht auf einem Feldzug befand, übte und beschäftigte er seine Truppen durch die «Große Jagd», deren strenge Regeln gleichfalls im Gesetzeskodex festgelegt waren. Die Jagd zog sich auf einer Front von ungefähr 160 Kilometern über alle möglichen Geländeformen wie Berge, Flüsse und Schluchten. Die Reiter bildeten einen Halbkreis, trieben alles Wild vor sich her und ließen nichts entkommen. Allmählich wurde der Kreis geschlossen, und nachdem der Khan und sein Gefolge sich ihren Anteil an der Beute genommen hatten, begann das Schlachtfest für die Horde, das manchmal einen ganzen Tag dauerte. Auf der Jagd wurde hart geritten, und es gab Prämien für besonders gute Treiber, Offiziere und Meldereiter.

Um in den riesigen Gebieten ihre Truppen sinnvoll einsetzen zu können, führten die Mongolen den *yam* ein, eine Art Pony-Express. Ständig wechselnde Reiter galoppierten entlang der Karawanenstraßen; sie legten 240 Kilometer pro Tag zurück, und die Antwort eines 3000 Kilometer entfernt stationierten Anführers konnte schon nach einem Monat eintreffen. Kein Kurier, der das Siegel des Khans trug, wurde je aufgehalten; es hieß, mit dem Siegel könne sogar «eine Jungfrau mit einem Topf voller Gold» das Gebiet des Khans durchqueren, ohne dabei zu Schaden zu kommen.

Durch die Pferde, mit denen Dschingis- Khan sein Reich errichtete, wäre Europa beinahe untergegangen. Aber vielleicht ist es auch durch ein Pferd gerettet worden: Dschingis-Khan starb im Jahre 1227 auf der Jagd, als sein Pferd, das vor einer Herde wilder Pferde scheute, sich beim Steigen überschlug und auf ihn stürzte.

# Amerika und das letzte Reitervolk

*Kapitel 10*

Vom dreizehnten Jahrhundert an erwachte der europäische Entdeckergeist. Gegen Ende dieses Jahrhunderts reiste Marco Polo auf dem Landweg nach China, diente dort viele Jahre dem Kublai Khan und kehrte schließlich mit dem Schiff nach Venedig zurück. Für die Portugiesen und Spanier waren das fünfzehnte und sechzehnte Jahrhundert die große Zeit der Entdeckungen. Angeregt durch Prinz Heinrich den Seefahrer erforschte eine portugiesische Flotte, die Handelswege nach Ostasien suchte, die afrikanische Küste, die Azoren, Madeira und die Kapverdischen Inseln. 1488, fast dreißig Jahre nach Heinrichs Tod, umsegelte Bartolomeo Diaz das Kap der Guten Hoffnung, und im Jahre 1498 erreichte Vasco da Gama Indien.

Danach war der amerikanische Kontinent, auf dem es schon seit ungefähr achttausend Jahren keine Pferde mehr gab und der trotz der mächtigen Reiche der Inkas und Azteken von der übrigen Welt völlig isoliert war, reif für die Entdeckung, Erforschung und Ausbeutung.

Christoph Kolumbus, auch er auf der Suche nach neuen Handelswegen, landete 1492 auf den Bahamas und den Westindischen Inseln und erreichte auf späteren Reisen Südamerika und den Golf von Mexiko. Der neue Kontinent erhielt seinen Namen nach dem florentinischen Entdecker Amerigo Vespucci (1451–1512).

Als die siebenhundert Jahre dauernde Besetzung der Iberischen Halbinsel durch die Mauren beendet war, erhielt auch der spanische Entdeckergeist neuen Auftrieb. Die erfahrenen Berufssoldaten, die keine andere Beschäftigung kannten, wurden durch die Geschichten von den unermeßlichen Schätzen und der reichen Beute, die es in der Neuen Welt geben sollte, angestachelt. Der harte Kern der spanischen Eroberer in Mexiko und Südamerika bestand hauptsächlich aus diesen abenteuerlustigen Söldnern.

Francisco Pizarro (um 1475–1541), das Musterbeispiel eines Halsabschneiders und zugleich ein fähiger und tatkräftiger Mann, eroberte das Inkareich in Peru, während Hernán Cortés (1485–1547), ein ebenso begabter Heerführer, der jedoch die besseren Tugenden seiner Zeit verkörperte, die Azteken in Mexiko überwältigte, wo er 1519 mit einer Streitmacht aus nur sechshundert Spaniern, zweihundertfünfzig Indianern und sechzehn Pferden gelandet war. «Neben Gott verdanken wir unseren Sieg den Pferden», behauptete er, denn die Pferde hatten die Eingeborenen so in Angst und Schrecken versetzt, daß sie vor diesen fremdartigen, gepanzerten Geschöpfen voller Panik die Flucht ergriffen.

Die psychologische Wirkung eines gepanzerten Reiters auf einem gepanzerten Pferd – das Gegenstück des sechzehnten Jahrhunderts zu einem moder-

**Welche Macht von Berittenen ausgeht, wurde nie deutlicher bewiesen als durch den Sieg der Konquistadoren über die Azteken.**

nen Panzer – muß in der Tat erheblich gewesen sein. Vermutlich richteten die disziplinierten spanischen Fußsoldaten durch Hiebe mit ihren schrecklichen kurzen und scharfen Schwertern den größten Schaden an, doch ein Dutzend Berittener, die im Galopp auf die Flanken der Indianer zustürmten, übten offenbar eine noch verheerendere Wirkung aus.

Die sechzehn Pferde von Cortés führten diese Tierart auf dem amerikanischen Kontinent wieder ein. (Vierhundert Jahre später, nachdem Amerika zur mächtigsten Nation der Welt geworden war, wurde der Pferdebestand auf mehr als fünfundzwanzig Millionen geschätzt, was einem Verhältnis von einem Pferd auf etwa vier Menschen entspricht.) Über die Pferde des Cortés gibt es genaue Aufzeichnungen. Elf von ihnen waren Hengste, darunter zwei Pintos (zwei- oder mehrfarbig gescheckte Pferde), und fünf Stuten; die meisten entstammten der Zucht von Cordoba. Zu ihnen gehörte Cortés' persönliches Reitpferd «El Morcillo» (Der Schwarze). Dieses Pferd ritt Cortés auf seiner Honduras-Expedition, bei der er über neunzig Berittene verfügte.

Wie alle Eroberer präsentiert sich auch der siegreiche Cortés bei seinem Einzug in Mexiko auf einem feurigen Pferd.

Ein großer Teil der Weges führte durch tropische Wälder. Außerdem hatte die Expedition mit schwierigem Gebirgsterrain zu kämpfen und mußte Flüsse und Sümpfe durchqueren. Dies war zweifellos das für Kavallerie am wenigsten geeignete Gelände. Endlich erreichte die Expedition die Ebenen um den See Peten-Itza. Dort begingen die Reiter den Fehler, hinter dem reichlich vorhandenen Wild herzujagen, was ihre sowieso schon müden Pferde völlig erschöpfte. Nach einer erzwungenen Rast ritten sie wieder los, doch im unwegsamen Gelände der Sierra de los Pedernales verletzte sich El Morcillo am Huf und konnte nicht weitergehen. Cortés ließ das Pferd in der Obhut eines Indianerhäuptlings zurück und versprach, zurückzukommen und es abzuholen. Das war im Jahre 1525, und Cortés schrieb in sein Tagebuch: «Der Häuptling versprach, für ihn zu sorgen, aber ich weiß nicht, ob er es schafft oder was er mit ihm tun wird.»

Die abergläubischen Indianer, die erfüllt waren von Angst und Ehrfurcht vor diesem ungewöhnlichen Tier, das so eng mit der Kraft und Stärke des Weißen Mannes verbunden war, taten ihr Bestes. Sie brachten das Pferd in einem Tempel unter, und mit Blumenkränzen geschmückte Jungfrauen servierten ihm ausgewählte Früchte und Hühnergerichte. Doch El Morcillo konnte weder der Vergötterung noch seiner Ernährung etwas abgewinnen und starb. Sein Tod war eine Katastrophe für die Indianer, die Vergeltungsmaßnahmen befürchteten. Um sich vor Cortés' Zorn zu schützen, schufen sie aus einer naiven Eingebung heraus eine Statue von El Morcillo. Es wurde ein merkwürdiges Ding, das den Hengst auf der Hinterhand sitzend und mit nach vorn ausgestreckten Vorderbeinen darstellte, eine Haltung, die einen Hinweis auf seinen Zustand in der letzten Woche gibt.

Die Statue wurde auf einer der vielen Inseln im See aufgestellt und zum Symbol der Macht der weißen Eindringlinge. Im Laufe der Zeit wurde aus Ehrfurcht Bewunderung, und die Indianer verehrten die Statue als Tziunchan, den Gott des Donners und des Blitzes, beteten sie an und brachten ihr Opfer dar.

Cortés kehrte nie zurück. 1697, 172 Jahre später, kamen spanische Truppen in der Hoffnung auf weitere reiche Beute nach Yucatan, und ihnen folgten die Priester, die ebenso begierig auf geistige Schätze waren wie die Konquistadoren auf Gold und Silber. Zwei Franziskaner, die Patres Orbieta und Fuensalida, gelangten zum See. Sie beherrschten die Maya-Sprache, bekehrten jedoch niemanden, obwohl die Menschen sie freundlich empfingen. Allerdings zerstörten sie viele Götterstatuen, und schließlich fanden sie auf einer der Inseln, die sie besuchten, auf einem hohen Sockel auch die Verkörperung des großen Gottes Tziunchan. Pater Orbieta, «erfüllt vom Geist des Herrn und angetrieben von einem inbrünstigen Eifer zu Ehren Gottes», riß das Bildnis herunter und zerschlug es mit einem Stein, während die zusehenden Indianer voller Wut und Angst in lautes Wehklagen ausbrachen. Dies war das Ende von El Morcillo.

Kolumbus hatte dreißig Pferde nach Hispaniola (Haiti) gebracht, und als er 1506 starb, hatten die Spanier auf den größeren der Westindischen Inseln bereits Gestüte aufgebaut. Zu Beginn des siebzehnten Jahrhunderts hatten sie im Südwesten Nordamerikas, besonders in der Umgebung von Santa Fe, Siedlungen gegründet, in denen Pferde gezüchtet wurden.

Hauptsächlich von diesen Orten aus verbreiteten sich die Pferde nach Norden und Osten und gelangten in den Besitz der Prärieindianer, die sie entweder kauften oder stahlen. Einige wurden sicher auch aus Wildherden herausgefangen, denn schon im Jahre 1579 gab es im Norden Zentralmexikos Herden von verwilderten Pferden.

Nun begann eine neue Ära reitender Nomaden, und fast schien es, als wären die Nomadenstämme Asiens in der Neuen Welt wieder auferstanden. In der Tat gibt es viele Gemeinsamkeiten zwischen den asiatischen Reitervölkern und den nordamerikanischen Indianerstämmen. Der Schamanismus zum Beispiel fand sich in beiden Gesellschaften. Dieser Glaube an gute und böse Geister, die nur von einem Schamanen (bei den Asiaten der Priester, bei den Indianern der Medizinmann) umgestimmt werden konnten, war die Religion der uralaltaischen Völker Sibiriens und wurde in fast derselben Form von den Indianern ausgeübt.

Beide Völker besaßen Hunde schon lange vor den Pferden; die Indianer verwendeten Hunde als Packtiere und zum Ziehen ihrer primitiven Schlitten, der *travois*. Da sie kein Wort für «Pferd» hatten, bezeichneten sie ihre Pferde als «große Hunde».

Es gab jedoch auch Unterschiede. Der Wohlstand der Prärieindianer hing von ihren Pferden ab, und nicht wie in Eurasien von Rinder-, Schaf- und Ziegenherden. Die Pferde trugen zu ihrem Lebensunterhalt bei, weil sie die Jagd auf den Bison erleichterten. Die Indianer waren reitende Jäger, keine Hirten, und sie erreichten nie die hochentwickelte Sozialstruktur der eurasiatischen Nomaden. Natürlich erreichten sie auch nie deren Anzahl. Die Indianer wären niemals in der Lage gewesen, großangelegte Angriffskriege zu führen, geschweige denn Reiche zu gründen wie die Hunnen und die Mongolen.

Der Besitz von Pferden verlieh den Indianern eine neue Beweglichkeit; sie verkürzten die Zeit, die zum Wechseln des Lagerplatzes nötig war, und erlösten die Indianerfrauen von ihren Strapazen, denn obwohl es unzählige Hunde gab, die primitive Schlitten zogen oder Lasten trugen, war es ihre Aufgabe gewesen, Besitztümer zu transportieren. Das Pferd veränderte das Leben der Indianer von Grund auf und bewirkte einen einzigartigen Lebensstil. All dies geschah in einem Zeitraum von knapp zweihundert Jahren, doch innerhalb dieses Zeitraums wurden die Prärieindianer zum letzten «Reitervolk» der Welt. Aber kaum hatte sich dieser Lebensstil entwickelt, als er durch die vordringenden weißen Siedler auch schon wieder zerstört wurde.

Als Zeit der Pferdekultur bei den Indianerstämmen der Großen Prärien gilt die Epoche zwischen 1540 und 1880, doch für die meisten begann sie wesentlich später, in manchen Fällen erst im frühen siebzehnten Jahrhundert. Die mexikanischen Pueblo-Indianer, die sich leicht Pferde beschaffen konnten, waren schon im Jahre 1582 beritten, doch einige der mächtigen Stämme des Nordens wie die Blackfoot wurden erst um 1730 zu Reitern, und der Dakota-Stamm benutzte noch im Jahre 1766 Kanus.

Die frühen Spanier hielten nichts davon, die Indianer mit Pferden zu versorgen. Sie zogen es vor, die Eingeborenen weiter in Angst und Ehrfurcht vor

Wie die Steppennomaden besaßen auch die Prärieindianer eine natürliche Begabung für das Reiten; auch ihr Reitstil ähnelte dem der Asiaten.

den Tieren zu halten und sie glauben zu machen, Pferde wären wilde und gefährliche Tiere. Sie hatten nichts dagegen, daß die Indianer die Pferde für Götter hielten. Schließlich war «die instinktive Angst vor Pferden die wirksamste Waffe der Spanier».

Es war jedoch nicht zu vermeiden, daß immer mehr Indianer als Pferdepfleger und als *vaqueros* für die ständig wachsenden Viehherden gebraucht wurden. Es bildete sich eine Gruppe von Männern, die mit Pferden umgehen konnten und ihre Erfahrungen weitergaben. Das Reiten hatten sie vermutlich den Spaniern abgeschaut. «Sobald sie zu Pferde saßen», schrieb Denhardt, «waren die Indianer mit ihren Köchern voller Pfeile den Spaniern mit ihren einschüssigen Hakenbüchsen weit überlegen.»

Als sich die Pferdekultur ihrem Ende zuneigte und die ersten Statistiken aufgestellt wurden, waren einige Indianerstämme im Besitz sehr großer Mengen von Pferden. Man schätzt, daß es im Jahre 1874 ungefähr hundertzwanzigtausend Prärieindianer gab, die hundertsechzigtausend Pferde besaßen. Stämme wie die Nez Percé, die berühmt waren als Züchter der gefleckten Appaloosas, hatten bis zu zwölftausend, während bei den Cayuse und den Umatilla auf einen Menschen fast zwölf Pferde kamen.

Ein wohlhabender Blackfoot-Indianer besaß vermutlich etwa vierzig Pferde, ärmere Stammesangehörige hatten vielleicht nur fünf oder sechs. Ein wirklich armer Mann besaß weniger als fünf Pferde und mußte sich für die Bisonjagd welche dazuleihen. Die Blackfoot unterschieden zehn Pferdetypen. Um bequem leben zu können, benötigte die Durchschnittsfamilie zwölf Pferde, die für die Jagd, Kriegszüge und den Wechsel des Lagerplatzes eingesetzt wurden. Es gab das Bison- und das Kriegspferd, ein Pferd für die Jagd im Winter, ein Reitpferd, ein Schlittenpferd, ein Packpferd, ein Pferd, das die Zeltstangen zog, ein Rennpferd, den Hengst, die Zuchtstute und schließlich eine Leitstute für die grasende Herde.

Bevor die Indianer Pferde hatten, gingen sie zu Fuß auf die Bisonjagd, wobei eine Gruppe von Bisons von flinken Läufern eingekreist und dann in eine halbkreisförmige Koppel getrieben wurde, die die Indianer aus hochgestellten und zusammengebundenen Schlitten errichtet hatten. Danach näherten sich die Krieger den Tieren von hinten und von beiden Seiten und töteten sie mit Lanzen und Pfeilen.

Auch zu Pferd bedienten sie sich der Taktik des Einkreisens, doch nun brauchten sie keine Koppel mehr. Die Reiter umkreisten die Herde und fielen dann über sie her, wie es die asiatischen Reiter getan hatten. Wenn möglich benutzten sie dieselbe Taktik auch bei Kriegszügen.

Das Pferd für die Bisonjagd war für die Indianer ganz besonders wichtig. In seine Auswahl und Ausbildung wurden viel Zeit und Überlegung investiert. Die Pferde wurden mit vier Jahren ausgebildet, sorgfältig gepflegt, gut gefüttert und immer in Hochform gehalten. Wie der mittelalterliche Ritter seinen *destrier* (sein Kriegspferd) führte auch der Indianer sein Pferd bis an die Jagdgründe und ritt es nur während der Jagd.

Indianerkinder lernten das Reiten schon in frühester Jugend.

Die Indianer verwendeten eine einfache Zäumung, die aus einem fünf bis neun Meter langen Seil bestand. Das Seil, das an einem Ende eine Schlaufe hatte, wurde um den Kopf des Pferdes gelegt und so um den Unterkiefer gebunden, daß eine Zäumung mit zwei Zügeln entstand. Der Rest des Seils war aufgerollt und steckte im Gürtel des Reiters. Diese Vorsichtsmaßnahme verhinderte, daß das Pferd bei einem Sturz des Reiters davonlief.

Für Kriegszüge und zur Jagd verwendeten die Indianer ein Sattelpolster mit Gurt und Steigbügel, das mit dem der Skythen fast identisch und dessen Gebrauch unter den Prärieindianern allgemein üblich war.

Die Frauen, die die Sättel und die anderen Ausrüstungsgegenstände für die Pferde herstellten, ritten auf Sätteln mit Holzrahmen, die sie von den Europäern übernommen und einfallsreich abgewandelt hatten. Diese Sättel wurden auch von älteren Stammesangehörigen und Kindern benutzt. Die mit Hirsch- oder Elchleder bespannten Sättel waren vorn und hinten weit hochgezogen, es gab aber auch einen weit verbreiteten Typ, die «Präriehuhnfalle», deren Vorder- und Hinterzwiesel niedriger waren, was das Aufsitzen erleichterte. Beide Satteltypen wurden auch als Packsättel benutzt.

Eine einfache Ausrüstung scheint von Anfang an das besondere Merkmal der reitenden Naturvölker gewesen zu sein. Nur die «zivilisierten» Reiter brauchen härtere Methoden und verlassen sich außerdem auf mechanisch wirkende Systeme. Im neunzehnten und zwanzigsten Jahrhundert war die Zahl der neu erfundenen Gebisse, die fast alle Variationen der bekannten Formen darstellten, beachtlich. Ich nehme an, daß es daran lag, daß sich die Reiter jener Zeit übermäßig mit dem Vorderteil des Pferdes beschäftigten und dabei außer acht ließen, daß der Impuls von hinten kommt, von den durch die treibenden Einwirkungen des Reiters angeregten Hinterbeinen. Geborene Reiter dagegen erreichen alles, was sie wollen, mit einem Minimum an Aufwand und äußerst elementarer Ausrüstung.

Man kann darüber streiten, ob die Indianer ebensogute Reiter waren wie die Hunnen oder Mongolen; die besten von ihnen dürften den Asiaten mindestens ebenbürtig gewesen sein. Indianerkinder, Jungen und Mädchen, erlernten das Reiten gewöhnlich schon sehr früh – es war etwas, das sie einfach können mußten.

Beim Reiten ohne Sattel saßen die Indianer in den langsameren Gangarten aufrecht und hielten ihre Beine fast ebenso wie die Griechen zu Xenophons Zeiten. Im Galopp dagegen zogen sie die Knie hoch und nahmen die Kauerstellung ein, die auch die Nomaden bevorzugten. Auch beim Reiten mit Steigbügeln hielten sie die Knie stark gebeugt und ritten mit kurzen Bügelriemen *à la gineta*, aber im Stil der Prärie. Dies ist der klassische Sitz für Bogenschützen und Lanzenträger. Die Indianer waren so gut geübt, daß sie ohne Mühe im Galopp auf- und abspringen konnten; außerdem konnten sie sich so an die Seite ihrer Pferde hängen, daß das einzige Ziel, das sie ihren Feinden boten, aus wenigen Zentimetern Ferse bestand, die über den Pferderücken herausragten. Die Prärieindianer kastrierten ihre Hengstfohlen, weil sie der Meinung waren, dadurch würden die Tiere schneller. Auf der Jagd und bei Überfällen ritten sie stets Wallache.

Ebenso wertvoll wie die Pferde für die Bisonjagd waren die Rennpferde, und auch sie wurden besonders gut gepflegt. Die Indianer waren begeisterte Anhänger von Pferderennen, weil sie ihnen Gelegenheit zum Wetten gaben. Außerdem waren die Indianerponys den durchweg größeren Pferden der Weißen allem Anschein nach zumindest ebenbürtig. Es gibt zahlreiche Geschichten über Rennen mit Indianerponys und Pferden von Armeeoffizieren, und in allen ließ das struppige Indianerpony, das von den weißen Offizieren wegen seines ungepflegten Äußeren unterschätzt wurde, auf das die Indianer aber hoch gewettet hatten, das weit auseinandergezogene Feld hinter sich und ging als Sieger durchs Ziel.

Mit Hilfe des Pferdes ging der Umzug von einem Lagerplatz zum anderen schneller vonstatten; allerdings mußten die Indianer nun auch geeignete Weideplätze suchen. Sie fanden schnell heraus, welche Gräser am besten geeignet waren, um ihre Tiere in Form zu halten, und wählten ihre Lagerplätze dementsprechend aus. Anscheinend haben die Indianerponys die ausschließliche Weidehaltung, bei der sie sich nur von harten Gräsern ernährten, ausgezeichnet vertragen. Getreide wurde nicht verfüttert, aber der Ton aus der Umgebung von Alkalisenken, der Salz und andere Minerale enthielt, diente als Pferdefutter. Im Winter wurden den Renn- und Jagdpferden außerdem größere Mengen der inneren Rinde von Pappeln zugefüttert.

Hufbeschlag war nicht üblich. Ein entzündeter Huf allerdings wurde in Mist eingepackt und mit einem Lederstiefel geschützt, ein Verfahren, das auch heute noch angewendet wird. Die Medizinmänner, die sowohl für Menschen als auch für Tiere zuständig waren, verwendeten in ihren Präparaten eine Vielzahl von Kräutern.

Es wurde mit Sicherheit selektiv gezüchtet, und das Endprodukt, das zähe

Indianerpony, war ein sehr nützliches Tier – widerstandsfähig, ausdauernd, trittsicher und sehr schnell. Um die Mitte des achtzehnten Jahrhunderts wurde es von Anthony Hendry als in einheitlichem Typ stehendes, ungefähr 145 Zentimeter großes, fügsames, lebhaftes und gut durchgezüchtetes Tier beschrieben. Diese Ponys waren nicht hübsch, denn sie hatten meist ziemlich gewöhnliche Köpfe, aber sie waren schneller und zäher als die größeren Pferde, die von der amerikanischen Kavallerie geritten wurden.

Sie stammten von den frühen Pferden ab, die die Spanier eingeführt hatten und die mit dem Blut einheimischer spanischer Pferde auch Berberblut führten. Diese spanischen Pferde, die später allgemein Andalusier genannt wurden, hatten einen großen Einfluß auf die Pferdepopulation der Welt, ebenso wie die Araber und später die Vollblüter. Inzucht, Klimawechsel und die verlangte harte Arbeit hatten zur Folge, daß die Indianerponys in Größe und Qualität nachließen, doch ihre ererbte Konstitution verloren sie nicht. 1867 schrieb Colonel de Trobriand von der amerikanischen Kavallerie: «Zwischen Sonnenaufgang und Sonnenuntergang kann das Indianerpony eine Strecke von 100 bis 130 Kilometern zurücklegen, ohne eine Rast zu benötigen, während die meisten unserer Pferde bereits nach 50 bis 65 Kilometern völlig erschöpft sind.»

Die begabtesten Züchter waren die Nez-Percé-Indianer, die im Nordosten Oregons, im Südosten Washingtons und im angrenzenden Idaho lebten. Sie folgten strengen Zuchtregeln und brachten Pferde hervor, die nicht nur an der Farbe des Fells eindeutig zu erkennen waren. Im Winter wurden die Tiere in die geschützten Täler der Flüsse Snake, Clearwater und Palouse getrieben. Dem Gebiet um den Palouse River, das bald allgemein Palouse Country genannt wurde, verdanken die Pferde ihren Namen. Aus dem Palouse-Pferd wurde allmählich Apalousie und schließlich Appaloosa.

Um 1877 hatte die amerikanische Regierung beschlossen, die Indianer von ihren angestammten Landstrichen zu vertreiben und in Reservationen anzusiedeln. Die Nez Percés beugten sich diesem Befehl jedoch nicht und setzten sich gegen die Armee zur Wehr. Unter Führung ihres Häuptlings Joseph versuchten sie, über die fast 3000 Kilometer entfernte Grenze nach Kanada zu gelangen, und überwanden dabei einen der gebirgigsten Landstriche des Westens. Sie hielten den Missouri für die Grenze und wurden in den Bear Paw Mountains von Montana von den Truppen gestellt. Da sie nur noch 87 Krieger hatten, von denen 40 verwundet waren, mußten sie sich schließlich ergeben. Statt die Indianer als ehrenvolle Gegner zu behandeln, schlachteten die Soldaten die Herden der Indianer systematisch ab. Damit starb die Rasse der Appaloosas praktisch aus.

Über sechzig Jahre später, im Jahre 1937, gründete Claude Thompson aus Moro in Oregon einen Verein zur Rettung jener Pferde, die von dieser berühmten Rasse übriggeblieben waren. Heute zählt der Appaloosa in Amerika zu den beliebtesten Pferden (es gibt dort ungefähr siebzigtausend eingetragene Appaloosas), und er erfreut sich auch in Großbritannien steigender Beliebtheit.

Der Name Appaloosa mag neueren Datums sein, doch die Rasse selbst gab es schon in der Antike. Abbildungen von Pferden mit dem charakteristisch gefleckten Fell, die bis zu zwanzigtausend Jahre alt sind, fanden sich auf den Wänden eiszeitlicher Höhlen in Europa. Auch in der chinesischen Kunst aus der Zeit um 500 v.Chr. kommen diese Pferde häufig vor, und in der persischen Kunst des vierzehnten Jahrhunderts tauchen sie ebenso auf wie auf Gemälden aus dem siebzehnten und achtzehnten Jahrhundert. Sie fanden sich unter den stolzen spanischen Pferden, den vom Adel so bewunderten Andalusiern; auch die frühen Lipizzaner der Spanischen Hofreitschule hatten oft ein geflecktes Fell. Der amerikanische Appaloosa stammt von früh aus Spanien eingeführten Pferden ab, möglicherweise sogar von den beiden Pintos, die Cortés nach Mexiko mitbrachte.

Letzten Endes hinterließ die Zeit der Pferdekultur kein Vermächtnis an die überhastete, vorwärtsstrebende Gesellschaft, die sich in Amerika schließlich herausbildete und mit der sie nicht das geringste gemein hatte. Möglicherweise verhinderte indes das Vorhandensein der berittenen Prärieindianer eine weitere Ausdehnung der spanischen Herrschaft nach Norden. Übrig blieb nur eine Legende (die in den meisten Westernfilmen schrecklich verzerrt wird) und ein interessantes Studiengebiet für Ethnologen.

Fast parallel dazu hatte sich auch in Südamerika eine Pferdekultur entwikkelt, wo spanische Siedler Pferde in der Pampa und in Patagonien einführten. Die südamerikanischen Stämme wurden dadurch fast ebenso beeinflußt wie die Prärieindianer; sie gaben ihr Leben als Kleinbauern auf, um nomadische Reiter zu werden. Das Pferd erleichterte ihnen die Jagd auf den südamerikanischen Ebenen. Außerdem machte es die Stämme beweglicher und erlaubte ihnen, mehr Besitztümer anzusammeln, die auf Pferden wesentlich leichter transportiert werden konnten.

Die südamerikanischen Indianer waren nicht so geschickte Pferdehalter wie ihre nördlichen Vettern. Sie waren nie Pferdezüchter, sondern verließen sich für ihren Nachschub auf die spanischen Siedlungen, die sie häufig überfielen, um sowohl Pferde als auch Rinder zu erbeuten. Es hieß, daß ein Mann von einem einzigen derartigen Raubzug mit vierhundert Pferden zurückkehren konnte.

Wie die Pferdekultur des Nordens war auch die südamerikanische Version nicht von langer Dauer. Überreste finden sich noch auf den Farmen im spanischen Stil, auf denen auch heute noch Gauchos gebraucht werden. In unserer Zeit werden in Südamerika die besten Poloponys gezüchtet, und Argentinien ist seit den 1930er Jahren führend im Polo, einer Sportart, die 1877 von den Engländern dort eingeführt wurde.

Die amerikanische Viehindustrie geht auf die spanischen Siedler zurück, die eine lange Tradition der Rinderhaltung in die Neue Welt mitbrachten. Die ersten Rinderfarmen entstanden in Mexiko und Argentinien. Zuerst wurden die Rinder nur wegen ihres Leders gehalten, doch im neunzehnten Jahrhundert bewirkten die steigenden Bevölkerungszahlen und die fortschreitende Industrialisierung in Europa wie in Amerika eine starke Nachfrage nach Rindfleisch. Aus diesem Grund breiteten sich die Rinderfarmen rasch über den Westen der Vereinigten Staaten aus, und Argentinien wurde zum Hauptlieferanten von Rindfleisch für Großbritannien und andere europäische Länder.

Der Betrieb von Rinderfarmen war nur mit dem Einsatz zahlloser Pferde möglich. Die Rinderfarmen sind untrennbar mit dem Mythos vom Wilden Westen verbunden, der zuerst von Schriftstellern geschaffen wurde und dann in Hollywood der Unterhaltungsindustrie unerschöpflichen Stoff lieferte. Die Westernfilme machten den Cowboy in einer sehr romantisierten Form zum Volkshelden, zur Zentralfigur in moralisierenden Geschichten, in denen es noch echte Werte gab und der Held stets den Sieg des Guten über das Böse symbolisierte. Der Westernfilm, der selbst in so fernen Ländern wie Japan und Finnland großen Anklang fand und oft nachgeahmt wurde, wurde zu einem der großen Phänomene des zwanzigsten Jahrhunderts, das auch heute noch einen gewissen Reiz ausübt. Die Wirklichkeit war natürlich weit weniger romantisch und keineswegs heldenhaft.

Das Pferd war nicht nur für die Viehzüchter von entscheidender Bedeutung. Auch die Eisenbahnen hingen zum großen Teil vom Einsatz der Pferde ab. Sie transportierten Güter und Baumaterialien zu den zum Teil Hunderte von Kilometern entfernt liegenden Endstationen, und im Umkreis des Streckenverlaufs entstand ein gewaltiges Kommunikations- und Transportsystem, bei dem Tausende von Pferden eingesetzt wurden.

Der Kommunikation diente auch der legendäre Pony Express, der zwischen Missouri und San Francisco Post beförderte. Die Heldentaten der Pony Express-Reiter begeisterten die zeitgenössischen Amerikaner und drangen schließlich als Symbole des Pioniergeistes ins Herz der amerikanischen Legende vor.

«Das größte Unternehmen der modernen Zeit» war eine Erfindung von William H. Russell, dem «Napoleon der Prärie». Im April 1860, noch vor der Einrichtung des Telegraphen, nahm der Pony Express seine Arbeit auf. Eine Reihe von Männern beförderte die Post über Teilstrecken durch Gebiete, in denen oft noch feindselige Indianer lebten, wobei jeder Reiter fast 100 Kilometer so schnell zurücklegte, wie sein Pony laufen konnte. Die Route führte von St. Joseph in Missouri durch Kansas, Nebraska, Colorado, Wyoming, Utah und Nevada nach Sacramento in Kalifornien – eine Strecke von 3165 Kilometern, die vierhundert Ponys in zehn Tagen bewältigten.

In den Zeitungen der Grenzgebiete ließ Russell Anzeigen mit folgendem Wortlaut erscheinen: «GESUCHT – junge, schlanke, drahtige Burschen, nicht über 18. Müssen erfahrene Reiter sein und gewillt, täglich den Tod zu riskieren. Waisen bevorzugt».

Es meldeten sich viele, und die Auserwählten – die zuerst schwören mußten, daß sie nie fluchen, sich betrinken, spielen, ihre Pferde schlecht behandeln und die Rechte anderer, ob Weißer oder Indianer, verletzen würden – bekamen eine Bibel, zwei Revolver und ein Gewehr.

Eine Zeitlang gab es hundert Reiter, vierhundert Pferde, 190 Relaisstationen und vierhundert Mitarbeiter an den Stationen. Den schnellsten Ritt machte «Pony Bob» Haslam im März 1861, der die Post auf den 193 Kilometern zwischen Smith's Creek und Fort Churchill, Nevada, in nur acht Stunden und zehn Minuten beförderte. Das war eine bewundernswerte Ausdauerleistung, denn Haslam, dessen Ablösung getötet worden war, legte mit einem durch einen Indianerpfeil gebrochenen Kiefer und einer Schußwunde im Arm insgesamt 612 Kilometer zurück.

Der Pony Express bestand kaum zwei Jahre, als die Firma Russell, Majors & Wadell wegen der finanziellen Verluste, die sie erlitten hatte, den Dienst einstellte. Der Pony Express hatte jedoch die praktischste Route herausgefunden – eine Route, der zum Teil auch die berühmten Wells Fargo-Postkutschen folgten. Russell selbst starb 1934 hochbetagt in Kalifornien.

Wells Fargo war die Niederlassung des Pony Express in San Francisco gewesen und wurde zum größten und verläßlichsten Transportunternehmen des Westens und zu einer eigenständigen Legende. Die 1852 gegründete Gesellschaft beförderte nicht nur riesige Goldmengen, sondern auch Post und Passagiere. Die Firma war groß genug, um eigene Schutzleute zu beschäftigen, und in den abgelegenen Gebieten des Westens waren die bewaffneten Begleiter der Postkutschen oft die einzigen, die das Gesetz aufrechterhielten.

Dies war die Pionierzeit, doch schon wenig später – in manchen Gegenden auch schon früher – setzte das Wachstum der amerikanischen Landwirtschaft und der Aufschwung der gesamten Wirtschaft ein. Der Einsatz von Pferden war für beide von entscheidender Bedeutung. In den 60er Jahren des neunzehnten Jahrhunderts gab es in Amerika etwa sieben Millionen Pferde. Bis 1914 stieg der Pferdebestand auf fünfundzwanzig Millionen an, und im Jahre 1900 waren allein die amerikanischen Weizenanbaugebiete anderthalbmal so groß wie die gesamte landwirtschaftliche Nutzfläche Großbritanniens.

Diese Millionen von Hektar wurden von Pferden bestellt und abgeerntet. Sie zogen riesige Maschinen, die in Amerika schon um 1840 erfunden worden waren. 1890 waren fünfzehn Tonnen schwere und bis zu zwölf Meter breite, von Pferden gezogene Mähdrescher weit verbreitet, und für jeden waren sechs Mann als Bedienung erforderlich. Ein einzelner Farmer spannte oft 36 Pferde vor seine Egge oder Sämaschine. Auf den Prärien gab es vier- und fünfscharige Pflüge, die «Pferdemörder» genannt und von bis zu acht Pferden gezogen wurden. Das Pferd hatte zur Schaffung eines Brotkorbs für die Welt beizutragen. In den Südstaaten wurden für viele Zwecke Maultiere verwendet, sowohl in der Landwirtschaft als auch in den Städten. Hatte es 1850 in den Vereinigten Staaten 559000 Maultiere gegeben, so verzeichnete man 1920 schon 5432000, wesentlich mehr als in jedem anderen Land der Welt. Maultiere wurden und werden hauptsächlich wegen ihrer Widerstandsfähigkeit und Langlebigkeit eingesetzt. Außerdem sind sie billiger in der Haltung und vertragen Hitze besser als Pferde.

**Der südamerikanische Gaucho ist der Nachkomme des spanischen *peón*.**

**Der Pony Express schuf sich seine eigenen Helden.**

Obwohl der legendäre Pony Express nur zwei Jahre bestand, fand er doch die praktischste Route quer durch die Vereinigten Staaten von Missouri nach Kalifornien.

Um 1940 waren fast alle Pferde durch Traktoren ersetzt worden, was ungefähr zwanzig Millionen Pferde überflüssig machte. Damit wurden fast 32,4 Millionen Hektar Land frei, die bisher zum Anbau von Pferdefutter genutzt worden waren. Es gibt aber auch eine Gegenrechnung. Pferde brauchen zwar Futter, aber Traktoren brauchen Treibstoff, und der kostet ebenfalls Geld. Die Landwirtschaft ist heute in den Vereinigten Staaten der größte Ölverbraucher. Bisher hat noch niemand untersucht, was wirtschaftlicher ist – das Pferd oder der Traktor. Wahrscheinlich schnitte das Pferd dabei gar nicht so schlecht ab. Traktoren arbeiten zwar schneller, aber sie verschmutzen die Luft und können sich nicht reproduzieren. Pferde dagegen bringen immer wieder Pferde hervor, und ihr Mist düngt das Land, von dem sie leben, und macht Kunstdünger überflüssig.

Die Pferde schufen aber auch Umweltprobleme. Um die Jahrhundertwende produzierte der Pferdebestand von New York genug Mist, um einen 53 Meter hohen Haufen zu bilden, der eine Fläche von 0,4 Hektar bedeckte und in dem sechzehn Milliarden Fliegen ausgebrütet wurden. Die Straßen waren mit Kot und Urin verschmutzt, es gab nicht genug Ställe und auch nicht genug Möglichkeiten, alte und schwache Tiere zu verwerten.

In Europa war die Situation ähnlich. Bis 1939 gab es auf den britischen Farmen 650000 Pferde, die ungefähr siebzig Prozent der insgesamt zur Verfügung stehenden Zugkraft stellten. Um die Jahrhundertwende arbeiteten in englischen Städten mehr Pferde als auf dem Land. In den 1890er Jahren gab es allein auf den Straßen Londons 150000 Pferde.

Diese Unmenge von Pferden löste eine Krise aus. Es wurden Beschwerden eingelegt wegen der Verstopfung und dem Chaos auf den Straßen, der Zerstörung des Straßenbelags unter den Tausenden von beschlagenen Hufen und natürlich wegen der mangelhaften Beseitigung des Pferdemists. In jedem Jahr mußten fünf- bis sechshundert Millionen Tonnen abgefahren werden. Die britische Landwirtschaft schaffte es, dieses Heer von Pferden zu ernähren, allerdings nur mit Hilfe von Heu aus Argentinien und Hafer und Gerste aus den USA und Kanada. Endgültig gelöst wurden die Probleme erst mit der Erfindung des Verbrennungsmotors.

Wenn der ursprüngliche Einfluß auf das amerikanische Pferd aus Spanien kam, so war der andere, aus dem Norden kommende, überwiegend englisch. Diese beiden Faktoren sind für die Vielzahl von Pferderassen auf dem amerikanischen Kontinent verantwortlich. Die frühen Kolonisten spalteten sich schon früh in landbesitzende Südstaatler, die versuchten, das Leben des berittenen Landadels fortzuführen, und die eher auf Gleichheit bedachten Nordstaatler mit ihren puritanischen Ansichten. Schließlich prallten diese beiden Lebensformen im Amerikanischen Bürgerkrieg aufeinander, doch beide hatten eine Vielfalt von Pferderassen geschaffen, die auf der Welt nicht ihresgleichen findet, auf dem Sektor der Kaltblutzucht unterstützt von Kolonisten, die holländische, deutsche und sogar schwedische und finnische Enklaven gebildet hatten.

Die Engländer, begeisterte Anhänger von Pferderennen und Jagden, brachten 1629 Pferde in die Massachusetts Bay Colony mit; schon einige Jahre früher waren irische Pferde nach Virginia eingeführt worden. Die erste Rennbahn wurde 1666 in der Nähe des heutigen Belmont Park von Richard Nicolls auf Long Island eingerichtet, der Neuamsterdam (heute New York) den Holländern abnahm und der erste Gouverneur der Stadt wurde. Sein Anliegen war «die Verbesserung der Pferdezucht» nach dem Vorbild des Englischen Rennpferds, das zu jener Zeit den Namen und den Status des Englischen Vollbluts erst noch erringen mußte. Doch bereits ein Jahrhundert später übte das Englische Vollblut den Haupteinfluß auf die amerikanische Zucht aus.

Der spanische Einfluß manifestiert sich in den Farbzuchten der USA, zum Beispiel in dem goldenen Palomino und dem gefleckten Appaloosa, vor allem jedoch in den amerikanischen «Mehrgangpferden». An erster Stelle unter ihnen stand der inzwischen ausgestorbene Narragansett Pacer, der seinen Namen nach der Narragansett Bay auf Rhode Island erhielt, von wo aus diese Pferde in großer Zahl auf die westindischen Plantagen verschifft wurden.

Die alten töltenden oder paßgehenden Rassen Großbritanniens gerieten in Vergessenheit, nachdem Karl II. den Rennsport wieder populär gemacht hatte. Viele der besten Paßgänger, die oft spanische Vorfahren in ihren Papieren hatten, gelangten nach Nordamerika, vor allem nach Neuengland. Aus Kreuzungen zwischen ihnen und spanischen Pferden aus dem Süden war die Rasse des Narragansett Pacer entstanden, die besonders bei den Landbesitzern dieses Gebiets beliebt war.

Der Narragansett Pacer verschwand wieder, nachdem er seinen Beitrag zur Entstehung des besten amerikanischen Trabrennpferdes, des Standardbred, und ein oder zwei weiterer Rassen geleistet hatte. Der Standardbred entwikkelte sich aus einer Mischung von Narragansett- und Morganblut mit einer starken Einkreuzung von Vollblütern. Die Standardbreds – oder zumindest

In der zweiten Hälfte des neunzehnten Jahrhunderts war der Einsatz von Pferden ein entscheidender Faktor für das Wachstum der amerikanischen Landwirtschaft.

**Die schnellste der modernen Traberrassen ist der u.a. vom Norfolk Trotter abstammende amerikanische Standardbred.**

90 Prozent von ihnen – stammen von Hambletonian 10 (Rysdyk's Hambletonian) ab, der 1840 geboren wurde und der Rasse seine überragende Trab- und Paßgangveranlagung vererbte. Er war ein Urenkel von Messenger (1780) und zeugte zwischen 1851 und 1875 1325 Fohlen. Messenger stammt von Mambrino, einem bemerkenswerten Traber, der in direkter Linie mit Darley Arabian verwandt ist.

Trabrennen ziehen auch heute noch ebensoviel Publikum an wie Flachrennen, und es gibt in den USA über achthundert Rennbahnen. In Großbritannien ist der Trabrennsport nicht sonderlich populär, doch hat er in anderen europäischen Ländern viele Anhänger, bei denen der Standardbred besonders beliebt ist.

Das beste Mehrgangpferd Amerikas ist das American Saddle Horse, das früher Kentucky Saddle Horse genannt wurde. Ursprünglich war es ein reines Gebrauchspferd, das von den Farmern Kentuckys wegen seiner bequemen Gänge und seines einzigartigen Aussehens geschätzt wurde. Auf Schauveranstaltungen werden die Saddle Horses heute in drei oder fünf Gangarten und auch vor dem Wagen vorgeführt. Die Dreigänger zeigen ihren charakteristischen Schritt, Trab und Canter (versammelter Galopp) und die Fünfgänger werden auch im Slow Gait oder Stepping Pace (eine Art Paß im Zweitakt) und im Rack (dieselbe Gangart, nur beschleunigt) vorgestellt.

Die anderen amerikanischen Mehrgangpferde, die für den täglichen Inspektionsritt auf den Farmen gezüchtet wurden, sind der Tennessee Walker, der wegen seiner Fähigkeit, sich zwischen Pflanzenreihen zu bewegen, ohne etwas zu beschädigen, auch «Turn-Row» (Reihenwender) genannt wurde, und der Missouri Foxtrotter, der sich um 1820 in den Ozark Hills von Missouri entwickelte. Der erstere zeichnet sich durch seinen äußerst bequemen «running walk» aus, während der letztere beim «fox trot» mit der Vorhand galoppiert und mit der Hinterhand im Trab oder Paß geht. Beide entstanden aus einem Gemisch von Rassen, wobei beim Tennessee Walker und beim Saddle Horse zu Anfang der Narragansett Pacer im Vordergrund stand. Die Stammväter der Missouri Foxtrotter waren der Vollblüter Denmark (1839) und sein Sohn Denmark 61 von einer paßgehenden Stute.

Das in Amerika am häufigsten vorkommende Pferd ist das Quarter Horse. Über achthunderttausend von ihnen sind allein in den USA bei einem Zuchtverband eingetragen, der zweihundert Angestellte beschäftigt und der größte der Welt ist. Das Quarter Horse ist das für die Arbeit mit Rindern am besten geeignete Pferd, obwohl es aus den Kolonien von North und South Carolina und Virginia an der Atlantikküste stammt. Es entwickelte sich aus Kreuzungen zwischen importierten Vollblütern und spanischen Pferden und erhielt seinen Namen nach der außergewöhnlichen Geschwindigkeit, mit der es eine Rennstrecke von einer Viertelmeile (quarter mile) hinter sich bringt. Frühe Siedler veranstalteten mit diesen Pferden Rennen über unebenes Gelände oder sogar auf den Hauptstraßen ihrer Dörfer, die selten länger als eine Viertelmeile (402 Meter) waren. Bei ihrem späteren Einsatz im Westen entwickelten die

Quarter Horses einen unheimlichen «cow-sense» und konnten Rinderherden ebensogut zusammenhalten wie ein Schäferhund eine Schafherde. Heute ist das Quarter Horse ein weitverbreitetes Freizeitpferd, ein Rodeo-Star und Rennpferd. Das All-American Futurity Stakes für Quarter Horses gehört mit einer Siegesprämie von mehr als 600000 Dollar zu den höchstdotierten Rennen der Welt.

Weniger bekannt, aber trotzdem Teil der amerikanischen Legende, ist das Morgan Horse, das sowohl als Reit- wie auch als Wagenpferd verwendet wird. Ungewöhnlich ist, daß die gesamte Rasse von einem einzigen Hengst abstammt. Er hieß zuerst Figure, wurde jedoch später nach seinem zweiten Besitzer, dem Lehrer Justin Morgan aus Vermont benannt. Die Abstammung des Pferdes ist unbekannt; die wahrscheinlichste Theorie ist, daß Welshblut in seinen Adern floß – vielleicht ein Welsh Cob, veredelt durch etwas Vollblut oder Araberblut. Auf jeden Fall stammte der Hengst aus einer Gemeinde von Walisern in einer Gegend, in die auch Welsh Cobs eingeführt wurden.

Morgan bekam den Hengst um 1795, und obwohl dieser nur etwa 145 Zentimeter groß war, verlor er nie ein Rennen unter dem Sattel oder im Geschirr und versagte auch nie bei einer der schweren Zugleistungsprüfungen, an denen er teilnahm. Außerdem war dieses tapfere kleine Pferd ein unermüdlicher Arbeiter; es wurde zum Roden, im schweren Zug und vor dem Pflug eingesetzt und erfüllte zudem noch seine Pflichten als Deckhengst. Zur Erinnerung an ihn wurde an der Universität von Vermont ein Denkmal aufgestellt.

Die amerikanischen Kaltblutrassen stammen hauptsächlich von den schweren Belgiern ab; es gibt in den USA aber auch viele Percherons. Heute finden sich in Amerika außerdem viele importierte Rassen und der größte Bestand der Welt an Arabischen Pferden.

In Südamerika gibt es zwei bemerkenswerte Pferderassen, die sich aus den spanischen Pferden entwickelten. Es sind der peruanische Paso mit natürlichen lateralen Gangarten und der zähe argentinische Criollo, der von spanischen Pferden abstammt, die viel Berberblut führten. Die Argentinier haben den Criollo über einen längeren Zeitraum hinweg durch Zuführung von Vollblut veredelt und so die besten Poloponys der Welt geschaffen.

In den Kohlebergwerken der USA wurden nie Ponys verwendet, anders als in Großbritannien, wo bis 1971 Tausende von ihnen ihr Leben in den Stollen untertage verbrachten. Allerdings gibt es in den USA Farmen, auf denen Pferde für medizinische und kosmetische Zwecke gehalten werden. Das Produkt vieler solcher Farmen ist der Urin tragender Stuten, aus dem Östrogen für die Herstellung von Antibabypillen gewonnen wird.

Gibt es hier eine Moral, wenn auch eine verborgene?

**Oft wird vermutet, die Bezeichnung «Quarter» (Viertel) beziehe sich auf die Abstammung des Quarter Horse, doch in Wirklichkeit kommt dieser Name von der Renndistanz, für die diese Pferde ursprünglich gezüchtet wurden.**

# Das Pferd in der Manege

*Kapitel 11*

Wir verließen Europa zu Beginn der Renaissance. Im sechzehnten Jahrhundert hatte die Erfindung des Langbogens und später des Schießpulvers und der Feuerwaffen den schwergepanzerten mittelalterlichen Ritter und sein ähnlich geschütztes, schwerfälliges Pferd zu einem Anachronismus auf den Schlachtfeldern Europas werden lassen. Doch es waren der Ritter und seine Bewegungen in der Schlacht, die einen Teil der Inspiration für die Schulreiterei in der Renaissance lieferten, einer Reiterei, die später als «klassische Reitkunst» bezeichnet wurde.

Nichts symbolisiert die großartige Wiederauferstehung des klassischen Erbes in der Renaissance, einem neuen Zeitalter der Hoffnung und grenzenlosen Wißbegier, deutlicher als die prachtvollen Pferde an der Fassade der Basilika von San Marco in Venedig. Diese Gruppe, bei der sich eine außerordentliche Leichtigkeit und Eleganz mit Stärke und Beweglichkeit verbindet, soll von dem griechischen Bildhauer Lysipp geschaffen worden und im fünften Jahrhundert von Chios nach Konstantinopel gelangt sein. 1204 wurde sie nach Venedig gebracht. Einige Experten sind allerdings der Ansicht, daß das Kunstwerk nicht von Lysipp stammt, sondern die römische Kopie einer griechischen Skulptur aus dem dritten oder vierten Jahrhundert ist. Die Pferde bestehen nicht aus Bronze, sondern aus einer Mischung von Kupfer, Silber und Gold, die es erlaubte, die Struktur des Pferdefells zu variieren. Die einzigartige Verschmelzung von Naturtreue und Schönheit verkörpert den Geist des Europas der Renaissance und scheint die Verbindung herzustellen zwischen dem byzantinischen Griechenland, der römischen Kunst und dem neuen Realismus.

Das neuerwachte Interesse an der klassischen Antike führte auch zur Wiederentdeckung der Schriften Xenophons, die begeistert aufgenommen, ausgiebig studiert und als Grundlage für Diskussion und Ausbildung verwendet wurden.

Man soll aber nicht glauben, daß es, bevor die Reiter der Renaissance auf Xenophons Anleitungen zurückgriffen und sie weiterführten, keine systematische Methode der Pferdeausbildung gegeben hätte. Diese Reiter ließen sich zwar von Xenophon inspirieren, erweiterten und verbesserten aber gleichzeitig ein System, das bereits existierte, wenn auch nur wenig davon schriftlich festgehalten worden war.

Die mittelalterlichen Ritter waren vielleicht nicht sehr geschickt im Umgang mit Schreibgeräten, aber sie waren fähige, teilweise sogar hervorragende Reiter. Sie ritten mit einer Hand und mußten schon aus diesem Grund das Prinzip der treibenden Hilfen verstanden haben, die nicht nur dazu dienten,

**Im Europa der Renaissance galt das Reiten als eine der grundlegenden Fertigkeiten jedes Edelmannes. Das Pferd spielte nun eine neue Rolle als Partner in einer Kunstform, die mit Tanz und Musik gleichgesetzt wurde.**

**Die Spanische Hofreitschule und das Cadre Noir sind die letzten Hochburgen der klassischen Reitkunst.**

das Pferd voranzutreiben, sondern auch, es geradezurichten und seine Hinterhand vor einer Wendung unter den Schwerpunkt zu bringen.

Die Pferde mußten gehorsam und wendig sein, vor allem wenn es zum direkten Kontakt mit feindlichen Fußsoldaten kam, die es darauf anlegten, den Reiter vom Pferd zu reißen, aber auch bei einem Gefecht mit anderen Reitern; und das verlangte eine Reiterei von hohem Standard.

Viele der von den Kriegspferden verlangten Bewegungen hatten die Aufgabe, das Fußvolk auf Distanz zu halten. Diese Bewegungen bilden die Grundlagen für die sogenannten «Schulen über der Erde»; darunter sind Lektionen, bei denen das Pferd steigt, springt oder ausschlägt, die noch heute in der Spanischen Hofreitschule in Wien und beim Cadre Noir in Saumur geritten werden.

Inwieweit und mit welcher Präzision der mittelalterliche Ritter seinem Pferd diese «Schulen» beibrachte, läßt sich nicht genau sagen. Mit Sicherheit können die heute an der vierhundert Jahre alten Spanischen Hofreitschule vorgeführten Lektionen nicht als exakte Wiedergabe der Bewegungen eines Ritterpferds verstanden werden. Sie sind höchste Verfeinerungen eines mittelalterlichen Ideals, das vielleicht kaum eine reale Basis hatte. Schon der englische Schriftsteller Thomas Blundeville fragte, wer wohl in einer Schlacht ein Pferd reiten solle, das «auf einem Fleck auf- und abhüpft und tanzt?» (Noch heute gibt es englische Jagdreiter, die angesichts von Dressurprüfungen dieselbe Frage stellen.)

Wie wir wissen, wollte Xenophon zwei Pferdetypen heranziehen: ein nützliches Kriegspferd und ein Paradepferd, auf dem große Männer sich heldenhaft und in ihrem ganzen Staat zeigen konnten. Außerdem wissen wir, daß Xenophon die Paradelektionen Piaffe und Passage kannte und daß diese bei den Panathenäen vorgeführt wurden, den großen Festzügen zu Ehren der Göttin Athene. Diese Bewegungen waren sogar schon früheren Reitern bekannt. Außerdem beschreibt Xenophon die Levade, die auf allen möglichen griechischen Artefakten dargestellt ist. Er kannte auch die Pirouette, die Kurzkehrtwendung auf der Hinderhand, und die Volte, den Kreis, der fast bis zur Pirouette verkleinert werden konnte.

Obwohl es, von einigen Ausnahmen mit unterschiedlicher Glaubwürdigkeit abgesehen, kaum schriftliche Hinweise auf die mittelalterliche Reitweise gibt, da sich die meisten erhalten gebliebenen Handschriften ausschließlich mit Pferdehaltung, Krankheiten, Gebissen und dergleichen befassen, gibt es doch Beweise dafür, daß Pferde im oströmischen (byzantinischen) Zirkus die Piaffe (*tripudium*) vorführten. Die byzantinischen Praktiken überlebten mit Sicherheit in europäischen Wanderzirkussen, und es gibt bildliche Darstellungen, die beweisen, daß mittelalterliche Pferde zumindest einige der «Schulen über der Erde» beherrschten.

Es ist durchaus möglich, daß den mittelalterlichen Kriegspferden beigebracht wurde, auszuschlagen, wenn sie von hinten durch Fußvolk bedrängt wurden. Vielleicht benutzten sie auch etwas wie die Levade als Mittel zur Abschreckung, und falls man das Pferd dazu bringen konnte, aus der Levade ab-

Die wichtigste Gangart der «Paradepferde» war seit der vorchristlichen Zeit die erhabene, kadenzierte Passage, die das heroische Ansehen des Reiters noch vergrößerte.

Kaum merkliche Reiterhilfen lassen das stark versammelte Pferd von der Passage in die Piaffe überwechseln, bei der es energisch dieselben Bewegungen ausführt, ohne sich dabei vorwärts zu bewegen.

Der «Ziegensprung», die schwierigste ‚Schule über der Erde', ist die Capriole, die wie hier ausgeführt werden sollte – mit bewundernswerter Nonchalance im Gesicht des Reiters.

zuspringen (die Grundlage für die heutige Capriole), wäre dies eine heilsame und oft todbringende Erfahrung für jeden Gegner gewesen, der den Fehler begangen hatte, sich direkt vor das Pferd zu stellen. Auch eine ganze oder halbe Pirouette wäre nützlich gewesen, weil sie einen Rundumschlag mit dem Schwert ermöglicht hätte. Es ist zwar ziemlich unwahrscheinlich, daß die letzten der gepanzerten Ritter, diese übergewichtigen Mastodonten, jemals schneller ritten als im Trab, geschweige denn, daß sie Sprünge oder eine flinke Pirouette vollbrachten, aber zu jener Zeit hatte sich bereits etliches geändert.

Im Gegensatz zu den Turnieren und Tjosten diente in der Renaissance das Reiten in der *manège* (aus der schließlich die großartigen barocken Reithallen wurden, die der Adel überall in Europa erbauen ließ) nicht als Training für den Kriegseinsatz. Die gepanzerte Kavallerie spielte im Krieg keine Rolle mehr, und so wurde das Reiten in der *manège* zum Selbstzweck und zur Kunst. Die gehobenen Lektionen perfekt zu reiten, war schwierig und erforderte sehr viel Hingabe, was Dilettanten abschreckte, obwohl es sicher auch von ihnen etliche gab. Diese Art der Reiterei erfüllte jene, die sie ausübten, wie die Ausübung jeder Kunstform sicherlich mit tiefer Befriedigung und bot ihnen Gelegenheit, in bestem Licht zu erscheinen. Ein großer Reitlehrer erklärte mir einmal, beim Reiten gehe es darum, sich und sein Pferd möglichst vorteilhaft darzustellen. «Gib ruhig an», sagte er oft, «aber mit Zurückhaltung – ein guter Reiter ist nie ordinär.»

In der Renaissance war Neapel das Zentrum der Reitkunst, eine Stadt, die Belisar im Jahre 536 für Byzanz zurückerobert hatte. 1134 gründete hier eine byzantinische Truppe eine Reitschule. Ihre Trainingsmethoden und die von ihnen gerittenen Lektionen bezogen sich verständlicherweise auf den Zirkus, und es besteht kein Zweifel, daß die Reitmeister der Renaissance die Tradition der byzantinischen Reiterei aufgriffen, die in Neapel zwischen dem zwölften und dem sechzehnten Jahrhundert aufrechterhalten wurde. Neuerlichen Auftrieb erhielt die Reiterei im fünfzehnten Jahrhundert, als sich Männer, die vor den anrückenden Osmanen aus Konstantinopel geflüchtet waren, in Neapel niederließen.

Schon vor dem sechzehnten Jahrhundert erschienen die Schriften einiger von der byzantinischen Schule inspirierter Autoren. Die meisten von ihnen sind allerdings unbedeutend und ziemlich wertlos. Zwischen 1240 und 1250 schrieb Giordano Ruffo di Calabria sein Werk «Hippiatria» in sizilianischer Sprache; der Senator Pier de Crescenzi aus Bologna, der sich in Neapel niedergelassen hatte, schuf zwischen 1300 und 1309 sein «Opus Ruralum Commodorum»; Lorenzio Rusio, ein Schmiedemeister, schrieb etwa dreißig Jahre später, und Leone Battista Alberti verfaßte 1440 «De Equo Animante», das allerdings erst hundert Jahre später publiziert wurde.

Die Fundamente für ein Zentrum der klassischen Reitkunst waren also bereits gelegt worden, als 1532 der neapolitanische Adlige Federico Grisone eine Reitschule eröffnete, die einmal die berühmteste der Welt werden sollte und einen tiefgreifenden Einfluß auf die Entwicklung der Reitkunst in ganz Europa hatte.

Grisones Lehrmethode basierte sowohl auf Xenophon als auch auf der bestehenden byzantinischen Tradition. Heute gilt Grisone als der erste der klassischen Reitmeister.

Er konnte unter einer Reihe sehr scharfer Gebisse wählen, von denen er einige selbst erfunden hatte. Obwohl sie so stark wirkten, daß sie selbst das dickfelligste Kriegspferd zur Mitarbeit bewegen konnten, bestand Grisone darauf, daß die Empfindlichkeit des Pferdemauls gewahrt bleiben mußte, und er suchte «den sanften, guten Kontakt zum Maul, die Grundlage der gesamten Lehre». Er erhielt dem Pferd sein weiches Maul, indem er es zuerst mit einem Kappzaum ausbildete, der mit Noppen oder sogar Stacheln besetzt sein konnte, um eine unmittelbare Wirkung zu erzielen. Wenn Gehorsam und Balance beim Pferd dann gefestigt waren, wurde das Gebiß eingeschnallt, das zwar sehr scharf wirken konnte, aber nur mit ganz leichter Hand angefaßt wurde.

1550 wurde Grisones Buch «Gli Ordini di Cavalcare» (Die Regeln der Reiterei) von seinem Freund Giovan Paulo Suganappo in Neapel gedruckt. Es wurde zum reiterlichen Bestseller aller Zeiten und löste eine regelrechte Schwemme von Pferdebüchern aus, die bis zum heutigen Tag anhält. Grisones Buch war von Papst Julius III. abgesegnet worden und wurde in nicht weniger als fünf europäische Sprachen übersetzt, darunter auf Befehl von Königin Elisabeth I. ins Englische. Zwischen 1550 und 1600 wurde es achtmal neu aufgelegt, was einen beachtlichen Rekord darstellte.

Das Buch enthält zugegebenermaßen einige schreckliche «Kuren» für widerspenstige Pferde. «Zum Einbrechen junger Pferde werden diese in eine kreisförmige Grube gestellt; besonders hart sei man zu den Empfindlichen und Temperamentvollen; man schlage sie mit einem Stock zwischen die Ohren.» Es werden auch Anweisungen gegeben für den Umgang mit «stätigen» Pferden (die nicht vorwärts gehen, rückwärts gehen oder sich überhaupt nicht vom Fleck bewegen). Erwähnt werden ein Bündel brennendes Stroh, eine Katze oder ein Igel, die unter dem Schweif des Pferdes befestigt werden. Eine andere Methode bestand darin, einen oder zwei Gehilfen mit spitzen Dornen, wütenden, an lange Stäbe gebundenen Katzen oder ähnlichem von hinten an das Pferd herantreten zu lassen. (Ein neapolitanischer Reitlehrer, Vincentio Respini, wegen des widerspenstigen Pferdes des Königs um Rat gefragt, schlug die Verwendung eines Igels zwischen den Hinterbeinen vor. Das funktionierte auch, «aber so sehr, daß der König alle Mühe hatte, die entgegengesetzte Untugend des Durchgehens zu verhindern».)

Ungeachtet dieser Methoden und trotz der scharfen Gebisse mit Stacheln und harten Kanten und der grausamsten Mundstücke betonte Grisone immer wieder die Wichtigkeit des empfindlichen Mauls und machte seinen Lesern klar, daß ein guter Reiter keine harten Maßnahmen nötig habe.

Fast ein Zeitgenosse von Grisone war Cesare Fiaschi, der seine Reitschule in Ferrara zwei Jahre später eröffnete. 1556 erschien sein Buch «Trattato dell'Imbrigliare, Maneggiare e Ferrare Cavalli» (Abhandlung über Zäumung, Pflege und Hufbeschlag bei Pferden). Im Beschlagen von Pferden war Fiaschi die größte Autorität seiner Zeit und wurde erst in der zweiten Hälfte des achtzehnten Jahrhunderts übertroffen. Er unterschied sich insofern von den anderen, als er bei der Ausbildung und beim Reiten der Pferde Musik als Hilfsmittel einsetzte. «Ohne Takt und Maß» konnte seiner Meinung nach nichts erreicht werden. Über diese Theorie kann man streiten, und obwohl Musik sicherlich keine anerkannte Ausbildungshilfe ist, stimmt es doch, daß der portugiesische Meister Nuno Oliveira seine Pferde zu Musik aus großen Opern reitet.

Die Methoden des sechzehnten Jahrhunderts waren oft außerordentlich brutal, aber man muß bedenken, daß die Pferde, die Grisone zur Verfügung standen, Überbleibsel einer früheren Ära waren – schwere, gewöhnliche Pferde, die dazu gezüchtet worden waren, Ritter und ihre Rüstungen zu tragen. Damit diese elefantösen Kreaturen die versammelten Gangarten der *manège* zeigen konnten, war es nötig, ihr Gewicht auf die Hinterhand zu verlagern, so daß die Vorhand entlastet wurde und gehoben werden konnte. Dies wurde durch die mechanischen Kräfte des Gebisses ermöglicht, die das Pferd zwangen, den Kopf vor der Brust zu tragen, und es buchstäblich auf die Hinterhand zogen. Gleichzeitig wurden die Hinterbeine durch spitze Sporen und zum Teil auch durch Helfer am Boden zum Tragen angeregt.

Bevor das Pferd die «Schulen über der Erde» ausführen konnte, mußte es versammelt werden, mit weit unter dem Körper stehenden Hinterbeinen, hoch getragenem Hals und im Genick stark abgebeugtem Kopf. Je tiefer die Senkung der Kruppe, desto weniger Gewicht hatten die Vorderbeine zu tragen, was die Sprünge, die die Höchstleistung in der *manège* darstellten, natürlich erleichterte. Um diese Sprünge zu erreichen, vor allem den schwierigsten von ihnen, die Capriole, bei der das Pferd hochspringt und in der Luft ausschlägt, wurden Sporen und Gerte energisch eingesetzt; außerdem wurde dem Pferd das Mezair beigebracht, bei dem es die Vorderbeine wiederholt vom Boden löst und gewissermaßen «halbhoch» steigt.

In dieser Reitschule des Zwanges wurde oft auf scharfe Gebisse zurückgegriffen, ein Verständnis dagegen für die Mentalität des Pferdes, das schon Xenophon eindringlich gefordert hatte, wurde bestenfalls vorgetäuscht und größtenteils völlig ignoriert. Seltsamerweise sahen diese frühen Meister, die bemerkenswerte Erfolge erzielten, im Pferd ein Untier, während sie ihm gleichzeitig eine Intelligenz zuschrieben, die es gar nicht besaß. Die Unfähigkeit, eine Bewegung auszuführen oder zu verstehen, was verlangt wurde, betrachteten sie als Beweis für eine Widerspenstigkeit, die ausgetrieben werden mußte. Das Hauptgewicht lag auf dem Brechen des Widerstandes durch die «Korrektur». Gelobt wurden die Pferde durch Streicheln oder durch das Ausbleiben von Strafe.

Das Streben nach Fortschritten in der klassischen Reitkunst führte zur Zucht und Verwendung von besseren, leichteren und durchlässigeren Pferden. Von 1504 bis 1713 stand Neapel unter spanischer Herrschaft, und von der Mitte des sechzehnten Jahrhunderts an wurde mehr und mehr das weit überlegene Spanische oder Andalusische Pferd verwendet. Diese edle Rasse wurde zum Eckpfeiler der klassischen Reitkunst.

Der Andalusier mit seinem wundervollen Körperbau macht viel her und ist lebhaft und temperamentvoll, hat aber trotzdem eine freundliche und unterwürfige Natur. Er trägt Kopf und Hals von Natur aus hoch und setzt, auch von Natur aus, die Hinterbeine weit unter den Schwerpunkt. Er war das Luxusdressurpferd *par excellence*, und es kann nur eine Modelaune sein, die ihm heutzutage den Zugang zu Dressurprüfungen verwehrt – das, und vielleicht auch die außergewöhnliche und hohe Aktion der Vorhand. Die Andalusier «bügeln» nämlich, indem sie ihre Vorderhufe in der Luft halbkreisförmig schwingen, bevor sie wieder aufsetzen. In Spanien ist diese Aktion hoch geschätzt, aber in anderen Ländern wie zum Beispiel Großbritannien unerwünscht.

Der Andalusier kam mit den Konquistadoren nach Nord- und Südamerika und trug dort zur Entstehung zahlreicher Pferderassen bei. In Europa war er an der Entstehung des dänischen Frederiksborgers, des Neapolitaners und des österreichischen Kladrubers beteiligt. Auch einige der britischen Pferderassen hat der Andalusier beeinflußt, vor allem den Cleveland Bay, den Hackney, das irische Connemara Pony und vermutlich auch den Welsh Cob.

Direkt mit dem Andalusier verwandt sind die Lipizzaner der Spanischen Hofreitschule. Das Gestüt Lipizza, das dem Lipizzaner seinen Namen gab, liegt in der Nähe von Triest, das damals zu Österreich gehörte. Es wurde 1580 von Erzherzog Karl gegründet, nachdem sein Abgesandter, Freiherr von Khevenhiller, mit neun Hengsten und vierundzwanzig Stuten aus Spanien zurückgekehrt war.

Von Zeit zu Zeit wurde fremdes Blut zugeführt, und im achtzehnten und neunzehnten Jahrhundert waren sechs Hauptzuchtlinien entstanden. Sie stammen von dem Schimmel Pluto ab, einem 1765 geborenen reinen Andalusier, der aus dem königlich-dänischen Gestüt Frederiksborg kam; dem Rappen Conversano, einem 1767 geborenen Neapolitaner (eine Rasse, die direkt von spanischen Pferden abstammt); dem Falben Favory, der 1779 geboren wurde und aus dem Gestüt Kladrub kam; dem Braunen Neapolitano, Geburtsjahr 1790, aus Polesina, Italien; dem Araberschimmel Siglavy, 1810 geboren, und dem Schimmel Maestoso, der 1819 im Gestüt Mezöhegyes in Ungarn geboren wurde und von einer spanischen Stute und einem Neapolitaner-Hengst abstammte.

Diese Linien werden noch heute weitergeführt. Von gelegentlichen Ausnahmen abgesehen (die Tradition verlangt zum Beispiel *ein* braunes Pferd in der Spanischen Hofreitschule) sind alle Lipizzaner Schimmel, doch früher, etwa bis zur Mitte des achtzehnten Jahrhunderts, gab es unter ihnen Braune, Dunkelbraune, Falben, Isabellen und sogar Tigerschecken.

Lipizza lieferte die Pferde für die Hofreitschule, aber auch für die Stallungen des Hofes, denn Lipizzaner sind auch als Kutschpferde gut geeignet. Während des Ersten Weltkriegs wurden die Pferde erst nach Laxenburg und Kladrub gebracht und dann nach Piber, wo sie dann blieben und wo noch heute Lipizzaner für die Hofreitschule gezüchtet werden.

Die Spanische Hofreitschule wurde 1572 in einem Holzgebäude in Wien gegründet. Das heute benutzte Gebäude, die Winterreitschule, wurde zwischen 1729 und 1735 nach einem Entwurf von Joseph Emanuel Fischer von Erlach neben der alten Halle errichtet. Die Reitschule gehörte zur Wiener Hofburg; in ihr sollte der Adel die Reitkunst erlernen. Der Name Spanische Hofreitschule kommt daher, daß von Anfang an nur spanische Hengste verwendet wurden.

In der Anfangszeit stimmte die dortige Lehrmeinung mit der frühen neapolitanischen Schule überein. Endgültig beeinflußt wurde sie dann jedoch von François Robichon de la Guérinière (1688–1751), dem intelligentesten und gebildetsten der französischen Meister. Sein 1733 erschienenes Buch «L'École de Cavalerie» wurde von Wien als Bibel anerkannt und sein Autor buchstäblich heiliggesprochen. Die Schule verschrieb sich der Bewahrung seiner klar und deutlich formulierten Prinzipien in ihrer reinen Form und blieb über die Jahrhunderte hinweg der Zucht mit den spanischen Hengsten treu, die der Reitschule ihren Namen gaben.

Seit mehr als vierhundert Jahren bewahrt die Schule die Grundsätze der klassischen Reitkunst und führt sie vor. Die Reiter, die in regelmäßigen Abständen öffentliche Vorstellungen geben, tragen die traditionelle Uniform aus braunem Frack, weißer Reithose, langen schwarzen Stiefeln und schwarzem Zweispitz. Immer wenn sie in die Halle mit den leuchtend weißen Pfeilern einreiten, sei es zum Training oder zu Vorführungen, ziehen sie ihre Hüte vor dem Porträt von Kaiser Karl VI., ihrem ersten Schutzherrn.

**Für die führenden Höfe Europas war die Anstellung eines berühmten Reitmeisters eine Prestigeangelegenheit. Antoine de Pluvinel war der Lehrer von Ludwig XIII.**

Der berühmteste Schüler des Neapolitaners Grisone, der möglicherweise auch von Fiaschi lernte, war Giovanni Baptista Pignatelli, der die Theorien seiner Meister weiterentwickelte und die von ihnen verwendeten harten Maßnahmen abschwächte. Er wurde stark von den Methoden des byzantinischen Zirkus beeinflußt und ließ viel davon in seine Arbeit einfließen, die sich durch eine Leichtigkeit auszeichnete, die weniger von der Schärfe des Gebisses abhing und in den Lehren seiner Meister völlig fehlte. Allerdings hatte er es durchweg auch mit besseren Pferden zu tun.

Er gilt als der «dritte Mann» der neapolitanischen Schule und steht an der Grenze zur Epoche der Aufklärung in der Pferdeausbildung, der die späteren französischen Meister angehörten. Seine Leistung bestand darin, daß er seinen Schülern Broue, Pluvinel, Saint-Antoine (dem Stallmeister der englischen Könige Jakob I. und Karl I.), dem Deutschen Fayser und den Spaniern Vargas und Paolo d'Aquino einen grundlegenden Leitfaden für das Reiten in der *manège* an die Hand gab. Auf dieser Basis bauten sie weiter auf.

Das erste Buch von Salomon de la Broue, «La Cavalerie Francoys», erschien 1593–94, und von diesem Zeitpunkt an ging die führende Rolle in der klassischen Reiterei von Italien auf Frankreich über, was gegen Ende des Jahrhunderts zur Gründung der École de Versailles und der École de Saumur führte.

Sicherlich war es Broue, der den Wechsel von den harten Ausbildungsmethoden Neapels zu den aufgeklärteren Methoden Frankreichs einleitete, doch der größte der französischen Meister war der begabte, äußerst intelligente Antoine de Pluvinel (1555–1620), ein Edelmann, Diplomat und Offizier. Er wurde u.a. der Lehrer von König Ludwig XIII. und schrieb das Buch «Manège du Roy», das einige Jahre nach seinem Tod unter dem Titel «L'Instruction du Roy en l'art de monter à Cheval» erschien.

Das Buch hat die Form eines Gesprächs zwischen Pluvinel und seinem Schüler und läßt erkennen, welchen Wert Pluvinel auf einen humanen Umgang mit dem Pferd legte und wieviel Verständnis er für die körperlichen und geistigen Fähigkeiten des Pferdes aufbrachte. Das Frontispiz liefert ein anschauliches Bild für die Einstellung des Autors. Es zeigt eine muskelbepackte männliche Gestalt, die offensichtlich Schwierigkeiten hat, ein steigendes Pferd mit einer einfachen Zäumung wieder in die Hand zu bekommen, und daneben eine nymphenhafte Verkörperung der *Scientia*. Die aufreizend gekleidete junge Dame führt einen frommen Hengst an der Kandare, den sie mit leichter Hand hält, während sie mit der anderen ein Buch hält, in dem sie liest.

Pluvinel führte lösende Lektionen ein und erfand die Pilaren, zwischen denen das Pferd die Grundbegriffe der Versammlung und die erste der «Schulen über der Erde», die Levade, erlernt.

Fünfzig Jahre nach Pluvinel setzte William Cavendish (1592–1676), der Herzog von Newcastle und der einzige englische Reitmeister, die Arbeit nach denselben Grundsätzen fort; auch er war ein Anhänger der sanften und geduldigen Methoden. Als Soldat war Newcastle allerdings eher unfähig; er befehligte die Royalisten und war hauptverantwortlich für die Niederlage in der

**Trotz ihrer natürlichen Vorliebe für Pferde brachten die Briten nur *einen* großen Reitmeister hervor: den erfolglosen Kavalleriekommandeur William Cavendish, Herzog von Newcastle.**

Schlacht bei Marston Moor. Trotz seiner unsäglichen Selbstgefälligkeit gilt er indessen als einer der Meister der klassischen Reitkunst.

Ihnen allen turmhoch überlegen ist jedoch François Robichon de la Guérinière, königlicher Reitlehrer und als Stallmeister Ludwigs XV. von 1730 bis 1751 auch Direktor der königlichen *manège* in den Tuilerien. Er formulierte, verbesserte und erweiterte die Prinzipien der Reitkunst zu einer rationalen Wissenschaft (die an Stelle der intuitiven Begabung trat), und es ist zum größten Teil sein Verdienst, daß der französische Einfluß zum entscheidenden und bleibenden Faktor in der Welt der Reiterei wurde.

Er lehrte seine Schüler, den klassischen Sitz einzunehmen, der auch heute noch bei Dressurreitern üblich ist und aus dem sich der leichte Sitz mühelos ableiten läßt (was die Menschen allerdings erst hundertfünfzig Jahre nach seinem Tod zu schätzen wußten). Die Schüler Guérinières saßen aufrecht mit ziemlich langen Steigbügeln; besonderen Wert legte er darauf, daß der Unterschenkel hinter der Senkrechten lag.

Zur Ausbildung des Pferdes schrieb er, daß systematische Arbeit mit lösenden Lektionen und Gleichgewichtsübungen die Pferde ruhig, durchlässig und gehorsam werden lasse, so daß sie angenehm zu reiten und in allen Gangarten gut zu sitzen seien. Diese Einstellung hat sehr viel Ähnlichkeit mit den Ansichten, die die *Fédération Equestre Internationale* im zwanzigsten Jahrhundert über die Dressur vertritt.

Guérinière ist der Erfinder des Schulterhereins (*l'épaule en dedans*), das sich ausgezeichnet zum Lösen und Ausbalancieren der Pferde eignet. Bei dieser Lektion bewegt sich das Pferd auf zwei Hufschlägen, wobei die Vorderbeine der einen Spur folgen, die Hinterbeine einer anderen; das Pferd bewegt sich dabei vorwärts-seitwärts. Außerdem geht der fliegende Galoppwechsel auf ihn zurück, bei dem das Pferd das Führungsbein im Galopp wechselt, ohne dazu erst in Trab zu fallen, und ebenso der Kontergalopp, eine Gleichgewichts- und Gehorsamsübung, bei der das Pferd auf dem «falschen Fuß» galoppiert; zum Beispiel muß das Pferd auf einem linksherum gerittenen Zirkel beim Kontergalopp mit dem rechten Vorderbein führen. Sehr wichtig war, daß Guérinière sich wie niemand vor ihm für das unauffällige Zusammenwirken von Schenkel- und Zügelhilfen einsetzte.

Der Arbeit von Guérinière ist es in erster Linie zu verdanken, daß sich in Europa zwei Linien der klassischen Reitkunst herausbildeten: die eine in Frankreich, zuerst in Versailles und später in Saumur, wo das berühmte Cadre Noir die französische Tradition bewahrt, die andere in Wien bei der Spanischen Hofreitschule.

Die französische Schule unterschied sich von der Wiener, weil sie eine Kavallerieschule war. Im Gegensatz zur Spanischen Hofreitschule befand sich die französische Schule ständig im Zustand der Weiterentwicklung, und es fehlte nie an Innovatoren oder originellen Ideen. Der Klassizismus blieb zwar die Basis, doch er wurde mit anderen Formen des reiterlichen Wettbewerbs verknüpft. Auch die Philosophie hatte in der französischen Schule eine breitere Grundlage, weil in Saumur Vollblüter und Anglo-Araber bevorzugt wurden.

Die Reitschule von Saumur («*la ville du cheval*») wurde 1593 gegründet, nachdem der Comte Duplessis-Mornay an die Protestantische Akademie einen Flügel hatte anbauen lassen. Anfangs waren dort die königlichen Arkebusiere stationiert. Zu Frankreichs führender Reitschule wurde Saumur erst 1763, als der Duc de Choiseul Ludwig XV. vorschlug, das Regiment seines Bruders, die Carabiniers de Monsieur, in seinem eigenen Interesse von den Fleischtöpfen von Paris zu entfernen und in der Provinz zu stationieren. (Daß sie nach Saumur gelangten, ist reiner Zufall. Der erste Vorschlag, Angers-sur-Loire, wurde vom dortigen Bischof entschieden abgelehnt, weil er fürchtete, die unsterblichen Seelen in seiner Gemeinde könnten Schaden erleiden. Die Frauen von Saumur waren protestantisch und hatten deshalb vermutlich keine Seelen, um die man sich hätte sorgen müssen.)

Nach der Revolution, der Herrschaft Napoleons und der Wiedereinführung der Monarchie wurde Saumur zur *École Royale de Cavalerie* und löste die königliche Reitschule von Versailles ab. Die 1680 gegründete Reitschule von Versailles hatte in ganz Europa als beispielhaft gegolten und war zu einem Forum für eine Reihe von Reitern geworden, deren Talent nie übertroffen wurde. In Saumur trat das Cadre Noir mit seinen schwarzen Uniformen die Nachfolge der Carabiniers de Monsieur als Ausbilder an.

Obwohl in der französischen Reiterei die meisten Neuerungen eingeführt wurden, war die europäische Kavallerie gegen Ende des neunzehnten Jahrhunderts hauptsächlich von den Deutschen beeinflußt. Ihre Schulung in der *manège* beruhte auf dem klassischen Prinzip der Versammlung. Springen und Geländereiten hatten in der Ausbildung der Kavalleristen nur einen äußerst geringen Stellenwert. Tatsächlich sind die frühen Fotos, die Soldaten beim Springen zeigen, kaum anders als grauenhaft zu bezeichnen. Die Reiter lehnten sich weit zurück, hielten ihre Hände unnachgiebig auf Brusthöhe, und die Pferde sprangen mit weggedrücktem Rücken und aufgerissenen Mäulern in dem verzweifelten Versuch, dem unweigerlich folgenden harten Ruck am Zügel zu entgehen.

In Großbritannien, wo es nicht üblich gewesen war, in der Halle zu reiten, ritten die Kavallerieoffiziere und der Landadel auf der Fuchsjagd durchs Gelände und sprangen alle Hindernisse, die ihnen begegneten. Auch ihr Reitstil war nicht sonderlich gut durchdacht, denn auch sie lehnten sich über dem Hindernis nach hinten, aber sie störten die Pferde wenigstens nicht im Maul; außerdem war dieser Sport dem Gleichgewicht der Pferde förderlich und regte sie zur Eigeninitiative an. Auf dem europäischen Kontinent kam es erst wesentlich später zur allgemeinen Einzäunung von Landstücken, und Jagden wurden deshalb nicht so geritten, wie es in England üblich war. Die Folge davon war, daß das Springen dort weder viel praktiziert noch recht verstanden wurde.

Die Rolle der Kavallerie im Krieg hatte sich inzwischen zweifellos geändert, auch wenn viele Offiziere das nicht einsehen wollten. Angesichts der Schnell-

**Diese Fotos sind ein perfektes Beispiel für den Reitstil vor Caprilli ...**

feuerwaffen und der verbesserten Gewehre mußte die Kavallerie wieder zu einer «leichten Reiterei» werden, die sich im Gelände schnell bewegen, das Terrain sondieren, Erkundungszüge ausführen und alle Hindernisse überwinden konnte, die ihr im Weg waren. Präzise Wendungen oder das Vorrücken in Reih und Glied waren unter den modernen Bedingungen sinnlos geworden. Eine klassische Ausbildung in langsamen, versammelten Gangarten war nicht die richtige Vorbereitung; bei Geländeritten war sie sogar hinderlich.

Ebenso wie die Schriften Xenophons und die spätere Erfindung des Steigbügels stellte auch die Entwicklung einer natürlichen Reitweise für das Reiten im Gelände und über Sprünge einen Meilenstein in der Geschichte der Reiterei dar. Die neue Reitweise wurde von dem italienischen Rittmeister Federico Caprilli (1868 – 1907) eingeführt. Diesem überragenden Neuerer gelang es in seinem kurzen Leben, die Reiterei so zu revolutionieren, daß das gesamte Konzept für die Geländereiterei ein für allemal geändert wurde. Die einzige ihm ebenbürtige Persönlichkeit in den fünftausend Jahren der Geschichte der Reiterei war Xenophon.

Kurz zusammengefaßt lehnte Caprilli das System der Schulreiterei mit seinem Schwergewicht auf den langsamen versammelten Gangarten ab und entwickelte ein System des Vorwärtsreitens, bei dem die Pferde ihr natürliches Gleichgewicht fanden, weil sie in dem Gelände trainiert wurden, in dem sie später auch eingesetzt werden sollten. Das Kandarengebiß wurde durch die Trense ersetzt, und die Pferde durften Kopf und Hals frei tragen, besonders über Hindernissen.

Anstatt des vollständig beherrschten, versammelten Schulpferdes verlangte Caprilli eine losgelassene Streckung des Pferdes. Außerdem sollten die Reiter ihre Pferde nicht länger mit Hilfe der Zügel in eine unnatürliche Form zwingen, sondern sich an ihre natürlichen Bewegungen und ihre Körperhaltung anpassen. Die Reiter Caprillis ritten mit wesentlich kürzeren Steigbügeln und verlagerten ihr Gewicht nach vorn, so daß ihr Schwerpunkt genau über dem des Pferdes lag und seine Bewegungsfreiheit möglichst wenig einschränkte. Über jeder Art von Hindernis neigten sie den Oberkörper nach vorn, sogar beim Bergauf- und Bergabreiten an den steilsten Hängen. Im Grunde war dies genau der Sitz, den die Steppennomaden und Reiter aus dem Osten jahrhundertelang eingenommen hatten.

Der Unterricht Caprillis in Tor di Quinto und Pinerolo, der italienischen Kavallerieschule, bescherte den Italienern viele Siege in Springprüfungen. Sein System wurde 1907, in seinem Todesjahr, von der Armee offiziell anerkannt und durch Offiziere aus Pinerolo an vielen anderen Kavallerieschulen der ganzen Welt eingeführt.

Heute ist der Vorwärtssitz beim Springen in der ganzen Welt eine Selbstverständlichkeit. Die Theorie Caprillis hat zwar vermutlich nicht völlig unverändert überlebt, da das klassische System zum Teil mit dem seinen verschmolz, aber Springturniere, wie sie heute üblich sind, wären ohne Caprillis *sistema* undenkbar.

Zur Zeit von Caprillis Tod wurden Pferde nicht nur im Krieg oder zum «Hüpfen und Tanzen» in der *manège* verwendet. Der weitaus größte Teil der Pferde Europas arbeitete in der Landwirtschaft und im Transportwesen. Sie rangierten Eisenbahnwaggons, rückten Holz oder zogen Schleppkähne auf Kanälen, und in Großbritannien wurden Tausende von Ponys in den Bergwerken vor die Kohlenwagen gespannt. Diese Pferde demonstrierten die Verbindung zwischen Mensch und Pferd in einem weitgehend friedlichen, konstruktiven Kontext.

**... und hinterher.**

AT THE FRONT!
Every fit Briton should join our brave men at the Front.
ENLIST NOW.

# Macht und Krieg und Pferde

*Kapitel 12*

*Vier Dinge sind das Größte der Erde –*
*Frauen und Macht und Krieg und Pferde.*
(Rudyard Kipling, *The Ballad of the King's Jest*)

Der Wendepunkt in der Nutzung der Pferde für Kriegszwecke kam im sechzehnten Jahrhundert mit der Erfindung von Handfeuerwaffen und Geschützen. In der Anfangszeit waren sie allerdings wenig verläßlich und nicht sehr wirksam. Sowohl Handfeuerwaffen als auch Geschütze neigten dazu, bei der Benutzung zu explodieren, und die Geschütze waren so plump und schwer, daß sie – einmal in Position gebracht – praktisch unbeweglich waren und nur mit größter Mühe auf ein anderes Ziel gerichtet werden konnten. Auch die Handfeuerwaffen, die primitiven Hakenbüchsen des fünfzehnten Jahrhunderts, hatten erhebliche Nachteile. Das Laden dauerte bis zu einer Minute, das Abfeuern eines gezielten Schusses war völlig unmöglich, und die Reichweite war gering; schon in einer Entfernung von 70 Metern waren die Gegner vor den Kugeln völlig sicher. Diese Waffe eignete sich in erster Linie zum Schießen durch die Schießscharten einer Burgmauer, weil sie so schwer war, daß sie aufgestützt werden mußte.

Mit einer Reichweite von etwa 230 Metern war der Langbogen wesentlich wirksamer. Eine Gruppe von Bogenschützen, in der jeder Mann bis zu zehn Pfeile pro Minute abschießen konnte, war in der Lage, ein bestimmtes Gebiet so mit Pfeilen einzudecken, daß weder Mensch noch Pferd aufs Überleben hoffen konnten. Die Schlacht von Crécy, bei der die Langbogen so wirkungsvoll eingesetzt wurden, fand bereits 1346 statt, doch es vergingen noch fast vierhundert Jahre, bis die Feuerwaffen eine solche Überlegenheit erreicht hatten, daß sie die Kavallerie-Einheiten unausweichlich zu Hilfstruppen degradierten. In vielen Fällen schaffte es die Kavallerie-Hierarchie – aus der viele Offiziere anderer Truppenteile hervorgingen – nicht, ihren Rang als «Arm der Götter» aufzugeben, und weigerte sich, die immer deutlicher hervortretenden Tatsachen der modernen Kriegführung zur Kenntnis zu nehmen.

In «Die Kriegskunst» lieferte der weitblickende Machiavelli bereits 1520 eine Definition der Kavallerie, die unverblümt bis an die Grenze der Unverschämtheit, aber zweifellos zutreffend war:

*Es ist richtig, daß man etwas Kavallerie zur Unterstützung der Infanterie haben muß, doch sie darf nicht als Hauptstreitmacht des Heeres betrachtet werden, denn ihre eigentlichen Aufgaben bestehen darin, zu sondieren, Straßen freizumachen… und das Land des Feindes zu verheeren und seinen Nachschub zu unterbrechen; doch auf dem Feld, in Schlachten, die gewöhn-*

**Öffentliches Plakat aus dem Ersten Weltkrieg:**

**AN DIE FRONT!**
**Jeder taugliche Brite sollte sich unseren tapferen Männern an der Front anschließen.**

**MELDE DICH JETZT.**

Die Rolle der Pferde im Ersten Weltkrieg hatte mit dem romantischen Bild der Husaren nicht mehr das Geringste zu tun.

*lich über das Schicksal der Nationen entscheiden, ist sie besser als zu allem anderen dazu geeignet, einen geschlagenen und flüchtigen Gegner zu verfolgen.*

Offensichtlich hatten diejenigen, die 1907 eine Ausgabe des britischen «Cavalry Training» herausbrachten, Machiavelli nicht gelesen, denn sie behaupteten mit bestürzender Sicherheit: «Im Prinzip muß davon ausgegangen werden, daß das Gewehr, so leistungsfähig es auch ist, nicht die Wirkung ersetzen kann, die mit der Geschwindigkeit des Pferdes, der Kraft einer Attacke und dem Entsetzen des blanken Stahls erzielt wird.»

Selbst 1916, als die gegnerischen Armeen des Ersten Weltkriegs buchstäblich im Elend des endlosen Grabenkrieges versanken, der beherrscht wurde von Maschinengewehren, Trommelfeuer, Stacheldrahtverhauen und manchmal auch von dem entsetzlichen Giftgas, gab es noch Generäle, in erster Linie Kavalleristen, deren Strategie (soweit man unter diesen Bedingungen überhaupt von Strategie reden konnte) der «endgültige Kavalleriedurchbruch» war, der angeblich entscheidend zur Beendigung des Krieges beitragen würde. Zur Unterstützung dieses unerfüllbaren Traums wartete hinter der Front mehr als eine Million Kavalleriepferde – das größte Kavallerieaufgebot in der Geschichte. Es gab allerdings auch Fälle, in denen die Kavallerie große Siege errang, vor allem dann, wenn sie von überragenden Generälen geführt wurde.

Eine Zeitlang schien es jedoch, als würde die Kavallerie den größten Vorteil der berittenen Soldaten verlieren: die Beweglichkeit und die Stoßkraft zum Durchbrechen der feindlichen Linien.

Auf die Radschloßbüchse des sechzehnten Jahrhunderts folgte um 1650 die wesentlich verbesserte Steinschloßbüchse. Die Erzeugung eines Zündfunkens durch den Hahn, der direkt über der Pfanne einen Feuerstein gegen ein Stück Stahl schlug, war wesentlich verläßlicher als die alte Radschloßmethode, bei der eine an einem Zahnrad sitzende Schlagfeder aus einem Stück Schwefelkies im Hahn Funken schlug; außerdem war die neue Methode wesentlich schneller. Aus dem Steinschloßgewehr entwickelte sich die Muskete, die von den britischen Infanteristen bis zur Schlacht von Waterloo benutzt wurde.

Musketen in den Händen standfest in Reih und Glied aufmarschierter Truppen hielten die Kavalleristen wirksam davon ab, sich so weit zu nähern, daß sie Lanzen oder Schwerter einsetzen konnten. Deshalb griffen die Kavalleristen auf eine Taktik aus der Antike zurück. Die Griechen waren auf ihren ungesattelten Pferden an der Front des Gegners entlanggeritten, um ihre Speere zu schleudern. Die Kavallerie des sechzehnten Jahrhunderts tat fast dasselbe, aber sie warf keine Speere, sondern feuerte Pistolen ab.

Während des gesamten siebzehnten und auch zu Beginn des achtzehnten Jahrhunderts hatten die Kavalleristen ihre traditionellen Blankwaffen gegen Pistolen eingetauscht. Doch diese waren weder wirksam noch sinnvoll. Vom Rücken eines Pferdes aus einen gezielten Schuß abzugeben, ist nicht leicht, außerdem bringt es gewisse Gefahren mit sich. Die Pferde können erschrekken und durchgehen oder steigen und ihre Reiter abwerfen. Es kam sogar vor, daß der Schütze im Eifer des Gefechts sein eigenes Pferd in den Kopf schoß.

Man kann Pferde natürlich daran gewöhnen, daß von ihrem Rücken aus geschossen wird, aber nur, wenn man es oft genug übt und es sich um ruhige Tiere handelt. Die amerikanischen Indianer schossen gelegentlich vom Pferderücken aus mit Gewehren, aber meistens verließen sie sich auf den Bogen, weil er mehr Treffsicherheit bot und das Pferd weniger störte. Die einzigen, die die Kunst des Schießens vom Pferderücken aus wirklich beherrschten, waren die Buren, die dem Britischen Empire von 1900 bis 1902 so schwer zu schaffen machten.

Nachdem die Franzosen den Anfang gemacht hatten, führten auch die anderen europäischen Nationen den Dragoner ein, der seinen Namen nach dem *dragon* erhielt, dem kurzen Karabiner, mit dem er ausgerüstet war. Der Dragoner ritt zum Schlachtfeld, meistens auf einem Pferd, das sich durch nichts auszeichnete, und kämpfte dann zu Fuß. In seinem berühmten Wörterbuch definierte Samuel Johnson das Wort Dragoner folgendermaßen: «Eine Art von Soldat, dem es egal ist, ob er zu Fuß oder zu Pferde kämpft.»

Inzwischen hatte das neue Idealbild eines berittenen Soldaten auch auf der ungarischen Steppe Fuß gefaßt. Die Husaren waren die natürlichen Nachfolger der Hunnen und Mongolen. Diese extrem beweglichen Reiter, die nicht auf langsam rollenden Nachschub angewiesen waren, bedienten sich als erste einer Taktik, die später als Blitzkrieg bezeichnet wurde. Ohne Vorwarnung oder das diplomatische Vorgeplänkel, das im Westen zu einer unerläßlichen Formalität geworden war, schlugen sie schnell und mit vernichtender Kraft zu, und der Überraschungseffekt trug viel zu ihren Erfolgen bei. Ihre Methode des Angriffs wurde bekannt als *coup d'hussard* oder «Husarenstück». (Der Name Husar ist übrigens von *hazar* abgeleitet, was «der Zwanzigste» bedeutet und sich auf die Truppen bezieht, die der ungarische König Matthias Corvinus im fünfzehnten Jahrhundert aufstellte und in denen jeder zwanzigste Mann eines Dorfes dienen mußte.)

Die Husaren ritten wie ihre Vorfahren mit gebeugten Knien, kurzen Steigbügeln und vorgeneigtem Oberkörper – also so, wie es Caprilli später in seinem *sistema* verlangte. Um die Versammlung ihrer Pferde im Sinne der klassischen Reitweise der Renaissance haben sie sich nie gekümmert.

Als Ferdinand von Neapel König Matthias einen spanischen Experten schickte, der die «Barbaren» unterweisen sollte, warf Matthias ihn kurzerhand hinaus:

> *Mit den Pferden, die wir selbst schulten, haben wir die Türken geschlagen, Sibirien unterworfen und jedermann in die Flucht geschlagen, und unsere Pferde spielten dabei eine ehrenhafte Rolle. Wir haben keinen Bedarf an Pferden, die im spanischen Stil mit gebeugten Hanken herumhüpfen; wir wollen sie nicht einmal zu unserem Vergnügen, geschweige denn für ernsthafte Geschäfte.*

Spätere ungarische Reiter gingen sogar so weit, die Spanische Hofreitschule in Wien als ein «Fegefeuer für Pferde» zu bezeichnen.

Die Westeuropäer folgten dem ungarischen Beispiel nicht voll und ganz, zumal die meisten ihrer Pferde dafür ungeeignet waren, doch schließlich bildeten die Husaren in jeder europäischen Kavallerie die Elitetruppe. Das ungarische Vorbild trug zum großen Teil zur Wiedergeburt der überraschenden Kavallerieattacke bei, die Prinz Rupert im Englischen Bürgerkrieg in der Schlacht von Edge Hill im Jahre 1642 so wirkungsvoll einsetzte. Obwohl die Rückkehr zu dieser Taktik oft König Gustav Adolf von Schweden, einem der genialsten Kavalleriekommandeure, der sich ihrer im Dreißigjährigen Krieg (1618–1648) bediente, zugeschrieben wird, war es in Wirklichkeit Prinz Rupert, der dieses Beispiel gab. Gustav Adolf ließ seine Kavallerie an den Feind herantraben, ihre Pistole abfeuern und sich dann mit gezogenem Schwert in den Kampf stürzen. Ruperts Truppen dagegen galoppierten in geschlossener Linie auf den Feind zu und kämpften nur mit dem Schwert – also so, wie es den höchsten Idealen der Kavalleristen entsprach.

Das Problem von Ruperts Kavallerie wie auch das späterer berittener Einheiten war, daß es ihr zwar nicht an Mut fehlte, den sie manchmal bis an die Grenzen des Schwachsinns demonstrierte, wohl aber an Disziplin. Die Reiter waren, nachdem sie die feindlichen Linien im Galopp durchbrochen hatten, nie in der Lage, sich neu zu formieren, und wenn sie endlich so weit waren, daß sie wieder vereint hätten angreifen können, war entweder die Schlacht schon entschieden oder ihre Pferde erschöpft. Oliver Cromwell, der ein intelligenterer Kavallerieführer war als der schneidige Rupert, unterwarf seine Reiter einer strengen Disziplin und einem harten Drill. Er ließ sie in einem «guten, runden Trab» angreifen und schuf berittene Regimenter, die «in ganz Europa führend» waren.

Oliver Cromwell erkannte, wie wichtig es war, vor und nach einer Schlacht für die Pferde zu sorgen.

1683 schlug der große polnische König Johann III. Sobieski, der «Retter Wiens», mit zwanzigtausend leichten Reitern die Türken – ein Sieg, den der britische Feldmarschall Allenby gut zwei Jahrhunderte später mit derselben Truppenstärke über den gleichen Gegner wiederholte. Unter dem Kommando von genialen Feldherrn wie dem schwedischen König Karl XII., dem Herzog von Marlborough und Friedrich II. dem Großen erreichte die Kavallerie einen Standard, der nie wieder übertroffen wurde. Dies war die wahre Geburtsstunde des «Kavalleriegeistes», der von den wenig fähigen britischen Offizieren des neunzehnten Jahrhunderts, deren Mut nur noch von ihrem Mangel an Sachkenntnis und Intelligenz übertroffen wurde, so schrecklich mißverstanden wurde.

Unter diesen Feldherrn konnte die physische und moralische Überlegenheit der massierten Kavallerie voll zur Geltung kommen. Der Herzog von Marlborough, dessen Kavalleristen gute englische Halbblüter ritten, die teilweise etwas schwer, aber trotzdem von guter Qualität waren, verließ sich ebenso wie Prinz Rupert auf das Schwert. Doch anders als Ruperts Truppen griffen die seinen im Trab an, formierten sich sofort wieder, wendeten diszipliniert und griffen erneut an.

Fünfzehn der zweiundzwanzig großen Schlachten von Friedrich dem Großen wurden mit Sicherheit durch den Einsatz der Kavallerie gewonnen. Auch er war ein strenger, unerbittlicher Exerziermeister. Seine Schwadronen unter Seydlitz und Zieten waren die besten ihrer Zeit: «Jedes Pferd und jeder Reiter», schrieb Friedrich, «wurden mit derselben Sorgfalt ausgebildet, die ein Uhrmacher jedem Rädchen des Mechanismus zukommen läßt.»

Die preußische Kavallerie, die einen hohen Standard hatte, war mit Trakehnern aus Ostpreußen beritten, einer Rasse, die aus einer Kreuzung mit den bodenständigen Schweiken, einer Ponyrasse, und sorgsam ausgewählten Araber- und Vollbluthengsten entstand; gelegentlich wurden auch dänische und andere europäische Halbblüter eingekreuzt. Friedrich führte die ersten mobilen Geschütze auf den Schlachtfeldern ein, Sechspfünder, die von Pferdegespannen im Galopp gezogen wurden und der Unterstützung der Kavallerie dienten. Die Protzen wurden ebenso wie die der British Royal Horse Artillery, für die Friedrichs reitende Artillerie das Vorbild lieferte, von einem Sechsergespann gezogen, dessen Fahrer auf den links angespannten Pferden saßen. Die Kanoniere fuhren nicht auf der Protze mit, sondern hatten eigene Pferde.

Auch Napoleon, ein genialer Kanonier, setzte massierte Kavallerie geschickt ein; allerdings ging er ziemlich verschwenderisch mit ihr um. Den französischen Kavalleristen fehlte es zwar nie an Mut, doch waren sie nicht die besten Pferdekenner und Reiter. Murat, ein sehr fähiger Kommandeur, bewegte seine Truppen wegen ihrer mangelnden Sattelfestigkeit nur im Trab; dennoch verlor er in Rußland innerhalb von zwei Monaten achtzehntausend Pferde

*Unten links:* **König Johann III. Sobieski gelang es, die unbeständige polnische Kavallerie zu disziplinieren. Als Oberbefehlshaber der verbündeten Heere rettete er im Jahre 1683 Wien vor den Türken.**

*Unten rechts:* **Durch die Einführung reitender Artillerie verlieh Friedrich der Große der Kavallerie ein größeres Gewicht.**

durch Überanstrengung und weitere dreißigtausend auf dem Rückzug von Moskau. Wie General Nansouty, Kommandeur der Gardekavallerie, so treffend bemerkte: «Die Pferde der Kürassiere, die leider vom Patriotismus allein nicht leben konnten, fielen am Straßenrand um und starben.» Napoleon erhielt die Stärke seiner Kavallerie durch Remonten aus den staatlichen Gestüten, die eigens zu diesem Zweck eingerichtet worden waren und die viel Berber- und Araberblut einkreuzten, um ein hartes, ausdauerndes Kavalleriepferd hervorzubringen.

Der Herzog von Wellington war schlechter daran; ihm fehlten im Spanischen Unabhängigkeitskrieg, den er als «Grab der Pferde» bezeichnete, ständig frische Tiere. Die britischen Kavalleristen waren wahrscheinlich keine besseren Reiter als ihre französischen Gegner, aber sie wurden von Offizieren geführt, die auf Fuchsjagden reiten gelernt hatten und deshalb forscher ritten und stets im Galopp angriffen. Wellington, ein geborener Infanterist, wurde aus eben diesem Grund oft von seiner Kavallerie enttäuscht – die Begeisterung seiner Offiziere machte die reitenden Truppen unkontrollierbar.

Bei der Schlacht von Waterloo, bei der zum letztenmal in der europäischen Geschichte große Kavallerieeinheiten eingesetzt wurden, standen Napoleon

Eine ungewöhnliche Szene aus dem Amerikanischen Bürgerkrieg. Normalerweise kämpften die berittenen Truppen beider Seiten zu Fuß gegeneinander.

sechzehntausend und Wellington dreizehntausend Kavalleristen zur Verfügung. Auch hier verhinderte die Zügellosigkeit von Wellingtons Kavallerie die Verfolgung des Feindes nach dem Sieg und bürdete die ganze Verantwortung der standfesten, ausdauernden britischen Infanterie auf, die – zusammen mit der reitenden Artillerie – den Tag zu ihren Gunsten entschied. Die schwere Kavallerie griff zwar großartig an, schlug ein Infanteriekorps und eine ganze Kavalleriebrigade in die Flucht und eroberte Geschützstellungen, war aber wieder einmal nicht in der Lage, sich neu zu formieren. Die Kavalleristen vollbrachten Wunder an Tapferkeit und Schneid, mußten aber auch schwere Verluste hinnehmen.

Die Franzosen unter Marschall Ney, «dem Tapfersten der Tapferen», griffen die britischen Truppen wiederholt an und wurden immer wieder zurückgeschlagen, was dazu führte, daß sich vor den entschlossenen Infanteristen, die gleichfalls schreckliche Verluste erlitten, ganze Berge von Gefallenen auftürmten.

Nach 1815 spielte die Kavallerie im Krieg noch eine Zeitlang ihre Rolle weiter. Im Amerikanischen Bürgerkrieg wurde sie von den Nordstaaten als berittene Infanterie verwendet. In diesem Krieg wurden Tausende von Pferden eingesetzt, und es war der Mangel an Kavallerie, der schließlich zur Niederlage der Konföderierten führte.

Zur Zeit der Königin Victoria war die britische Armee an über achtzig Feldzügen beteiligt, und in jedem von ihnen spielte die Kavallerie eine überragende, manchmal aber auch eine tragische Rolle. Da war zum Beispiel im Krimkrieg 1854 der Angriff der Leichten Brigade bei Balaclava, an dem – wie man gerechterweise zugeben muß – nicht die völlig unfähigen Kommandeure schuld waren, weder der unentschlossene Lord Lucan, der den Spitznamen «Lord Look-On» trug, noch der eitle, arrogante und fast geistesgestörte Cardigan, der «Edle Segler», der sich auf seiner eigenen, gut verproviantierten Jacht einquartierte, während seine Leute (und Lord Lucan, wie gleichfalls der Gerechtigkeit halber zugegeben sei) in Zelten das Elend des Winters auf der Krim ertragen mußten und einem Generalstab unterstellt waren, der weder die Absicht noch die Möglichkeit hatte, seine Aufgaben zu erfüllen.

Bei diesem katastrophalen Angriff wurden 470 der ursprünglich 673 Pferde getötet, 42 verwundet und weitere 43 später von ihren Leiden erlöst. Viele weitere verhungerten. Zwei Monate nach Balaclava hatte die Kavallerie 1800 von ihren 2000 Pferden verloren, und die 13. Leichten Dragoner hatten von 250 Pferden, die sie aus Großbritannien mitgebracht hatten, nur noch 12. Der einzig erfreuliche Moment dieses Krieges war der erfolgreiche, disziplinierte Angriff von Scarlett und seiner Schweren Brigade, der die Russen zurückschlug. Alfred Tennyson verewigte die Katastrophe von Balaclava in seinem Gedicht «The Charge of the Light Brigade», doch es waren die mutige Attacke der Leichten Brigade und Cardigans heroisches Auftreten auf seinem Kriegspferd Ronald bei der Rückkehr nach England, die beim Publikum ankamen und ihm im Gedächtnis blieben.

Feldmarschall Allenby setzte im Ersten Weltkrieg die Pferde ebenso erfinderisch ein wie Rommel im Zweiten Weltkrieg seine Panzer.

Der Burenkrieg war wahrscheinlich die heilsamste Erfahrung, die die britische Kavallerie je machte. Die Buren kreisten sie auf ihren zähen Ponys ein, bis sie schließlich dem amerikanischen Beispiel folgten und den zähen, beweglichen Buren als berittene Infanterie entgegentraten. Die starken Verluste an Pferden waren bei den Briten hauptsächlich auf die schlechte Versorgung zurückzuführen. Ein Regiment schätzte, daß es auf dem Marsch ungefähr alle 6 Kilometer ein Pferd verloren hatte. Zwischen 1899 und 1902 starben 326000 von 494000 Pferden, die wenigsten davon durch Feindeinwirkung. Bei der anschließenden Untersuchung verdammte Generalmajor Brabazon, der kein Blatt vor den Mund nahm, den «schamlosen Mißbrauch von Pferdefleisch» und erklärte, er sei «bestürzt» und «entsetzt».

Der letzte Einsatz von Kavallerie, der viele Fehler der Vergangenheit wettmachte, erfolgte während des klassischen und siegreichen Feldzugs, den Feldmarschall Allenby in den Jahren 1917–18 gegen die Türken in Palästina führte. Allenby war vermutlich der begabteste Befehlshaber des gesamten Ersten Weltkriegs. 1910 wurde er zum Generalinspekteur der Kavallerie ernannt, und trotz schwierigster Bedingungen sorgte er bei den britischen Truppen in Frankreich für ein hohes Niveau der Pferdehaltung. Auch für das beispielhafte Verhalten der britischen Kavallerie war er verantwortlich, die zum Beispiel 1914 in der ersten Schlacht von Ypern als Infanterie kämpfte.

Von allen Kavallerieeinheiten zu Beginn des Ersten Weltkriegs blieb nur die britische durch ihre überlegene Form der Pferdehaltung und einen professionellen Umgang mit den Tieren einsatzfähig. Die deutsche Kavallerie schaffte es nicht, bis an die Aisne vorzudringen, weil zu viele ihrer Pferde starben – nicht durch Feindeinwirkung, sondern an Krankheiten, Lahmheiten, Erschöpfung und dergleichen, also infolge schlechter Haltung. Die Franzosen machten es kaum besser. Im Gegensatz zu den Briten, die ihre Pferde rasten ließen oder absaßen und führten, wenn das Reiten nicht unbedingt erforderlich war, blieb die französische Division den ganzen Tag im Sattel und sattelte nie ab. Ihre Pferde hatten so schlimme Druckstellen auf dem Rücken, daß es hieß, ihre vereiterten Wunden wären bei günstigem Wind schon aus der Entfernung von einem Kilometer zu riechen. In Palästina mußten sich die französischen Reiter aus denselben Gründen aus Allenbys Heer zurückziehen. Die britische Kavallerie, die sich zwölf Jahre zuvor im Burenkrieg peinliche Fehler geleistet hatte und häufig unter unfähigen Offizieren litt, hatte endlich ihre Lektion gelernt. Nun folgten ihre Offiziere der goldenen Regel: «Erst kommen die Pferde, dann die Männer und zuletzt man selbst.»

Feldmarschall Lord Wavell schrieb über Allenby, daß die...

*Ausbildung seiner Kavallerie vernünftig und praxisbezogen war. Er vertrat eine mittlere Position zwischen den Hitzköpfen, die meinten, der «Kavalleriegeist» verlange die Lösung aller Probleme durch Überraschungsattacken, und denen, die am liebsten auf Schwerter und Lanzen verzichten und die Kavalleristen nur als berittene Gewehrschützen betrachten wollten. Er unterstützte die Einführung von Maschinengewehren und war vom Wert der Feuerwaffen überzeugt, erklärte jedoch gleichzeitig, daß es auch in der modernen Kriegsführung oft Gelegenheit zum Einsatz berittener Truppen mit Schwertern gebe.*

Allenby bewies seine Theorie 1918 bei Beer Sheba und Meggido, wo Überraschungsattacken eine verheerende Wirkung hatten.

Allenbys Desert Mounted Corps umfaßte zwanzigtausend Reiter aus australischen, neuseeländischen, indischen und britischen Regimentern; die Briten kamen aus Freiwilligen-Einheiten und ritten englische Pferde vom Hunter-Typ. Lange Märsche in trockenen Wüstengebieten, in denen die Temperaturen auf 38 Grad Celsius stiegen und bei denen die Truppen täglich 100 Kilometer und mehr zurücklegten, waren an der Tagesordnung. Im November

1917 marschierte das gesamte Korps 273 Kilometer in nur vier Tagen. Chenevix Trench schrieb aus eigener Erfahrung:

> *Beim Vormarsch der Indischen Kavalleriedivision auf Damaskus legte mein eigenes Regiment, Hodson's Horse, nachdem es den Durchbruch zur Küste angeführt und Melder überholt hatte, die sein Tempo verlangsamen sollten, in den ersten 26 Stunden trotz der großen Hitze und einiger schwerer Gefechte 90 Kilometer zurück. Dreizehn erschöpfende Tage später erreichte das Regiment Damaskus, nach einem letzten Tagesmarsch von 101 Kilometern und ohne nennenswerte Verluste an Pferden.*

Auf demselben Vormarsch legte die berittene Artillerie der Berkshire Yeomen mit ihren Geschützen eine Strecke von 125 Kilometern in 36 Stunden zurück.

Der Feldzug endete im Oktober 1918 mit der Besetzung von Aleppo, einer Stadt, die von einem der frühesten Pferdevölker, den Hethitern, gegründet worden war. Bei Alexandrette, 96 Kilometer von Aleppo entfernt, hatte Alexander der Große seinen ersten Sieg über den Perserkönig Darius errungen. Ein glorreicherer Sonnenaufgang hätte der Abenddämmerung der Kavallerie kaum vorausgehen können.

Der britische Premierminister Lloyd George, der die von den Kavalleristen repräsentierte soziale Ordnung strikt ablehnte, hatte häufig heftige Auseinandersetzungen mit Feldmarschall Haig und übte ebensooft offene Kritik an den Generälen wegen ihrer «Kavallerie-Besessenheit». Doch nun zollte er Allenbys Reitern ebenso unverblümt sein Lob: «Ihr Beitrag zum Sieg über die Türken wird immer als eindeutiges Beispiel dafür zu gelten haben, was Kavallerie in einem Krieg zu leisten vermag.» Von den Pferden sagte er: «Sie waren so unschlagbar wie ihre Reiter.»

Doch dann begingen die Politiker, die – wie es so ihre Art ist – die richtigen Worte im richtigen Augenblick hervorgebracht hatten, einen Verrat, der ein sehr schlechtes Licht auf Großbritannien warf. Ungefähr zwanzigtausend Pferde wurden in Ägypten verkauft, wo sie einem Leben voll schrecklicher Vernachlässigung und herzloser Grausamkeit entgegensahen und sich auf den Straßen von Kairo zu Tode schufteten. Es blieb einer Einzelperson überlassen, etwas dagegen zu unternehmen oder zumindest zu versuchen, das Leid der überlebenden Pferde zu lindern. Dorothy Brooke, die Frau des Generalmajors Sir Geoffrey Brooke, der 1930 Kommandant der Kavalleriebrigade in Ägypten war, tat alles, was in ihren Kräften stand, um die alten Pferde vor weiteren Qualen zu schützen. Einige Tiere kaufte sie selbst, andere mit Geld, das auf öffentliche Aufrufe hin gespendet worden war. Es kam genug Geld zusammen, daß in Kairo Ställe gebaut werden konnten und die medizinische Versorgung der Pferde gesichert war. Heute stehen die Türen des *Brooke Hospital for Animals* in Kairo allen kranken Tieren offen, die dort kostenlos behandelt werden. Das Hospital ist ein Denkmal für eine Dame, die «es haßte, sich zu erinnern, aber nicht vergessen konnte» – und vielleicht auch ein Denkmal für die Schande eines Landes.

Pflege an einem Ort der Verzweiflung. Das *Brooke Hospital for Animals* in Kairo wurde gegründet, um die alten Kavalleriepferde zu retten, die von der britischen Regierung dort zurückgelassen worden waren.

An der Westfront dienten Tausende von Zugpferden den Armeen beider Seiten; sie schleppten Nachschub durch den dicken, zähen Morast, brachten Geschütze nach vorn und zogen die Ambulanzwagen. Allein die Briten verloren fast eine halbe Million Pferde, vor allem deshalb, weil die Pferde ungeschützt standen, was sie anfällig für Lungenkrankheiten und Koliken machte. Nur ein Viertel davon starb durch Feindeinwirkung.

Trotzdem überlebte die Kavallerie bis zum Zweiten Weltkrieg. Anfang der dreißiger Jahre gab es in Großbritannien für sie immer noch eine starke Lobby. Wenig später ließ Guderian, der 1935 zum Kommandanten der 2. Panzerdivision ernannt wurde, den Geist der Kavallerie wieder in seinen Panzern aufleben und plante den Blitzkrieg in Europa. 1939 verlor Polens Pommersche Kavalleriebrigade bei einem Angriff von Sturzkampfbombern in nur einer halben Stunde zweitausend ihrer dreitausend Pferde…

Trotz des Blitzkriegs mit Panzern setzte die deutsche Armee unzählige Pferde ein, vor allem an der Ostfront, doch bei weitem nicht so viele wie die Russen, die dreißig Kavalleriedivisionen hatten, die durch reitende Artillerie unterstützt wurden, und achthundertausend Zugpferde – insgesamt 1,2 Millionen Pferde. Fast jeder Kavallerieeinsatz war irgendwie großartig, doch nur allzuviele von ihnen hatten mit Kriegführung kaum etwas zu tun.

# Friedliche Zugkraft

*Kapitel 13*

Mehr als viertausend Jahre lang wurden Pferde hauptsächlich in Kriegen eingesetzt. Es gab natürlich auch friedliche Verwendungszwecke. Pferde konnten zum Beispiel Lasten ziehen oder einen Reisewagen, Menschen auf der Jagd tragen oder Hirten um ihre Herden, doch es dauerte sehr lange, bis die ersten Pferde zum Urbarmachen von Land eingesetzt wurden. In Nordeuropa gibt es zwar Felszeichnungen aus der Bronzezeit, die Pferde vor dem Pflug zeigen, doch das bedeutet nicht, daß sie diese Arbeit auch tatsächlich leisteten, denn Pferde spielten auch in der Religion eine Rolle, und genau darauf verweisen diese Zeichnungen: Die Pferde wurden vor den Pflug gespannt, um symbolisch die erste Furche zu ziehen. Den Rest der Arbeit erledigten Ochsen.

Im Mittleren Osten, wo ein großer Teil unserer Geschichte begann, wurden Pferde lange Zeit so hoch geschätzt, daß es undenkbar gewesen wäre, sie für niedere Arbeiten einzusetzen. Ochsen und Esel verrichteten solche Arbeiten zufriedenstellend und tun es im Mittelmeerraum und weiter östlich auch heute noch. Außerdem waren Maultiere und Esel für die Arbeit auf den schmalen Pfaden der Weinberge besser geeignet. In Europa lösten die Pferde erst im achtzehnten Jahrhundert die Ochsen vor dem Pflug ab, und selbst dann gab es immer noch Leute, die stur daran festhielten, daß Ochsen wesentlich wirtschaftlicher wären. In Großbritannien ergriff zum Beispiel Arthur Young, einer der führenden Landwirte des achtzehnten Jahrhunderts und der erste Sekretär der neugegründeten Landwirtschaftkammer, die Partei der Ochsen. Gegen den Einsatz von Pferden waren auch die Landarbeiter, die fürchteten, durch die neuen, von Pferden gezogenen Maschinen ihre Arbeitsplätze zu verlieren.

Den Nachweis, daß Ochsen billiger zu halten wären als Pferde, versuchte schon Walter of Henley zu erbringen, Großbritanniens frühester Landwirtschaftsexperte, der sich 1286 über dieses Thema äußerte. Zu jener Zeit konnte man einen Ochsen ein ganzes Jahr lang für ein Viertel der Kosten halten, die man für ein Pferd aufwenden mußte. Außerdem konnte der Ochse gemästet und verkauft werden, wenn er für die Arbeit zu alt war, wogegen ein abgearbeitetes Pferd in einem Land, in dem der Verzehr von Pferdefleisch tabu war, nichts mehr wert war als seine Haut.

Aber Ochsen sind viel schwerfälliger als Pferde. Ihre Weiden müssen dicht bei der Arbeitsstelle liegen, denn sie bewegen sich zu langsam, als daß man sie weiter entfernt unterbringen könnte. Außerdem muß man ihnen genügend Zeit zum Wiederkäuen lassen.

Schließlich hatte das Pferd, zumindest im Nordwesten Europas, den Kampf um die landwirtschaftliche Zugkraft gewonnen, doch das Goldene Zeitalter

**Der Rückgang der Kaltblüter in der Landwirtschaft ist eher auf die Einführung des motorisierten Verkehrs in den Städten zurückzuführen als auf das Aufkommen der Traktoren.**

*Oben und gegenüberliegende Seite:* **Die Abhängigkeit des Menschen von den Pferden wird auf diesen Bildern aus dem zwanzigsten Jahrhundert deutlich.**

des Ackerbaus mit Pferden ging, wie auch das Goldene Zeitalter der Kutschen, schnell wieder zu Ende. Traktoren übernahmen die Aufgaben der Bauernpferde und Eisenbahnen die der Kutschpferde, obwohl beide die Nachfrage nach Arbeitspferden nicht beendeten, im Gegenteil: die Eisenbahnen schufen weitere Möglichkeiten zum Einsatz von Pferden.

In Europa war die Entwicklung von Pferdegeschirren und Hufeisen erst im achten Jahrhundert so weit fortgeschritten, daß Pferde zur Landarbeit eingesetzt werden konnten, und zu jener Zeit waren die Pferde noch nicht groß genug, um mehr als eine begrenzte Zahl von Aufgaben übernehmen zu können. Vom elften Jahrhundert an wurden dann auf der Basis der schweren europäischen Kaltblüter, die von den primitiven Waldpferden abstammten, größere Pferde für Kriegsdienste gezüchtet. Diese Entwicklung war mitverantwortlich für die Entstehung der modernen schweren Zugpferde wie zum Beispiel des Shire Horse, des Suffolk Punch, des Ardenners, des Clydesdale und des Percheron.

Andere entscheidende Faktoren bei der Entwicklung der schweren Zugpferde für die Landwirtschaft waren die nach dem elften Jahrhundert eingeführte Dreifelderwirtschaft (der abwechselnde Anbau von Getreide, Rüben und Gras) und die spätere Erfindung leistungsfähiger landwirtschaftlicher Geräte, die für die zügige, gleichmäßige Bewegung der Pferde besser geeignet waren als für die langsamen Ochsen.

Als sich die Landwirtschaft im achtzehnten und neunzehnten Jahrhundert so weit entwickelt hatte, daß sie in der Lage war, den Bedarf der stetig wachsenden Bevölkerung an Nahrungsmitteln zu stillen, wurden eine größere Vielfalt und größere Mengen an Getreide und Rüben angebaut, ebenso natürlich Gras- und Kleearten als Viehfutter. Zu dieser Zeit war das Pferd ein fester Bestandteil der Landwirtschaft, und sein Einsatz wurde von ständigen Neuerungen auf dem Gebiet der Maschinen und Geräte begleitet und unterstützt.

Das achtzehnte Jahrhundert brachte zwar nur wenige pferdebespannte Landmaschinen hervor, aber es gab einige bemerkenswerte Erfindungen. 1731 hatte

Jethro Tulls pferdegezogene Sämaschine ihr Debüt, gefolgt von einer Schlaghacke, die gleichfalls von Pferden gezogen wurde. Im Jahr davor war der Rotherham-Schwingpflug eingeführt worden, eine holländische Erfindung, die wesentlich leichter zu ziehen war. Danach kam der Arbuthnot-Schwingpflug, der die Schollen leichter und sauberer wendete als jeder andere Pflug. Ein Versuch bewies, daß ein Arbuthnot-Pflug, der von zwei Pferden gezogen wurde, an einem Tag mehr Land bearbeiten konnte als ein mit sechs Ochsen bespanntes älteres Modell.

Um die Mitte des neunzehnten Jahrhunderts nahm die Zahl der Landmaschinen rapide zu. Es gab Dreschmaschinen, Mahlwerke, Speicher mit Hebewerken, mehrscharige Pflüge, spezielle Unterbodenpflüge, Mähmaschinen, Schneide- und Bindemaschinen und in den USA sogar Mähdrescher, die von vierzig Pferden gezogen wurden.

All diese Maschinen bedeuteten für die Pferde eine Schwerarbeit, die manchmal die Grenzen ihrer Kraft überstieg; es wurden also besonders schwere und starke Tiere gebraucht. In Frankreich, den Niederlanden, Deutschland und Skandinavien gab es bereits eine ganze Reihe von Kaltblutrassen, und weitere wurden gezüchtet. Besonders bekannt waren die Belgischen Kaltblüter, die im neunzehnten Jahrhundert in großer Zahl in die USA und nach Kanada exportiert wurden und die von den Flandrischen oder Flämischen Pferden abstammen, die immer wieder mit den europäischen Pferderassen in Verbindung gebracht werden. Diese Flandrischen Pferde stammen direkt von den Waldpferden ab, und aus ihnen gingen die Pferde der europäischen Ritter hervor.

Wahrscheinlich besser bekannt und auch besser durchgezüchtet sind das Shire Horse, der Suffolk Punch aus East Anglia und der schottische Clydesdale. Der Percheron, die bekannteste Kaltblutrasse, stammt aus Frankreich, wird aber auch in Großbritannien und anderen Ländern gezüchtet. Zur Blütezeit des Ackerbaus mit Pferden – vom achtzehnten bis zum Beginn des zwanzigsten Jahrhunderts – gehörten die besten Landwirtschaftspferde diesen Rassen an. Das gilt besonders für Großbritannien mit seiner hochentwickelten Landwirtschaft.

Das Shire Horse stammt vom English Great Horse des Mittelalters ab, und das wiederum von den schweren Pferden, die kurz nach der Eroberung durch die Normannen nach England gelangten. Heinrich VIII. erließ Gesetze, die die Zucht größerer Pferde förderten; so durfte zum Beispiel um 1540 kein Hengst frei auf der Weide laufen, der kleiner war als 153 Zentimeter. Nach den im Londoner Tower ausgestellten Rüstungen zu urteilen, kann das Great Horse jedoch nicht größer als 155 Zentimeter gewesen sein und keine Ähnlichkeit mit den heutigen massigen Shire Horses gehabt haben.

Heinrichs Tochter Elisabeth I. erwarb 1564 eine Kutsche. 1572 unternahm sie darin eine Reise von London nach Warwick, gezogen von «sechs der besten und stärksten Pferde und konnte danach tagelang nicht sitzen». Diese Pferde waren wahrscheinlich Great Horses, die damals als Kriegspferde bereits ausgedient hatten. Die Ursache für das Unbehagen Ihrer Majestät war, abgesehen von der fehlenden Federung, der Zustand der Straßen, sofern es überhaupt welche gab. Die Wege waren im Sommer so tief ausgefahren und im Winter so verschlammt, daß die Pferde die Kutschen und Wagen nicht zogen, sondern buchstäblich querfeldein schleppten. Trotzdem legte die Verwendung des Great Horse zu diesem Zweck den Grundstein für die Entwicklung der schweren Zugpferde in Großbritannien und für einen bemerkenswerten Rollenwechsel des Kriegspferdes, das gezüchtet worden war, um eine Rüstung und einen gepanzerten Reiter zu tragen.

Thomas Blundeville (derselbe, der Pferde ablehnte, die «auf einem Fleck auf und ab hüpfen und tanzen») wies darauf hin, wie wichtig es sei, Kaltblüter vom Kontinent zu importieren, und erwähnte dabei drei Rassen: das Deutsche Zugpferd, das er Almaine nennt, den Friesen und das Flämische (oder Flandrische) Pferd, beide aus den Niederlanden. Das letztere, das ebenso wie der Friese fast immer schwarz war, taucht in der Entwicklung des Shire Horse immer wieder auf und muß als Vorfahr dieser Rasse betrachtet werden, obwohl auch die leichteren Friesen, die heute beachtliche Traber sind, eine Rolle gespielt haben. Beide wurden mit den einheimischen Pferden gekreuzt, wobei das Flämische Pferd wegen seiner Größe wohl den stärkeren Einfluß ausübte. Die Einkreuzung von Friesen führte zu einer Verfeinerung und zu besseren, freieren Bewegungen.

Ein weiterer Faktor in der Entwicklung des Shire Horse war in der Mitte des siebzehnten Jahrhunderts die Trockenlegung der Fens, einer ausgedehnten Moorlandschaft an der Nordseeküste, ein Werk, das erst im neunzehnten Jahrhundert beendet wurde. Diese Arbeit regte die Zucht von großen, starken Pferden an, denn sie erforderte Gewicht und Kraft. Die besten Pferde wurden auf den Fens und in den angrenzenden Grafschaften Leicestershire, Staffordshire und Teilen von Derbyshire gezüchtet; sie waren jedoch nicht einheitlich im Typ. Um die Zeit, in der mit dieser Arbeit begonnen wurde, gab Oliver

Cromwell, der selbst aus den Fens stammte und Landwirt war, den englischen Zugpferden den Namen Blacks, und von diesem Zeitpunkt an wird das Great Horse nicht mehr erwähnt.

Der Hengst, den man als den Begründer der Zucht bezeichnen könnte, trug den merkwürdigen Namen Packington Blind Horse und stand zwischen 1755 und 1770 in oder bei dem Dorf Packington in der Nähe von Ashby de la Zouche. Er erschien, hauptsächlich wegen seiner Nachkommen, im ersten Shire Horse-Stutbuch.

Die Shire Horse Society wurde 1884 gegründet, acht Jahre nach dem Erscheinen des ersten Stutbuchs und nachdem der ursprüngliche Name «English Cart Horse Society» abgelegt worden war. Zwischen 1901 und 1914 wurden jährlich über fünftausend Pferde eingetragen, und der große Markt, den die USA darstellten, bildete für die Züchter einen starken Anreiz.

Doch um 1947, nach dem Zweiten Weltkrieg, gab es in Industrie und Landwirtschaft kaum noch Aufgaben für das Shire Horse. Bemerkenswerterweise überlebte die Rasse trotzdem. Heute veranstaltet der Zuchtverband alljährlich eine Schauveranstaltung, die große Zuschauermengen anzieht. Dieser Rasse ist tatsächlich ein Comeback gelungen. An der Schau des Jahres 1986 waren dreihundert Pferde beteiligt, und es hatten sich mehr als fünfzehntausend Liebhaber eingefunden.

Das heutige Shire Horse ist von besserer Qualität als seine Vorfahren und ähnelt eher denen, die früher in den Midlands gezüchtet wurden, als dem rauheren Fen-Typ. Der Durchschnitts-Shire wiegt zwischen 1016 und 1118 Kilogramm und ist über 173 Zentimeter hoch. Ein charakteristisches Merkmal des Shire Horse ist sein üppiger Fesselbehang, eine Eigentümlichkeit, die den Shire-Horse-Züchtern fast zum Verhängnis wurde: Ihre amerikanischen Kunden mochten den dichten Fesselbehang nicht, weil sich unter Arbeitsbedingungen leicht eine endzündliche Hautreizung in der Fesselbeuge, die Mauke, einstellen kann. Die modernen Shire Horses haben deshalb keinen so üppigen Fesselbehang mehr, wie er vor etwa fünfzig Jahren üblich war.

Die Kraft des Shire Horse läßt sich an den Ergebnissen einiger Zugwettbewerbe ablesen, die während der Blütezeit der Zucht sehr beliebt waren. Bei der Ausstellung in Wembley 1924 zog ein Gespann gegen ein Dynometer (ein Gerät zum Messen mechanischer Kräfte) bis über dessen Skala hinaus. Es wurde geschätzt, daß sie eine Zugkraft ausübten, die einem Startgewicht von fünfzig Tonnen entspricht. In Tandemanspannung (das heißt hintereinander gespannt) bewegte dasselbe Paar mühelos eine tatsächliche Last von 18,5 Tonnen auf schlüpfrigem Granitpflaster. Dabei hatte sogar das Gabelpferd die Last allein in Gang gebracht, bevor sein Gefährte in den Strängen mitziehen konnte.

Die Züchter in den Midlands ließen ihre Stuten lange Zeit bis zwei Monate vor dem Abfohlen noch in der Landwirtschaft arbeiten und behielten das mittelalterliche System bei, Hengste nur für den Krieg einzusetzen. Wenn die Stuten arbeiteten, liefen die Fohlen gewöhnlich frei mit.

Der Suffolk Punch

Der Clydesdale

Der aus Frankreich stammende Percheron

Die älteste der englischen Kaltblutrassen ist der Suffolk Punch aus East Anglia. Der Punch wird definiert als «eine Spielart des englischen Pferdes mit kurzen Beinen und einem tonnenförmigen Rumpf; ein kurzer, fetter Bursche». Die früheste Abstammung dieser Rasse ist unbekannt. William Youatt äußerte 1831 die Vermutung, der Suffolk Punch sei aus einer Kreuzung von importierten Normannenpferden, mit denen er Percherons gemeint haben könnte, und aus Suffolk stammenden Wagenpferden hervorgegangen. Seit der Eroberung durch die Normannen gab es viele derartige Pferde in dieser Gegend. In seiner Beschreibung von Smithfield Market aus dem Jahre 1170 erwähnt William Fitzstephen «Stuten, geeignet für den Pflug, den Schlitten und den Wagen». William Camden, der 1586 für die «Britannia» schrieb, erwähnte die Suffolk-Rasse ebenfalls und erklärte, daß es sie schon seit achtzig Jahren gebe.

Sicher ist, daß sich jeder heute lebende Suffolk Punch auf einen einzigen Hengst zurückverfolgen läßt, zu Crisp's Horse of Ufford (oder wahrscheinlich eher Orford, wo eine Familie Crisp einmal Land besessen hat). Dieser Hengst wurde 1760 geboren.

Als reingezüchtete Rasse ist der Suffolk Punch für die Arbeit auf den schweren Lehmböden von East Anglia hervorragend geeignet; außerdem hat er den Vorteil, daß er keinen so üppigen Fesselbehang wie das Shire Horse besitzt. Der Suffolk Punch wiegt etwa ebensoviel wie das Shire Horse, erreicht aber nur ein Stockmaß von 163 bis 166 Zentimetern. Seine Bewegungen sind länger und flacher als die hohen, energieverschwendenden Gänge des Shire, und die Farmer in East Anglia behaupteten, es gebe keine Rasse, die ihre Pferde beim Bearbeiten der schweren Böden übertreffe. Der Suffolk Punch ist sehr langlebig, hat eine enorme Zugkraft und kann bei kleineren Futterrationen, als andere Rassen sie benötigten, stundenlang arbeiten; mit anderen Worten: er ist ein guter Futterverwerter.

Auf einer Farm in East Anglia wurde ein Gespann in der Regel um 4.30 Uhr gefüttert und geputzt. Um 6.30 Uhr, nach einer zweistündigen Verdauungszeit, wurde es zur Arbeit geführt. Andere Kaltblutrassen brauchten am späten Vormittag ein «zweites Frühstück» aus dem umgehängten Futterbeutel mit einer anschließenden längeren Verdauungspause. Doch das Suffolk-Punch-Gespann arbeitete mit nur kurzen Unterbrechungen bis 14.30 Uhr.

Die Suffolk Punches sind immer Füchse. Sieben verschiedene Schattierungen werden von der 1877 gegründeten Suffolk Horse Society anerkannt. Sie rangieren von einem hellen Mehlton bis zu einem dunklen Fuchsbraun. Am häufigsten kommt ein leuchtendes Fuchsrot vor. Suffolk Pferde wurden in die Sowjetunion, nach Australien, Afrika und Pakistan exportiert, wo sie noch heute zur Zucht von Armeepferden verwendet werden.

Die einflußreichste der drei britischen Kaltblutrassen ist der Clydesdale. Er besitzt zwar nicht die massige Erscheinung des Shire Horse und auch nicht die mollige Solidität des Suffolk Punch, hat aber dafür die besten Gänge. Außerdem wurde er konsequent auf gesunde Hufe und Erbgesundheit selektiert.

Diese Politik der Züchter zahlte sich aus: Es wurden mehr Clydesdales in die ganze Welt exportiert als Angehörige anderer englischer Rassen. Clydesdale-Gespanne kultivierten die Prärien der USA und Kanadas. Auch der Handel mit Südafrika, Neuseeland und den europäischen Ländern blühte, und in Australien nennt man sie «die Rasse, die Australien schuf».

Die Rasse, wie wir sie heute kennen, ist nicht mehr als hundertfünfzig Jahre alt, doch zu Beginn des achtzehnten Jahrhunderts wurden mit Sicherheit Flämische Hengste ins Tal des Clyde in Lanarkshire eingeführt und dort mit den wesentlich kleineren bodenständigen Zugpferden gekreuzt. Zwischen 1715 und 1720 importierten der sechste Herzog von Hamilton und vor allem John Paterson aus Lochlyoch Flämische Hengste, und etwas später wurde der Rasse zweifellos auch Shire-Blut zugeführt. Es ist auch möglich, daß ein Austausch in beide Richtungen stattfand, daß also auch Shire Horses vom Clydesdale-Blut profitierten. Lawrence Drew, im späten neunzehnten Jahrhundert Verwalter des elften Herzogs von Hamilton in Merryton, war der festen Überzeugung, daß das Shire Horse und der Clydesdale nur zwei Spielarten derselben Rasse wären.

Der hohe Wert, den die Züchter auf die Qualität ihrer Pferde legten, vor allem in bezug auf die Beine und Hufe und die freien, flüssigen Bewegungen im Schritt und im Trab, machten den Clydesdale zu einem überragenden Arbeitspferd. Es war jedoch die Begabung der Schotten, für ein gutes Produkt Reklame zu machen, die den Clydesdale zu einer der einflußreichsten Arbeitspferderassen auf der ganzen Welt machte.

Der vierte in diesem berühmten Quartett ist der Percheron, der eleganteste und hübscheste der Kaltblüter und auch der mit der romantischsten Vergangenheit. Im Laufe der Zeit wurde der Percheron für alle möglichen Zwecke genutzt: als Kriegspferd, Kutschpferd, Arbeitspferd, Geschützpferd und sogar als Reitpferd. Er stammt aus dem Kalksteingebiet von La Perche in der Normandie, und es wird behauptet, daß seine Vorfahren Karl Martells Ritter 732 zu ihrem Sieg über die Mauren zwischen Tours und Poitiers trugen. Nach dieser Schlacht standen orientalische Pferde zur Verfügung, die ausgiebig zur Veredelung der Rasse benutzt wurden. Weitere Araber wurden nach dem Ersten Kreuzzug (1096–99) von dem Grafen Robert von Rotrou zugeführt, und ab 1760 standen den Percheron-Züchtern Araberhengste im königlichen Gestüt von Le Pin zur Verfügung.

Eine französische Kapazität des neunzehnten Jahrhunderts, die vielleicht ein wenig zu Übertreibung neigte, behauptete, die Percherons wären «Araber, die durch das Klima und die jahrhundertelange Feldarbeit beeinflußt wurden». Dadurch wird der arabische Einfluß vielleicht überbetont, aber zweifellos dominiert in den besten Percheronhengsten und in den wichtigsten Zuchtlinien das Araberblut. Zwei großartige, in der Percheronzucht verwendete Araberhengste sind Godolphin und Gallipoly; letzterer brachte den berühmtesten aller Percheronhengste hervor, den 1830 in Mauvres-sur-Huisne geborenen Jean le Blanc.

Das entscheidende Charakteristikum von arabischem Blut, dem reinsten der Welt, ist, daß es dem Züchter, der es überlegt und stetig einsetzt, einen gewünschten Pferdetyp hervorzubringen erlaubt, und zwar in relativ kurzer Zeit. Die Percheronzüchter nutzten ihre Vorteile und züchteten erfolgreich, was der Markt verlangte; am Ende des neunzehnten Jahrhunderts stellten sie ihre Zucht von Kutschpferden auf schwere Arbeitspferde um.

Auf ihrem Höhepunkt stand die Rasse zwischen 1880 und 1920, als Percherons in den USA, in Australien, Südafrika und Südamerika sehr gefragt waren. In Großbritannien schlossen sich die Liebhaber dieser Rasse 1918 zu einem Verein zusammen. Kurz vor der Jahrhundertwende waren in den USA 5000 Dollar ein gängiger Preis für einen guten Percheron. Allein 1880 wurden über fünftausend Hengste und zwischen zwei- und dreitausend Stuten in die Vereinigten Staaten importiert. Zwanzig Jahre später gab es mehr als fünftausend Züchter, und zwischen 1900 und 1910 wurden 31 900 Zuchtpferde registriert. Spitzenpferde erzielten Preise von 40 000 Dollar und mehr. Das größte Pferd der Welt wurde natürlich in Amerika gezüchtet. Es war der Percheron Dr. Le Gear, der 1902 geboren wurde, 1372 Kilogramm wog und ein Stockmaß von 214 Zentimetern hatte.

Wegen der enormen Verluste an Pferden importierte Großbritannien im Ersten Weltkrieg Percherons und Percheronkreuzungen aus den USA und Kanada. Tausende von ihnen wurden 1915 nach Frankreich geschickt. Sie hatten einen hohen Anteil an den Pferdeverlusten, die sich allein bei den Engländern zwischen 1914 und 1918 auf die bestürzende Zahl von einer halben Million beliefen.

Westeuropa konzentrierte sich auf die Kaltblutrassen, die zum Land paßten und den fortgeschrittenen landwirtschaftlichen Methoden entsprachen. In Osteuropa, wo die Landwirtschaft weniger hoch entwickelt, die Äcker kleiner und der Boden leichter war, spielte das Kaltblutpferd nie eine Rolle. Es entsprach nicht den herrschenden Bedingungen; außerdem sind leichtere Pferde billiger zu ernähren als Kaltblüter. Die Osteuropäer brauchten Pferde, die sich sowohl vor den Wagen spannen und reiten als auch für die Feldarbeit verwenden ließen. Anders als in Westeuropa war der Besitz von Pferden eng mit den Traditionen verknüpft; in einer Gemeinde von Kleinbauern galt er auch als Statussymbol und als Zeichen der Wohlhabenheit. Unter diesen Verhältnissen waren langsame, schwere Pferde, deren Haltung teuer war und die sich nur beschränkt einsetzen ließen, einfach fehl am Platze.

Diese leichteren Pferde bildeten indes die Grundlage für die zwischen dem siebzehnten und neunzehnten Jahrhundert blühende Zucht der berühmten osteuropäischen Kutschpferde, und diese wiederum trugen zur Entstehung des modernen europäischen Sportpferdes bei.

Nach dem Ende des Feudalsystems bildete sich eine ländliche Mittelklasse, die entweder Land besaß oder gepachtet hatte. Diese freien Bauern – von denen in Großbritannien einige reich genug wurden, um in den Landadel aufzusteigen – besaßen und züchteten Pferde für die Landwirtschaft. Mit zunehmendem Wohlstand kam auch ein flottes Kutschpferd für die Markttage dazu. Manche von ihnen brachten es sogar zu Kutschgespannen, und vermutlich hatten sie zum Reiten außerdem noch einen Cob oder einen Hunter oder beides.

In den Niederlanden, in Deutschland und Frankreich entwickelte sich die bäuerlich-kapitalistische Gesellschaft etwas anders, weil die Bauern eigenes Land kauften. Die meisten von ihnen waren nur Kleinbauern, aber auch sie brauchten ein Pferd für die Feldarbeit. Als der Besitz von Pferden nicht länger nur der Aristokratie vorbehalten war, stieg die Zahl der Pferdehalter rapide an.

Seit Mensch und Pferd miteinander in Beziehung traten, war das Pferd ein Symbol für Macht und Autorität. Der Berittene war dem Fußgänger zu jeder Zeit überlegen. Der Reiter mußte auf den Fußgänger herabschauen, ebenso wie der Fußgänger gezwungen war, zum Reiter, dessen Knie sich etwa auf seiner Augenhöhe befanden, aufzusehen. An dieser Tatsache hat sich bis heute nichts geändert. Von feinen Herren erwartete man, daß sie ritten oder in einer eleganten Kutsche fuhren, und die, die als feine Herren gelten wollten, folgten ihrem Beispiel. Der freie Bauer der Mittelklasse ritt aus praktischen Gründen, aber auch um seine gesellschaftliche Stellung zu verdeutlichen. Das Pferd genoß solch ein hohes Ansehen, daß sich unter den Leuten, die es pflegten, schnell eine Hierarchie herausbildete. Unter den Landarbeitern genoß der Stallmeister das höchste Ansehen, und niemand machte ihm das Recht streitig, sein Pferd am Morgen als erstes aus dem Stall zu führen. In «Life in a Welsh Countryside» weist A.D. Rees darauf hin, daß der älteste Sohn für die Pferde sorgte, der zweitälteste für die Rinder und der dritte für die Schafe. Er vermutet, daß diese Einstellung von einer englischen «Pferdekultur» herrührt, die mit hohem gesellschaftlichem Ansehen verbunden war. Die Rinder zum Beispiel trugen immer walisische Namen, doch die prestigeträchtigen Pferde erhielten englische Namen, die auf ihren aristokratischen Rang verwiesen: Prince, Captain, Duke oder King.

Im neunzehnten Jahrhundert gehörten in Großbritannien viele Kutscher und Pferdepfleger einer Freimaurer-Vereinigung an, der Horseman's Society, die ihre eigenen geheimen Rituale und Initiationszeremonien hatte. Die Mitglieder brachten ihre Erfahrungen ein und halfen einander bei schwierigen Pferden. Im Mittelpunkt stand das «Horseman's Word», das nicht nur als Losung diente, sondern auch als Mittel zur Beherrschung jedes Pferdes. In East Anglia wurden Zaubersprüche verwendet, und es gab eine Vielzahl von Rezepturen und Ölen, von denen man glaubte, daß sie das Verhalten von Pferden beeinflussen könnten.

Obwohl die Arbeitspferde für jeden landwirtschaftlichen Betrieb von entscheidender Bedeutung waren, wurden doch wesentlich mehr Pferde im Transportwesen und in der Industrie eingesetzt. Ohne ein auf Pferden basierendes Transportsystem, das die Rohmaterialien zur Verarbeitung brachte und die fertiggestellten Waren abholte und auslieferte, wäre keinerlei industrielle Aktivität möglich gewesen.

Nach der Entdeckung der Neuen Welt verlagerte sich das Schwergewicht des Handels von den Mittelmeerländern auf Nordeuropa, von wo aus sich ein blühender Handel mit Amerika und Westindien entwickelte. Schon gegen Ende des sechzehnten Jahrhunderts wurden in den nordeuropäischen Häfen Unmengen von Gütern umgeschlagen. Allein in Antwerpen wurden jede Woche über zweihundert schwere Ladungen von Handelsgütern und anderen Waren nach Frankreich und Deutschland verschifft, und ebensolche Mengen kamen wieder zurück, während im Land selbst mehr als zehntausend Wagenladungen befördert wurden.

In Großbritannien, dem Land, das die industrielle Revolution anführte, hatte sich schon vor dem Zeitalter der Eisenbahn ein Transportsystem entwickelt, und bevor James Watt 1769 die Dampfmaschine erfand, arbeiteten Pferde in den Bergwerken. Die Kraft, die die neue Maschine erzeugte, nämlich die, die erforderlich ist, um ein Gewicht von 75 Kilo in einer Sekunde um einen Meter zu heben (also 745,7 Watt), wurde als Pferdestärke bezeichnet.

Pferde arbeiteten bei Schachtöffnungen an den Förderhaspeln der Aufzüge, zogen aber auch Kohlenwagen und lieferten die Antriebskraft für andere schwere Maschinen. Es gab Mühlen, die oft von blinden oder lahmen Pferden angetrieben wurden und die dort standen, wo Wind- oder Wassermühlen unpraktisch gewesen wären, und auch viele landwirtschaftliche Geräte wie Mahlwerke und Rübenschnitzler konnten nur durch Pferde angetrieben werden.

Vom neunzehnten Jahrhundert an wurden Ponys in fast allen britischen Kohlebergwerken eingesetzt, nachdem die vertikalen Schächte durch horizontale Stollen ersetzt worden waren, auf denen die Ponys zu den Kohlenflözen laufen konnten, und nachdem die «Käfige» eingeführt worden waren, in denen die Tiere in die Bergwerke befördert wurden.

Untertage lieferte das Pferd die sicherste Form von Energie.

Die Ponys lebten untertage und wurden in den meisten Fällen sehr gut gepflegt. Die Züchter von Grubenponys machten gute Geschäfte. In Schottland wurden hauptsächlich Shetland Ponys eingesetzt, vor allem wegen ihrer geringen Körpergröße und der enormen Kraft, die in keinem Verhältnis zu ihrer Kleinheit stand. In Wales waren die Grubenponys oft Welsh Mountain Ponys oder Welsh Cobs, die speziell für diese Arbeit gezüchtet wurden. Grubenponys gab es in Großbritannien, bis 1972 die letzten fünf, die in der Wheldale Colliery in Castleford arbeiteten, in den Ruhestand versetzt wurden.

Im frühen achtzehnten Jahrhundert, als es noch keine Eisenbahnen gab, war in Großbritannien ein Netz von Wasserstraßen angelegt worden. Güter und Passagiere wurden auf Kanalschiffen transportiert, die von Pferden und manchmal auch von Maultieren oder sogar Eseln gezogen wurden. Die Kanäle, die Schleppkähne und die Treidelpferde wurden auch nach der Einführung der Eisenbahn weiterverwendet, und Treidelpferde gab es noch in den späten 1950er Jahren. Zum Treideln wurde nie eine spezielle Pferderasse oder ein bestimmter Pferdeschlag verwendet, wie es auch nie ein «Industriepferd» gab, obwohl nur wenige andere Pferde eine Aufgabe hatte, die so hohe Ansprüche an sie stellte und ihnen so viel Intelligenz und Vielseitigkeit abverlangte.

Die meisten Treidelpferde waren entweder kräftige, leichte Zugpferde irischer Abstammung oder kleinere, dem Shire Horse ähnelnde Versionen schwerer Kaltblüter. Wegen der Höhe der Brücken an den Treidelpfaden können sie kaum über 156 Zentimeter groß gewesen sein. Die Kraft war das wichtigste, denn diese Pferde mußten Lasten von 50 bis 60 Tonnen in Bewegung setzen und in Bewegung halten. 1810 wurde geschätzt, daß drei Männer und ein Pferd dieselbe Menge an Gütern auf einem Schleppkahn befördern konn-

**Statt die Nachfrage zu verringern, schuf die Einführung der Eisenbahn einen noch größeren Bedarf an Arbeitspferden. Da immer mehr Güter und Rohmaterialien von den Bahnstationen in die Fabriken gebracht werden mußten, waren immer mehr Transporte über kurze Strecken erforderlich.**

ten wie zehn Mann und sechzig Pferde mit einem Wagen auf der Straße. Ein Treidelpferd zog seinen Kahn mit einer Geschwindigkeit von 3,2 Stundenkilometern. Einige der leichteren Kähne konnten 80 bis 100 Kilometer am Tag zurücklegen, wenn sie von Trabern gezogen wurden, die jeweils nach einer gewissen Strecke ausgewechselt wurden. Im Vergleich zur frühen, pferdebespannten Eisenbahn war der Transport auf Kanälen zweifellos die bessere Lösung.

Um die Mitte des achtzehnten Jahrhunderts wurden Schleppkähne mit einer Zuladung bis zu 200 Tonnen entweder von vierzehn Pferden themseaufwärts gezogen oder von achtzig Männern, die sich in die Zugseile legten und die Kähne wesentlich langsamer vorwärts bewegten. Am Ende jenes Jahrhunderts wurde auf einigen Kanälen, insbesondere auf dem Grand Union und dem Shropshire Union, eine Form des Schnelltransports für Passagiere und leichte Güter eingerichtet, die ähnliches Ansehen genoß wie später die Postkutschen.

Zu jener Zeit muß das Reisen mit den leichten Treckjachten ein aufregendes Erlebnis gewesen sein und wahrscheinlich wesentlich bequemer als das auf der Straße. Das letzte dieser Boote wurde erst nach dem Ersten Weltkrieg außer Dienst gestellt, und Treckjachten, die dringende Fracht mit einem Gewicht bis zu 18 Tonnen beförderten, waren auch nach dem Aufkommen der Eisenbahn noch längere Zeit in Gebrauch.

Die Treckjacht war ein leichtes, flaches Boot mit einem Tiefgang von nicht mehr als 46 Zentimetern. Sie wurde von zwei Pferden an zwei Leinen gezogen, die am Bug und am Heck befestigt waren. Auf dem Shropshire Union saß auf dem hinteren Pferd ein Reiter und trieb das vordere mit der Peitsche und Zurufen an. Sowie das Boot einmal in Gang gebracht war, liefen die Pferde in einem gleichmäßigen, ruhigen Galopp, wobei sich der Bug so weit aus dem Wasser hob, daß das Boot leicht dahinglitt. Da die Zugseile vorn und hinten angebracht waren, wurde das Boot parallel zum Ufer gezogen, und der Steuermann brauchte nur gelegentlich geringfügige Kurskorrekturen vorzunehmen. Auf dem Grand Union saß der Reiter gewöhnlich auf dem vorderen Pferd – eine Methode, bei der er die Situation wahrscheinlich nicht so gut unter Kontrolle hatte, die aber auch weniger Können und Erfahrung voraussetzte.

Die Treckjachten hatten Vorrang vor allen anderen Fahrzeugen. Um dieses Recht durchsetzen zu können, hatten sie am Bug sichelförmige Klingen, die das Zugseil jedes Schleppkahns durchschnitten, der ihnen nicht schnell genug auswich. Die Pferde arbeiteten paarweise und wurden jeweils nach fünf bis acht Kilometern abgelöst; die Boote hatten eine Durchschnittsgeschwindigkeit von sechzehn bis neunzehn Stundenkilometern. Wie bei der Eisenbahn mußten die Passagiere einen Fahrpreis von einem Penny pro Meile bezahlen. Das Überwinden der Schleusen und der Pferdewechsel verlangte von den Schleusenwärtern und Reitern großes Können und viel Urteilsvermögen; das Personal der Treckjachten erreichte einen Standard, der durchaus mit dem der Postkutschen zu vergleichen ist, wo man es schaffte, das Gespann in fünfzig Sekunden auszuwechseln.

Bei starkem Frost wurden Eisbrecher von mehr als zwei Meter Breite eingesetzt, um die Kanäle offenzuhalten. Bis zu zwanzig Pferde zogen einen solchen Eisbrecher, und zwar häufig im Galopp. An Bord des Schiffes waren Männer, die es von einer Seite zur anderen schaukelten, damit eine möglichst breite Fahrrinne entstand. Da die Kanalschiff-Unternehmer Futtergeld für die Pferde zahlten und den Männern Freibier spendierten, ist anzunehmen, daß alle Beteiligten mit ihrer Arbeit zufrieden waren.

Um sich nicht zu verletzen oder gar zu Tode zu kommen, mußten die Treidelpferde lernen, sich mit dem Treidelpfad, den Brücken und den Tunnels zurechtzufinden. An den größeren Kanälen waren die Treidelpfade zumeist geschottert, doch an den kleineren Wasserwegen häufig schlammig und in schlechtem Zustand. Außerdem gab es auf ihnen selbstschließende Tore und Zaunübertritte in Grenzzäunen, die bis ans Wasser heranreichten. Die Pferde waren darauf trainiert, Hindernisse wie diese Übertritte, die bis zu 90 Zentimeter hoch sein konnten, zu überspringen. Solch eine Höhe aus tiefem Morast oder von einem glitschigen, aufgewühlten Untergrund aus zu springen, ist eine beachtliche Leistung, zumal die Pferde noch das Geschirr trugen. Viele Pferde verletzten sich, wenn sie mit dem Zugseil oder dem Ortscheit an den Übertritten hängenblieben. Constables Gemälde «The Leaping

**Mit einem davorgespannten Pferd gibt sogar dieser Schleppkahn ein hübsches Bild ab.**

Horse» stellt ein Treidelpferd dar, das gerade ein solches Hindernis überwindet.

Mit der geringeren Nutzung der Kanäle verfielen auch die Treidelpfade. 1904, als immer noch sehr viel Fracht auf dem Wasserweg transportiert wurde, schrieb Henry de Salis in Bradshaws «Canals and Navigable Rivers» über die Gefahren, die diese Pfade mit sich brachten: «Im Winter ein einziger Morast und so von Hecken zugewuchert, daß für ein Pferd kaum noch Platz bleibt.» Noch zu Anfang des zwanzigsten Jahrhunderts gab es auf den Treidelpfaden Zaunübertritte.

Wenn der Treidelpfad am anderen Ufer weiterführte, mußten die Pferde den Kanal überqueren. Das taten sie entweder über gewölbte Brücken oder über spiralförmige «Wanderbrücken», bei denen sie nicht ausgespannt zu werden brauchten. Wo es keine Brücken gab, wurden die Pferde übergesetzt, entweder mit ihrem eigenen Boot oder mit einer Pferdefähre. Manchmal mußte das Treidelpferd auch von einem Anleger in ein schwimmendes Boot springen und auf der anderen Seite wieder heraus – eine Aktion, die sowohl Beweglichkeit als auch Intelligenz von ihm forderte. Das Leben der Treidelpferde war voll von solchen Gefahren.

In den Kanälen gab es eine Reihe von Schleusen, bei deren Bedienung die Treidelpferde helfen mußten; an Stellen, an denen der Bau von Schleusen oder Durchstichen unpraktisch gewesen wäre, gab es aber auch Tunnel – in Großbritannien 45, die regelmäßig benutzt wurden und bis zu 1,6 Kilometer lang waren. In manchen gab es Treidelpfade, doch wo keine vorhanden waren, wurden die Pferde von Kindern über den Tunnel hinweggeführt oder mußten, was ebensooft der Fall war, ihren Weg ans andere Ende selbst finden. Inzwischen stakte die Besatzung das Boot durch den Tunnel oder legte sich auf Bretter, die quer über den Bug gelegt wurden, und bewegte das Boot voran, indem sie sich mit den Füßen von der Tunnelwand abstieß.

Treidelpferde mußten auf Kommandos vom Boot oder vom Ufer schnell reagieren, vor allem wenn sie andere Pferde überholten oder von ihnen überholt wurden. Sie lernten, ihre ganze Kraft ins Geschirr zu legen oder ganz behutsam zu ziehen, und bewiesen ein ausgezeichnetes instinktives Urteilsvermögen. Als die Pferde auf dem Grand Union in den 1950er Jahren durch Traktoren ersetzt wurden, führte der mangelnde «Pferdeverstand» der Fahrer oft dazu, daß sie ins Wasser gezogen wurden.

Daß ein Pferd ins Wasser fiel, kam natürlich auch häufig vor, und das konnte schwerwiegende Folgen haben. Meistens war die Ursache ein Verhaken der Zugleine oder ein überholendes Pferd, das sich vorbeidrängte. Wenn ein Pferd ins Wasser fiel, mußte ihm der Bootsmann sofort nachspringen, um es vom Geschirr zu befreien und es an eine seichte Stelle oder ans Ufer zu führen.

Selbst als der erste Mensch schon seinen Fuß auf den Mond gesetzt hatte, gab es noch vereinzelt Treidelpferde, doch langsam, aber sicher übernahmen Benzin- und Dieselmotoren ihre Aufgabe, wenn auch nicht immer völlig zufriedenstellend. Die frühen Motoren waren nicht sehr verläßlich und nahmen den Platz von mehreren Tonnen wertvoller Fracht ein. An den Betriebskosten änderte sich kaum etwas, und Motorkähne waren auch nicht viel schneller als von Pferden gezogene. Wenn die Kähne schneller fuhren, beschädigten die Bugwellen die Kanalwände; aus diesem Grund gab es strenge Geschwindigkeitsbegrenzungen. Allerdings konnten die Motoren die Nacht durcharbeiten, während ein Pferd Ruhe brauchte.

Warum trugen die Treidelpferde Maulkörbe? Nicht weil sie bösartig waren, sondern nur, damit sie unterwegs nicht grasen konnten, denn das war in einigen Gegenden verboten. Obwohl die Arbeit hart und strapaziös war, sind einige Treidelpferde doch sehr alt geworden. Den Rekord für die Langlebigkeit eines Pferdes hält nachweislich ein Treidelpferd aus Blackburn, das auf den phantasielosen Namen Billy hörte und 1972 im erstaunlichen Alter von 63 Jahren starb.

Ein weiteres Transportnetz wurde mit Packpferden geschaffen, die nicht nur in Großbritannien eingesetzt wurden, sondern überall in der Welt, wo es bergiges Gelände und nur wenige gute Straßen gab. In Großbritannien beförderten Ponys und Cobs Schiefer von den Steinbrüchen in Nordwales zu den Häfen von Porthmadog und Bangor. Im Norden Yorkshires, in Northumberland und in Durham wurde das Dales Pony als Pack- und Zugtier und auch in den Kohlebergwerken verwendet. Diese vielseitigen und ungeheuer kräftigen Ponys transportierten Blei und Kohle auf ihren Packsätteln und arbeiteten auch vor dem Pflug, als Zugtiere und Hütepferde für Schafzüchter in einer gebirgigen Landschaft, in der größere und weniger trittsichere Pferde große Schwierigkeiten gehabt hätten.

Auf der anderen Seite der Penninischen Kette und in Cumbria wurde im ganzen achtzehnten Jahrhundert der Nachbar des Dales Ponys, das etwas kleinere, zierlichere und besser zum Reiten geeignete Fell Pony eingesetzt, um Blei von den Minen in den Bergen zu den Docks von Tyneside zu befördern. Mit einer Packlast von ungefähr 100 Kilogramm legten diese Ponys in schwierigem, bergigem Gelände durchschnittlich 385 Kilometer pro Woche zurück. Sie gingen in Gruppen von zwanzig und mehr Tieren, die Kopf an Schweif die engen Pfade und felsigen Abstiege bewältigten und nur von einem einzigen Reiter begleitet wurden.

Die Shetlands, die kleinste der britischen Ponyrassen, wurden als Packtiere für Seetang und Torf verwendet und halfen den Kleinstbauern bei der Landwirtschaft.

Auch das beste Kutschpferd Großbritanniens, der Cleveland Bay, wurde als Packpferd eingesetzt. Diese Rasse entstand im Nordosten von Yorkshire und entwickelte sich aus dem Chapman Pferd, dem Andalusier und dem Berber; die letzteren kamen im siebzehnten Jahrhundert nach England. Im Grunde war es nur der alte Chapman-Typ, der als Packpferd benutzt wurde. Er war stark und kurzbeinig und hatte den breiten, ziemlich langen Rücken, der für ein Packpferd ideal ist; während des achtzehnten Jahrhunderts war er im Norden von Yorkshire das Haupttransportmittel für landwirtschaftliche Erzeugnisse, Wolle, Getreide und andere Güter. Der Mann, der das Pferd führte, der Handlungsreisende jener Zeit, wurde «chapman» (Hausierer) genannt, und nach ihm erhielt der Pferdetyp seinen Namen.

Ein weiteres britisches Packpferd war das Devonshire, eine größere Ausgabe des Exmoor und des Dartmoor Ponys. Das Devonshire Packpferd war etwa 153 Zentimeter groß und wurde im späten siebzehnten Jahrhundert als «für landwirtschaftliche Zwecke geeignetes gewöhnliches Pferd» beschrieben. Es war ein guter Traber und wurde um 1630 und später in dem zwischen Bampton, Devon und London eingerichteten Packpferdedienst eingesetzt.

Die ersten Eisenbahnpferde zogen Fracht und Passagiere über kurze und mittlere Strecken in Kutschen, die auf Schienen liefen. (Die erste Linie, auf der die Pferde regelrechte Eisenbahnwaggons zogen, war die Surrey Iron Railway, die 1803 gegründet wurde und zwischen Wandsworth und Croydon verkehrte.) Dieses Transportmittel ging der Dampflokomotive vorauf und überlebte in manchen Gegenden erstaunlich lange. Eine Zweigstrecke in Nordirland zum Beispiel, die am Bahnhof von Fintona endete, setzte bis 1957 pferdebespannte Passagierkutschen ein, und auf dem Kontinent gab es bis weit in das neunzehnte Jahrhundert hinein pferdebespannte Schienenfahrzeuge.

In Österreich gab es eine Pferdebahn, die auf einer langen Strecke verkehrte, nämlich zwischen Linz in Oberösterreich und Budweis in Böhmen. Mit dieser Bahn wurde vor allem Salz aus dem Salzkammergut nach Böhmen befördert, wo es kein Salz gab. Vor der Einführung dieser Bahnverbindung, die auch Passagiere stilvoll beförderte, mußte das Salz über schwieriges Gelände entweder von Männern oder von Packpferden getragen werden. Die Strecke zwischen Linz und Budweis wurde am 21. Juli 1832 von Kaiser Franz I. eröffnet, der mit seiner Gemahlin in einem prachtvollen Staatslandauer mit für Schienen geeigneten Eisenrädern und einem livrierten Kutscher auf dem Bock von Urfahr nach Sankt Magdalena reiste. Die Gesamtlänge der Strecke betrug 200 Kilometer, und in ihrer Blütezeit beförderte diese Pferdebahn jährlich 150 000 Passagiere sowie 100 000 Tonnen Fracht, davon mehr als die Hälfte Salz. Die Reise dauerte 14 Stunden, und die später eröffnete Anschlußlinie von Linz nach Gmunden nahm weitere sechs Stunden in Anspruch. Die Bahn fuhr vierzig Jahre lang; 1872 wurde der Betrieb eingestellt.

Die Linie Linz–Budweis war wahrscheinlich nicht sonderlich typisch, aber sie hatte einen ganz eigenen Charme. Von Anfang an wurde auf ausgesuchte Höflichkeit den Passagieren gegenüber Wert gelegt. Selbst die Verbote wurden auf außergewöhnlich respektvolle Weise formuliert. Statt eines knappen «Privat – kein Zutritt» oder «Betreten verboten» wurden ganze Aufsätze verfaßt:

> *Obwohl diese Schienen nicht für Fußgänger verlegt wurden, sondern um den schnellen Transport von Passagieren und Fracht zu ermöglichen, möchten wir doch niemanden des Vergnügens berauben, auf diesen Schienen spazierenzugehen. Wir halten es jedoch für erforderlich, alle Fußgänger zu bitten,*

*zur Seite zu treten, wenn sich ein Zug nähert, und den Zug ungehindert passieren zu lassen, da die Pferde und Wagen zum Ausweichen nicht in der Lage sind...*

Und dies war nur die Hälfte des Textes.

Hinweise in dieser Form mögen zwar absonderlich erscheinen, aber sie sind denen der Newcastle & Carlisle Railway, die in den 1860er Jahren operierte, doch bei weitem vorzuziehen. Dort hieß es, unbefugtes Eindringen in Anlagen der Gesellschaft könne mit sieben Jahren in einer australischen Sträflingskolonie bestraft werden.

1825 eröffnete George Stephenson (1781–1848) die erste dampfgetriebene Eisenbahn, auf der seine *Locomotion No. 1* einige Waggons voller Passagiere über die 39 Kilometer lange Strecke zwischen Darlington und Stockton zog. 1838 wurde die Linie London–Birmingham eröffnet, und sechs oder sieben Jahre später waren alle größeren Städte Großbritanniens durch ein Schienennetz miteinander verbunden. Isambard Kingdom Brunel (1806–1859), ein Ingenieur bei der Great Western Railway, verwirklichte seine Vision einer regelmäßigen Verbindung zwischen London und New York mit der großartigen Konstruktion der Bahnlinie vom Londoner Bahnhof Paddington nach Bristol. Später entwarf er Dampfschiffe, die den Atlantik überqueren konnten; das größte seiner Zeit war die *Great Eastern*, die 1858 vom Stapel lief.

Die Eisenbahnen beendeten das glänzende Zeitalter der Postkutschen, deren Blütezeit nur zwanzig Jahre, von 1825 bis 1845, gedauert hatte. Es wurde auf Radierungen, Gemälden und später auch auf Weihnachtskarten unsterblich gemacht und liefert noch heute gut verkäufliche Motive. Die Eisenbahnen lösten heftige Proteste aus, nicht nur von seiten der Landbesitzer, sondern auch von den Pferdezüchtern und -händlern, die einen Untergang der Kaltblutzucht vorhersagten. In Wirklichkeit trat genau das Gegenteil ein. Ebenso wie die Eisenbahnen zum Wachstum der Fabriken beitrugen, die in England während der industriellen Revolution zwischen 1789 und 1832 gegründet worden waren, übten sie auch einen starken Einfluß auf das Anwachsen des Pferdebestandes aus.

Die durch die Eisenbahn bewirkte Revolution – denn als solche muß man sie bezeichnen – führte bald zum verstärkten Einsatz von Arbeitspferden. Güter und Rohmaterialien mußten zu den Endstationen gebracht oder von dort aus weiterbefördert werden, ebenso die Passagiere. Die Eisenbahnen, die Fabriken in den Städten belieferten, trugen zur Bevölkerungsexplosion bei, und die gesamte Gesellschaftsstruktur – vom Transport schwerer Maschinen bis zur Versorgung der Stadtbevölkerung mit Nahrungsmitteln – hing vom Einsatz der Pferde ab.

Über ein Jahrhundert lang waren es die Eisenbahngesellschaften, die die größte Zahl von Pferden besaßen und einsetzten. Unzählige leichte Pferde (allein in London gab es um 1890 insgesamt dreihunderttausend von ihnen) zogen Linienbusse, Droschken und Ein- und Doppeldeckerbusse. Auf Lager-

Die verschiedenen Fuhrwerke in der Stadt schufen allein durch ihre gewaltige Anzahl ein ständig wachsendes Problem.

höfen und zum Rangieren von Waggons wurden Kaltblüter eingesetzt; sie waren billiger als Dampfmaschinen, einfacher zu handhaben und leistungsfähiger. An den Seitenwänden der Güterwaggons waren spezielle Streben angebracht, an denen die Zugstränge der Rangierpferde befestigt werden konnten.

Die Britische Eisenbahn setzte noch in den 1950er und 1960er Jahren Rangierpferde ein, und das letzte von ihnen, das in Newmarket stationiert war und die Pferdeboxen auf Nebengeleise rangierte, wurde erst 1967 in den Ruhestand versetzt. (Kaum ein Jahr später wurde auch die letzte Dampflokomotive bei der Eisenbahn außer Dienst gestellt.) Die Britische Eisenbahn bot bis in die 1960er Jahre einen Pferdetransport-Service an. 1957, als wegen der Suezkrise das Benzin rationiert war, verluden die Mitglieder der Jagdgesellschaft in Suffolk ihre Pferde in Bury St Edmunds auf die Bahn, die sie nach Melton in der Nähe von Sudbury beförderte, damit sie dort an einer Jagd teilnehmen konnten.

Lange Staus auf den Straßen sind nichts Neues.

Die frühen Eisenbahnen waren auch am Kanalsystem beteiligt, und die London Midland & Scottish Railway besaß eine Flotte von Booten, die Güter zu ihren Kais brachten, von wo aus sie mit Pferden zu den Bahnstationen transportiert wurden.

Die meisten der Eisenbahnpferde arbeiteten im Fuhrdienst und in der Auslieferung. Shire-Gespanne wurden für Schwertransporte eingesetzt, zum Beispiel zur Beförderung von Heizkesseln, schweren Maschinen und dergleichen; es gab Zugpferde für leichtere Waren und Cobs vom Hackney-Typ oder Welsh Cobs für die Auslieferung von Schnellsendungen, die im Trab mit einer Geschwindigkeit von 19 Stundenkilometern zugestellt wurden. Die Wagen dieses Expreßdienstes erhielten kurz vor dem Zweiten Weltkrieg ihre endgültige Form: sie wurden mit elektrischer Beleuchtung, Luftbereifung und Scheibenbremsen ausgerüstet. Der Expreßdienst bestand bis in die 1960er Jahre, in denen am Bahnhof Euston und in den Depots der London Midland Gesellschaft nach wie vor Pferde eingesetzt wurden.

In den 1890er Jahren unterhielten die größeren Eisenbahngesellschaften allein in London Ställe für sechstausend Pferde. 1928 war die London Midland Gesellschaft noch im Besitz von 9681 Pferden, eine Zahl, die 1937 nur auf 8500 abgesunken war.

Eisenbahnpferde waren beim Ankauf zwischen fünf und sieben Jahre alt. Sie arbeiteten meist nicht sehr lange, weil das ständige Anziehen schwerer Ladungen ihre Beine übermäßig belastete. Außerdem mußten sie stets auf den unnachgiebigen Straßenoberflächen laufen, was zu einem starken Verschleiß von Hufen und Gelenken führte. Pferde, die schwere Lasten in dichtem Verkehr zogen und immer wieder anhalten und neu anziehen mußten, hielten etwa vier Jahre durch, bevor sie dienstuntauglich wurden. Tiere, die außerhalb Londons leichtere Ladungen zu ziehen hatten, blieben etwa doppelt so lange einsatzfähig.

Die Pferde der Eisenbahngesellschaften wurden jedoch ausgezeichnet versorgt. Sie hatten ihre eigenen Tierärzte und manchmal sogar eigene Tierkliniken. Von allen Gesellschaften war die Great Western Railway entschieden die humanste. Einzelne Pferde oder Gespanne wurden stets von demselben Mann – oder einem Mann und einem Jungen – betreut, so daß sich ein gutes Verhältnis zwischen ihnen entwickeln konnte. Bei anderen Gesellschaften war es üblich, die Fahrer und Pfleger nach Bedarf auszutauschen, und es kam zu keiner derartigen Beziehung. «God's Wonderful Railway», wie die Gesellschaft genannt wurde, verkaufte ihre alten Pferde nicht, sondern behielt sie für leichte Arbeiten und ließ sie bei völliger Dienstuntauglichkeit von ihren Tierärzten einschläfern.

Die Omnibuspferde (ausschließlich Stuten) hatten ungefähr dieselbe Lebenserwartung wie die Pferde, die schwere Fracht zogen. Straßenbahnpferde hielten wegen des hohen Gewichts meist nur etwa ein Jahr weniger durch. Sowohl die Omnibus- als auch die Straßenbahnpferde erlitten durch das ständige Anhalten und wieder Anziehen Verletzungen an den Gelenken, Bändern und Sehnen.

Der Omnibus wurde im neunzehnten Jahrhundert in Frankreich erfunden, wenn man von dem kurzlebigen, 1662 von Blaise Pascal in Paris gegründeten Kutschdienst absieht. Nach Versuchen in Nantes führte Stanislaus Baudry 1828 in Paris einen Passagierdienst ein. In Nantes hatte seine Endstation neben dem Grundstück eines gewissen Monsieur Omnes gelegen, dessen Name ihn dazu anregte, das neue Verkehrsmittel Omnibus zu nennen.

Nach dem französischen Vorbild richtete George Shillibear 1829 eine Buslinie in London ein, die zwischen Paddington Green und der Bank von England verlief. Mr. Shillibear machte bankrott, doch das Omnibusgeschäft blühte. 1839 verkehrten in London 62 Busse; 1850 waren es 1300, und vierzig Jahre später 2210. Die Omnibusgesellschaften hatten elftausend Angestellte und ungefähr doppelt so viele Pferde.

Die Franzosen waren weiterhin am Omnibusgeschäft interessiert, und die größte Gesellschaft, die Compagnie Générale des Omnibus de Londres, änderte ihren Namen erst 1862 in London General Omnibus Company. Sie blieb der größte Betreiber von pferdegezogenen Omnibussen.

W. J. Gordon schrieb 1893, daß seiner Schätzung nach im Durchschnitt 14 Passagiere in einem Omnibus saßen (26 paßten hinein). Wenn man von 14 Fahrgästen und einem Fahrzeuggewicht von 1,5 Tonnen ausgeht, betrug die Last, die die Pferde bewegen mußten, 2,5 Tonnen. Die Durchschnittsgeschwindigkeit eines Omnibusses lag bei acht Stundenkilometern. Wenn der Bus voll besetzt war, was sicher gelegentlich vorkam, erhöhte sich die Gesamtlast einschließlich Fahrer und Schaffner auf sehr beträchtliche 3,25 Tonnen.

Zu jedem Omnibus gehörten elf Pferde, und jedes Pferd mußte dreieinhalb Stunden am Tag arbeiten, aber es war eine äußerst harte Arbeit, bei der zwei von drei Pferden im Dienst starben.

Es wurden häufig irische Pferde verwendet, vermutlich vom Typ des Irish Draught Horse, aber auch Clydesdales und Clydesdale-Kreuzungen. Das Irish Draught Horse ist für die Landarbeit ebenso geeignet wie als Kutschpferd und trägt seinen Besitzer auch hinter den Hunden durchs Gelände. Es ist ein kraftvolles Tier mit einem angeborenen Springvermögen und einer Fähigkeit, selbst schwierige Geländehindernisse zu überwinden. Der Irish Draught bildet die Grundlage für den Irish Hunter, der durch die Einkreuzung von Vollblut entsteht und als das beste Jagdpferd der Welt gilt.

Die auf Schienen laufende Straßenbahn folgte direkt auf den Pferdeomnibus. Gordon schreibt über ihre Einführung:

> *Die Straßenbahn sollte die Pferde schonen; es galt als erwiesen, daß die Benutzung von Schienen den Reibungswiderstand verringert und damit die Arbeit der Pferde erleichtert. Doch da eine Gesellschaft nicht davon leben kann, den Pferden die Arbeit leicht zu machen, wurde sogleich vorgeschlagen, das Ge-*

**Bei Beerdigungen war die Farbe der Pferde von großer Wichtigkeit. Einige Züchter spezialisierten sich sogar auf Pferde für diesen Zweck.**

*wicht der Fahrzeuge zu erhöhen, damit auch die Aktionäre Vorteil daraus ziehen könnten. Das hatte zur Folge, daß die armen Pferde jetzt noch um 20 Prozent schlechter daran sind als vor der Erfindung der Schienen.*

Eine Straßenbahn in Gang zu bringen, war für die Pferde schwerer, als es bei den Omnibussen der Fall war, vermutlich deshalb, weil die Schienen mit Schmutz bedeckt waren und natürlich auch wegen des erhöhten Gewichts. Ein von zwei Pferden gezogener Wagen wog vollbesetzt 5,5 Tonnen, und die Straßenbahnpferde waren schnell verbraucht.

Gordon zufolge gab es in London 10 000 Straßenbahnpferde und 1000 Straßenbahnen, die auf einem Schienennetz von 217 Kilometern Länge verkehrten.

Von Pferden gezogene Omnibusse und Straßenbahnen gab es ungefähr siebzig Jahre lang; dann wurden sie von der elektrischen Straßenbahn, dem ohne

**Die Grausamkeit des Menschen trat nicht nur gegenüber seinesgleichen zutage.**

Schienen laufenden Oberleitungsbus und schließlich von den benzin- und dieselgetriebenen Fahrzeugen abgelöst.

Zum Pferdebestand der Großstädte gehörten noch viele andere Pferde. In London wurden schwere Kaltblutgespanne, wie zum Beispiel Shire Horses, für die Lieferfahrten der Brauereien benutzt; die Post hatte Pferde für die Zustellung; es gab viele Kutschpferde, darunter auch private Gespanne, doch die meisten waren Mietpferde; und außerdem gab es noch viele Pferde, die Kohlenwagen zogen, denn im neunzehnten Jahrhundert wurden allein in London fünf Millionen Tonnen Kohle im Jahr verheizt. Dann waren da noch die Pferde der städtischen Müllabfuhr.

In den 1890er Jahren gab es in London außerdem ungefähr 11 300 Droschken, für die doppelt soviele Pferde benötigt wurden. Manche von ihnen wurden gut gepflegt, doch viele entsetzlich geschunden und mißhandelt. Noch schlimmer erging es den abgeschobenen Pferden – den alten, verbrauchten Tieren, die von kleinen Händlern und Geschäftemachern gekauft wurden und sich buchstäblich zu Tode schuften mußten.

England mag «ein Paradies für Frauen» (John Florio, 1553–1625) gewesen sein, aber es war «eine Hölle für Pferde» (Robert Burton, 1577–1640). Pferde vor überladenen Karren wurden brutal geprügelt; sie wurden immer schwächer und starben auf den Straßen; viele von ihnen waren in schrecklichem Zustand und litten unter chronischen Lahmheiten. Pferde, die in den Sielen starben, wurden sofort mit einer Winde auf den Wagen des Abdeckers gezogen.

In erster Linie ist es Richard «Humanity» Martin zu verdanken, daß das englische Parlament 1822 ein Gesetz zum Schutz der Tiere verabschiedete. Martin widmete sein ganzes Leben der Verringerung ihrer Leiden und war Mitbegründer der Gesellschaft zur Verhütung von Grausamkeit gegenüber Tieren. Wegen seiner hohen Schulden verbrachte er die letzten Jahre seines Lebens in Boulogne, außerhalb der Reichweite seiner Gläubiger, und starb dort 1834. Doch inzwischen war aus seiner Gesellschaft der Englische Tierschutzverein geworden, und die Arbeit, die er allen Widerständen zum Trotz begonnen hatte, trug Früchte.

Nur wenige Stadtpferde hatten einen friedlichen Tod. Die meisten wurden geschlachtet und dienten dem Menschen sogar noch im Tode. Nichts wurde verschwendet: die Knochen wurden zu Dünger zermahlen, nachdem ihnen das Fett entzogen worden war, das für Kerzen und Lederöl Verwendung fand; aus Haut und Hufen wurde Kleister gemacht, aus einigen Knochen Knöpfe; Mähnen und Schweife wurden für Möbelpolsterung, Angelleinen und Geigenbögen verwendet; die Häute wurden zu Lederwaren verarbeitet, und das Fleisch bekamen, zumindest in England, die Katzen und Hunde. Selbst die Hufeisen wurden abgenommen und wiederverwendet.

Von der Pferdeverwertung lebten allein in London dreißig große Firmen. Es ist schwer zu sagen, wer das schlimmere Los gezogen hatte – das Pferd, das dem Menschen im Krieg diente, oder das, von dem er in Friedenszeiten Gebrauch machte.

# Die Entwicklung der Ausrüstung

*Kapitel 14*

Bei der Domestizierung der Pferde mußten Mittel und Wege gefunden werden, die es dem Menschen ermöglichten, ein Tier zu beherrschen, das wesentlich größer und stärker war als er selbst. Glücklicherweise sind Pferde friedfertige Tiere, die ihre überlegene Kraft nicht ausspielen. Außerdem versuchen die meisten Pferde, ihrem Herrn zu gefallen und mit ihm zusammenzuarbeiten, und durch wiederholtes Üben kann ihnen ohne viel Mühe manches beigebracht werden.

Die Grundlage der Beziehung ist indes die Beherrschung des Pferdes. Danach hängt die weitere Ausnutzung seiner Kraft und Schnelligkeit und sein Einsatz für bestimmte Zwecke von der Entwicklung spezieller Ausrüstungsgegenstände ab. Mit der zunehmenden Verbreitung der Pferde und ihrer Verwendung für die verschiedensten Aufgaben wurde es nötig, immer neue Sattel-, Zaumzeug- und Geschirrformen zu erfinden.

Es scheint erstaunlich, daß die Entwicklung verhältnismäßig einfacher Gegenstände wie zum Beispiel des Steigbügels oder eines sicheren Sattels so lange dauerte. In anderen Dingen wie etwa der Form der Gebisse waren schon die Reiter der Antike sehr weit fortgeschritten. Obwohl Gebisse in jeder Form und Größe hergestellt wurden, hat sich die Grundform in den letzten dreitausend Jahren fast unverändert erhalten.

Die ersten Menschen, die Pferde als Haustiere hielten, waren bereits an den Umgang mit Rindern, Ziegen oder Rens gewöhnt, und es ist anzunehmen, daß sie bei der Domestikation des Pferdes auf ihre Erfahrungen mit diesen Tieren zurückgriffen. Es gibt genügend Fundstücke, die beweisen, daß zum Anspannen von Pferden eine ähnliche Ausrüstung verwendet wurde, wie sie für Ochsen gebräuchlich war. Anfangs wurden die Pferde wahrscheinlich mit einem Strick aus miteinander verwobenen Fasern oder einem Lederriemen zurückgehalten und geführt.

Vermutlich dauerte es dann nicht lange, bis jemand entdeckte, daß man das Pferd durch verstärkten Druck auf die Nase, hervorgerufen durch einen um die Nase geschlungenen Strick, besser kontrollieren konnte, und es war durchaus möglich, ein Pferd mit einer so simplen Zäumung auch zu reiten. Von da aus war es nur noch ein kleiner Schritt, den Strick um den Unterkiefer zu binden, wie es zum Beispiel bei den Indianern üblich war.

Die Entwicklung des Gebisses, bei dem ein Mundstück auf der Zunge und den Laden zwischen den Schneide- und Backenzähnen lag, ging relativ schnell. Die Gebisse bestanden zuerst aus Hartholz, dann aus Knochen und Horn und später aus Metall. Die ersten Reiter, die ein Kandarengebiß verwendeten, waren die Kelten.

**Der Damensitz ist vielleicht nicht gerade majestätisch zu nennen, aber er ist zweifellos der anmutigste Sitz für Damen zu Pferde. Bis vor relativ kurzer Zeit gab es noch Rennen, die im Damensitz geritten wurden, und in England erfreuen sich Prüfungen im Damensattel großer Beliebtheit. Andererseits kommt es häufig vor, daß im Herrensattel reitende Damen ihre männlichen Konkurrenten besiegen.**

Mit der zunehmenden Selektion der Pferde auf Größe und Kraft wurden auch die Zäumungen schärfer. Die Mundstücke waren gezähnt oder mit Stacheln besetzt, und ihre Wirkung wurde oft noch durch einen engen, manchmal sogar stacheligen Nasenriemen verstärkt. Im Mittelalter hatten die Gebisse schreckliche Formen angenommen. Die Kandaren des fünfzehnten und sechzehnten Jahrhunderts konnten ebenso wie die grausamen Ringgebisse maurischen Ursprungs, die im siebzehnten Jahrhundert verwendet wurden und in Nordafrika noch heute üblich sind, einen enormen Druck auf den Unterkiefer ausüben. Die Anzüge der Kandarengebisse jener Zeit waren bis zu fünfzig Zentimeter lang, und entsprechend groß war die daraus resultierende Hebelwirkung.

Gebisse von diesem Format – auch sie häufig gezähnt oder mit Stacheln besetzt – wurden nötig, als die Verwendung schwerer Rüstungen für Pferde und Reiter den Einsatz größerer und stärkerer Pferde erforderte. Diese Pferde stammten hauptsächlich von Kaltblütern ab, waren deshalb ziemlich langsam und zeigten wenig Reaktionsbereitschaft.

Obwohl das Gebiß dem Reiter half, sein Pferd zu kontrollieren, wurde eine umfassende Einwirkung doch durch das verwunderliche Fehlen von Sattel und Steigbügeln verhindert. Diese beiden Gegenstände haben eine wichtige Funktion. Ihr Gebrauch läßt Reiter und Pferd weniger schnell ermüden; überdies wird die Bewegungsfreiheit des Pferdes nicht durch eine direkte Belastung der Wirbelsäule eingeschränkt, und der Reiter sitzt entschieden sicherer. Nachdem diese Gegenstände in Gebrauch gekommen waren, vergrößerte sich die Beweglichkeit und Reichweite der Reiter ganz erheblich.

Ein Reiter auf einem ungesattelten Pferd, so stark und sportlich er auch sein mag, läuft immer Gefahr, das Gleichgewicht zu verlieren, und außerdem konnte er von einem Gegner leicht vom Pferd gerissen werden. Auch bei einer Überraschungsattacke gegen eine massierte Infanterieeinheit bestand immer die Gefahr, daß ihn der Aufprall vom Pferd schleuderte. Deshalb mußten sich die sattellosen Reiter darauf beschränken, zum Schlachtfeld zu reiten und dann zu Fuß zu kämpfen, oder vor den feindlichen Linien entlangzugaloppieren und Speere zu schleudern oder Pfeile abzuschießen. Diese Taktik war sehr wirksam, aber ein entscheidender Schlag gegen den Feind war auf diese Weise nicht möglich. Diese Reiter konnten den Feind nicht überrennen, ihn nicht durch den Einsatz von Masse und Wucht schwer anschlagen, sich neu formieren und ihn dann mit einer weiteren Attacke völlig vernichten. Es wurden zwar massierte Attacken geritten, aber nicht auf die Art oder in der Größenordnung, wie sie bei späteren Heerführern üblich war.

Die ersten «Sättel» waren vermutlich nur Decken oder Tierfelle, die zur Bequemlichkeit des Reiters beitrugen, aber nicht zu seiner Sicherheit. Zur Zeit der Assyrer und Perser waren die Decken gepolstert und zum Teil verziert und wurden durch Gurt, Vorderzug und Hintergeschirr an ihrem Platz gehalten.

Die Skythen besaßen einen Sattel, der wesentlich höher entwickelt war als alles, was ihre zivilisierteren Zeitgenossen hervorgebracht hatten (siehe fünf-

tes Kapitel). Er war für ihre Zwecke gut geeignet; allerdings waren sie Bogenschützen und ritten nie massierte Attacken. Weder die Griechen noch die Römer erfanden einen brauchbaren Sattel, obwohl die Römer im zweiten Jahrhundert, möglicherweise sogar schon ein Jahrhundert früher, Decken benutzten, auf die vorn und hinten eine Rolle aufgesetzt war.

Erst im fünften Jahrhundert kam es in der Ausrüstung der Pferde zu entscheidenden Veränderungen, und sie hatten eine so große Wirkung, daß sie die Praxis und sogar das Grundkonzept der Kriegführung änderten. Diese Neuerungen wurden von den Sarmaten eingeführt, einem Volk von Hirtennomaden mit einer allumfassenden Pferdekultur, das – wie nicht anders zu erwarten – auch gute Pferde züchtete. Die Sarmaten stammten aus dem Iran und lebten zwischen 600 und 300 v. Chr. im Gebiet zwischen Don und Ural auf den Wolgasteppen.

Im zweiten Jahrhundert v. Chr. waren die Sarmaten stark genug geworden, um die furchteinflößenden Skythen zu unterwerfen und ihnen das Land am Schwarzen Meer abzunehmen. Innerhalb von nur hundert Jahren dehnten diese tatkräftigen Barbaren, die es für würdelos hielten, irgendwo zu Fuß hinzugehen, ihren Einflußbereich bis an die Donau aus.

Die Sarmaten waren das einzige der frühen Nomadenvölker, das hauptsächlich mit schwerer Kavallerie kämpfte; sie stellten die Ausnahme von der Regel

**Es gibt nichts wirklich Neues auf der Welt. Schon die assyrischen Reiter kannten einen Riemen, der dieselbe Wirkung ausübte wie das heute weitverbreitete Hannoversche Reithalfter.**

dar, nach der alle nomadischen Krieger zur leichten Kavallerie gerechnet werden können.

Obwohl sie auch den Bogen benutzten, war die wichtigste Waffe der Sarmaten die Lanze. Diese Waffe und das Prinzip einer in geschlossenen Reihen operierenden Kavallerie sollte einen entscheidenden Einfluß auf alle Heere der Welt haben. Dieses Prinzip führte zu einer Reorganisierung bereits bestehender Heere und gab den Anstoß zu einem Konzept, das bis ins neunzehnte Jahrhundert beibehalten wurde.

Die Waffe der Sarmaten war keine leichte Lanze, die einem Wurfspeer ähnelte, sondern eine lange, schwere Stange mit einer Eisenspitze, so massig, daß die Griechen sie als «Bootstange» bezeichneten. Sie wurde mit beiden Händen gehalten, was bedeutet, daß die Reiter ihre Pferde hauptsächlich mit den Beinen lenken mußten. Auch wurde sie auf die übliche Art unter den Arm geklemmt und wegen ihres großen Gewichts in eine am Pferdehals befestigte Halterung eingelegt. Außerdem waren die Reiter mit langen Eisenschwertern bewaffnet. Um ihre Waffen wirksam einsetzen zu können, mußten sie Knie an Knie reiten. Sie bildeten eine Formation, die praktisch das berittene Gegenstück zur römischen Phalanx darstellte. Richtig eingesetzt und wie ein Mann zusammenwirkend, stellte eine solche Truppe – eine Art bewaffnetes Geschoß, das auf die feindliche Infanterie abgefeuert wird – eine fast unüberwindliche Streitmacht dar.

Für einen Reiter mit einer Waffe von der Größe der sarmatischen Lanze reichte eine gepolsterte Decke nicht aus, um ihn beim Aufprall vor einem Sturz zu bewahren, ebensowenig wie der Sattel der Skythen. Und natürlich kann ein Reiter der schweren Kavallerie, deren Stärke im Kampf in enger Formation liegt, auch nicht im Vorwärtssitz des Bogenschützen reiten. Er muß eine aufrechtere Haltung einnehmen, und er braucht die Sicherheit, die nur ein fester, unverrückbarer Sitz ihm geben kann, um beim Aufprall seiner Lanze und seines Pferdes auf ein feststehendes Ziel nicht vom Pferd geschleudert zu werden.

Deshalb bauten die Sarmaten einen Sattel mit einem hölzernen Sattelbaum. Zwei Bögen, die durch beiderseits der Wirbelsäule aufliegende Leisten miteinander verbunden waren, führten vorn und hinten über den Pferderücken. Beide Bögen ragten so hoch, daß der Sattel die Form eines Bootes hatte, in dem der Reiter sehr sicher saß, obwohl er keine Steigbügel hatte. Beim Aufprall auf die feindlichen Linien lehnten sich die Reiter gegen den hohen Hinterzwiesel.

In seinem Buch «Die Sarmaten» datiert der russische Historiker Sulimirski den ersten sarmatischen Holzsattel etwa auf den Beginn unserer Zeitrechnung. Diese Datierung beruht auf den Ergebnissen der Ausgrabungen von Grabanlagen am Kuban im nordwestlichen Kaukasus.

Außerdem behauptet Sulimirski, die Fundstücke bewiesen auch, daß die Sarmaten in der Zeit zwischen 49 und 193 v. Chr. bereits Steigbügel benutzt hätten. Wenn das stimmt, wären sie die ersten gewesen, die das taten.

Die Steigbügel, für uns ein selbstverständliches Anhängsel des Sattels, gaben den berittenen Soldaten nicht nur mehr Sicherheit, sondern vergrößerten auch die Reichweite der Kavallerieeinheiten. Die Berittenen brauchten nicht länger reitenden Naturvölkern anzugehören, wie es bei den Skythen, Hunnen, Sarmaten und Mongolen der Fall war. Napoleons Kavallerie zum Beispiel bestand häufig aus nichts anderem als uniformiertem Kanonenfutter. Wenn sie jedoch von einem Elitekorps mit fester Hand geschickt geführt, unterstützt und eingesetzt wurde, erzielte sie bemerkenswerte Resultate (wesentlich bessere als etwa die britische Kavallerie), obwohl nur wenige von ihnen erfahrene Reiter, geschweige denn Naturbegabungen waren. Ohne Steigbügel hätten sie überhaupt nichts erreicht. Die Steigbügel trugen aber auch zu friedlichen Begegnungen bei, weil sie auch älteren und weniger sportlichen Menschen das Reiten ermöglichten.

Die Geschichtsforscher sind sich über den Ursprung der Steigbügel erstaunlich uneinig, was vielleicht daran liegt, daß es nicht genug schlüssige Beweise gibt. Einige Wissenschaftler sind der Ansicht, daß die ersten Steigbügel mit Attilas Hunnen aus dem Osten kamen. In seiner Autobiographie schrieb ein chinesischer Offizier im Jahre 477 tatsächlich, die Steigbügel seien eine Erfindung der Hunnen. Die Tschertomlyk-Vase aus dem vierten Jahrhundert v. Chr. mit ihrem skythischen Pferd und der herunterhängenden Seilschlinge muß man vermutlich unberücksichtigt lassen, denn es ist kaum vorstellbar, daß in einem Zeitraum von siebenhundert Jahren kein anderes Volk den Steigbügel übernahm.

Es bleibt also nur Sulimirskis Entdeckung von Steigbügeln im kaukasischen Grab eines sarmatischen Häuptlings. Obwohl die Steigbügel unbestreitbar vorhanden sind, haben andere Wissenschaftler Sulimirskis Schlußfolgerungen mit der Begründung abgelehnt, seine Datierung der Fundstücke sei falsch.

Eine andere vertretbare Theorie beruht auf der Tatsache, daß indische Reiter schon im ersten und zweiten Jahrhundert Zehensteigbügel benutzten. Solch ein Steigbügel besteht aus einer Leder- oder Seilschlinge, die groß genug ist, um den großen Zeh des Reiters aufzunehmen. Derartige Steigbügel findet man heute noch im Süden Indiens und auch bei den Jungen, die auf der Malaiischen Halbinsel und in Singapur Pferde trainieren oder in Rennen reiten. Die Vermutung, die Nomaden Zentralasiens seien im Lauf der Zeit mit solch einer Vorrichtung bekannt geworden, liegt also nahe. In ihrem Fall hätte die Schlinge allerdings größer sein müssen, weil sie zum Schutz vor der Kälte dicke Filzstiefel trugen. Von diesem Punkt aus war es nur noch ein kleiner Schritt zu Steigbügeln aus Holz, die natürlich nicht erhalten geblieben wären und schließlich zu solchen aus Metall. Es ist jedenfalls ziemlich sicher, daß sich der Steigbügel in den ersten vier Jahrhunderten unserer Zeitrechnung in dem gesamten Gebiet zwischen China, Zentralindien und dem Schwarzen Meer verbreitete. Zwischen dem fünften und dem siebenten Jahrhundert waren Steigbügel in ganz Zentralasien, Iran, Südsibirien, Korea und Japan in Gebrauch. Die Araber begannen Steigbügel ungefähr um die gleiche Zeit zu benutzen, obwohl nicht ausgeschlossen werden kann, daß sie schon längere Zeit vorher eine Zehen- oder Fußschlaufe verwendeten, da sie mit Indien in

 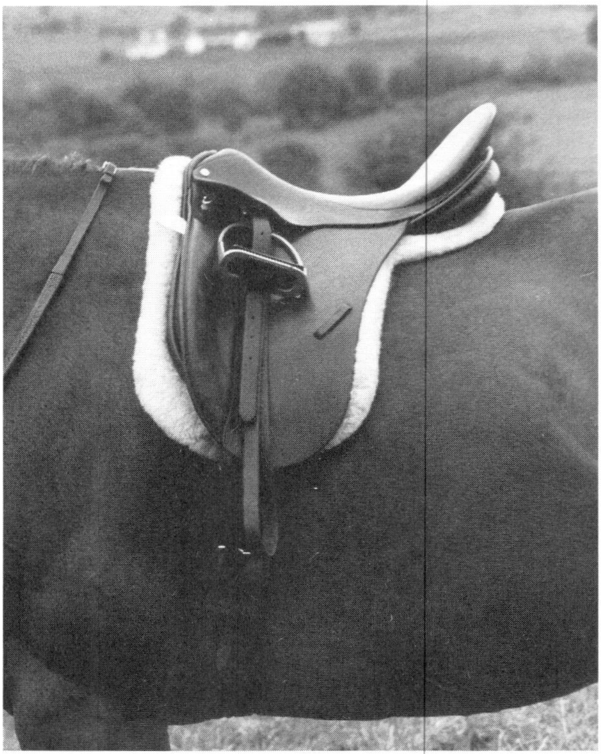

**Der Westernsattel *(links)* zeigt noch heute einige der Merkmale der Sättel, die die spanischen Konquistadoren nach Amerika mitbrachten, und in dem modernen englischen Sattel *(rechts)* könnte man eine stromlinienförmige, leicht abgewandelte Form des Rittersattels wiedererkennen.**

Verbindung standen und auch zum Besteigen ihrer Kamele eine Zehenschlaufe aus Seil benutzten. Von Anfang des achten bis zum neunten Jahrhundert verbreiteten sich die Steigbügel auch in Europa.

Nach dem Ende des Römischen Reiches wurde der Unterschied zwischen den beiden Reitstilen – dem des leichten Reiters, der gewöhnlich aus der Steppe oder dem Osten stammte, und dem des schweren Reiters, der sich der westlichen Taktik bediente – immer ausgeprägter, und als das Mittelalter anbrach, trat er noch deutlicher zutage. Zwar wurden bei beiden Stilen Sättel verwendet, die unterschiedlich tief und auch unterschiedlich geformt waren, aber der Hauptunterschied lag in der Position der Unterschenkel, die wiederum von der Länge der Steigbügelriemen abhing.

Der leichte Reiter, der noch jahrhundertelang mit Pfeil und Bogen kämpfen sollte, neigte sich nach vorn, und seine Unterschenkel lagen ziemlich weit hinten. Der schwere Reiter, aus dem dann der gepanzerte Ritter wurde, ritt mit langem, nach vorn gestrecktem Bein und stemmte sich gegen den hohen Hinterzwiesel seines Sattels.

Auf der Iberischen Halbinsel, die siebenhundert Jahre lang von den Mauren besetzt war, entwickelten sich beide Stilrichtungen nebeneinander; der östliche Sitz mit den kurzen Steigbügelriemen wurde als *à la gineta* bezeichnet und der gestreckte Sitz als *à la bride*. Die iberischen Reiter der Renaissance und späterer Zeiten wiesen stolz auf ihre Fähigkeit hin, in beiden Stilen reiten zu können.

Die Form des Rittersattels beeinflußte alle folgenden Sattelmodelle bis in die Gegenwart. Die spanischen Konquistadoren brachten ihn nach Nord- und Südamerika, wo er, in veränderter Form, zum heutigen Westernsattel wurde. Auch die *selle royale* der Renaissance, eine stromlinienförmige Sattelform, entstand aus dem Rittersattel und ist heute noch an den Hochburgen der klassischen Reitkunst in Wien und Saumur zu sehen. Dieser Sattel bildete auch den Ausgangspunkt für die Kavalleriesättel in aller Welt und ebenso für die modernen Sättel der Spring-, Dressur- und Geländereiter.

Sporen, mit denen das Pferd angetrieben oder zum Untersetzen der Hinterhand angeregt wird, sind schon lange allgemein in Gebrauch, doch wer diese «Verlängerung des Reiterbeins» erfand, ist nicht bekannt. Xenophon kannte bereits Sporen und benutzte sie, ebenso die Römer. Sie trugen kurze, spitze Sporen an den bloßen Fersen. Im fünften und sechsten Jahrhundert wurden zehn bis dreizehn Zentimeter lange Stacheln verwendet, die im Mittelalter sogar noch länger wurden und vielfach Rädchen trugen. Die Ritter brauchten scharfe Sporen, um ihre großen, schwerfälligen Pferde anzutreiben, und wegen der damals üblichen Beinhaltung beim Reiten mußten die Sporen eine gewisse Länge haben. In der relativ kurzen Epoche, in der die Ritter als Verkörperung der höchsten christlichen Tugenden galten, gehörten die Sporen zu den Zeremonien, die den Ritterschlag begleiteten. Nach einer Nachtwache wurden dem Ritter goldene Sporen verliehen, und man sagte, er hätte «sich seine Sporen verdient». Die Reiter der Steppe benutzten nie Sporen, sondern verließen sich ausschließlich auf die Peitsche, die sie stets mitführten.

Die Erfindung des Hufeisens wird den Kelten zugeschrieben, die berühmt waren für ihr Geschick in der Verarbeitung von Eisen. Anders als die Vorläufer der Hufeisen, die am Huf festgebunden wurden, wurde das keltische Eisen aufgebrannt und mit Nägeln befestigt. In Europa, wo viele Pferde infolge der Feuchtigkeit unter weichen und brüchigen Hufen litten, bedeutete die Einführung des Hufeisens fast etwas Revolutionäres. Es erweiterte den Bereich, in dem Pferde, vor allem Zugpferde, eingesetzt werden konnten, und verhinderte Huferkrankungen und Lahmheiten.

Im Römischen Reich waren die Hufeisen schon im ersten und zweiten Jahrhundert allgemein im Gebrauch, und in jeder Pferdekultur spielten sie von Anfang an eine wichtige Rolle. Der Hufschmied war stets ein geachteter Mann und oft von abergläubischen Vorstellungen umrankt. Weil er mit dem Feuer arbeitete und feurige Funken aus dem Eisen schlagen konnte, glaubten die Menschen eine Zeitlang sogar, er stehe mit dem Teufel im Bunde.

Es gab aber auch Zeiten, in denen die Schmiede vergöttert wurden. Hephaistos, der Sohn von Zeus und Hera, war der Gott des Feuers und ein Meister bei der Verarbeitung von Eisen, dem Symbol der Stärke. In seiner Schmiede auf dem Olymp fertigte er mit Hilfe der Kyklopen die Blitze für seinen Vater Zeus an. In der römischen Mythologie war es Vulcanus, der aus Eisen die Kriegswaffen schmiedete. Bei den Skandinaviern wurde diese Arbeit von dem Hammergott Thor verrichtet, und die Bantu-Völker glaubten, daß sie von

In Gestalt einer schönen Frau führt der Teufel St. Dunstan, den Schutzheiligen der Schmiede, in Versuchung. Er traf indes auf einen Gegner, der ihm gewachsen war. Der tapfere (allerdings auch etwas sadistische) Dunstan fügte dem Bösen solche Schmerzen zu, daß dieser heulend ins ewige Feuer zurückflüchtete.

Noto (dem Hammer) abstammten, der der Sohn von Morizong (dem Schmied) war.

In England ist der um 910 geborene heilige Dunstan der Schutzpatron der Schmiede. Er hatte eine Esse in seiner Mönchszelle, in der er Glocken und heilige Gefäße für kirchliche Zeremonien herstellte. Der Legende zufolge erschien eines Tages der Teufel und wollte beschlagen werden. Der heilige Dunstan aber erkannte seinen Besucher, band ihn gut fest und fügte ihm beim Beschlagen solche Schmerzen zu, daß der Teufel schwor, nie wieder an einen Ort zu kommen, an dem ein Hufeisen zu sehen war.

Hufeisen werden, in welcher Richtung sie auch aufgehängt werden, als

Obwohl man die großartigen Pferde von San Marco für eine Verkörperung des Renaissance-Geistes halten könnte, stammen sie vermutlich von dem griechischen Bildhauer Lysipp und sind im fünften Jahrhundert von Chios nach Konstantinopel gelangt.

Die ungarischen Husaren, die Nachkommen der Hunnen, die über die Steppen nach Europa zogen, wurden zum Modell für die leichte Kavallerie, und ihre Uniformen wurden von fast jeder europäischen Nation kopiert.

Murat, der draufgängerischste von Napoleons Marschällen, war dennoch ein begabter Taktiker. Bemerkenswert ist, daß er nach bester Kavallerietradition eine bewußt zwanglose Atmosphäre schuf. Er führte seine Truppen barhäuptig an und schwang kein Schwert, sondern eine Gerte.

Die Levade, die erste der klassischen «Schulen über die Erde», wird hier von einem Lipizzanerhengst der vierhundert Jahre alten Spanischen Hofreitschule in Wien vorgeführt. Die «Schulen» sollen aus den Manövern abgeleitet sein, die die mittelalterlichen Ritter «im Eifer des Gefechts» ausführten.

*Gegenüberliegende Seite:* Die Truppen der Buren übernahmen die Taktiken der Steppenvölker und waren auch ebensogute Reiter, die die konventionell ausgebildete britische Kavallerie häufig einkreisten. Erst als sich die Briten derselben Taktik bedienten, begannen sie die Oberhand zu gewinnen.

Deuxième année. — N° 40 | Huit pages : CINQ centimes | Dimanche 1er Octobre 1899.

# LE PETIT MÉRIDIONAL

ABONNEMENTS

| | SIX MOIS | UN AN |
|---|---|---|
| France, Algérie, Tunisie. | 2 fr. » | 3 fr. 50 |
| Étranger (Union postale). | 2 fr. 50 | 5 fr. » |

Supplément Illustré du Dimanche

Direction, Rédaction, Administration : Rue Henri-Guinier, MONTPELLIER

ANNONCES

POUR LA PUBLICITÉ S'ADRESSER

A Montpellier : Rue Henri-Guinier.
A Paris : 131, rue Montmartre.

Les Evénements du Transvaal.

L'armée Boer.

In London gab es im neunzehnten Jahrhundert keinen Bereich, in dem das Pferd nicht eine Rolle spielte. Die Londoner Feuerwehr besaß mehrere hundert Pferde.

Daß dieser Schleppkahn ein Segel gesetzt hat, geht vermutlich auf bloßes Wunschdenken zurück. Im gesamten neunzehnten Jahrhundert und auch zu Beginn des zwanzigsten stellten Pferde auf den kommerziell wichtigen Wasserstraßen das einzige Fortbewegungsmittel dar.

Bis zur Mitte des zwanzigsten Jahrhunderts stellten die Pferde in Westeuropa fast fünfundsiebzig Prozent der landwirtschaftlichen Zugkraft, und in vielen osteuropäischen Ländern sind die Bauern noch immer auf ihre Pferde angewiesen.

Die jahrhundertealte Anziehungskraft des Pferdes läßt auch heute noch große Menschenmengen zusammenströmen. Ohne sie gäbe es keine Calgary Stampede, die jedes Jahr unzählige Besucher in die kanadische Stadt lockt.

Glücksbringer betrachtet – vielleicht weil ihre Form an einen Halbmond erinnert, der das Symbol der Mondgöttin Hekate war. Für die Türken verweist es auf das heilige Abzeichen des Islam, für die Hindus ist es ein Ausdruck ihrer phallischen Symbole, und in Sri Lanka gilt das Hufeisen als der gebogene Körper von Nagendra, der heiligen Schlange.

Da das Hufeisen aus Eisen besteht, wird es als der beste Schutz gegen Hexen und böse Geister betrachtet. Diese Überzeugung wird im christlichen Glauben mit den Nägeln in Verbindung gebracht, mit denen Christus ans Kreuz geschlagen wurde, doch geht sie noch viel weiter zurück bis zu den Göttern der Antike, die das Metall bearbeiteten, das als Ursprung aller Macht galt.

Der alte Brauch, daß eine Braut ein silbernes Hufeisen trägt, soll auf die Hochzeit des Etruskerkönigs Porsenna zurückgehen, der die Pferde seiner Zukünftigen zu diesem Anlaß mit Silber beschlagen ließ. Zum Abwenden von Unheil am besten geeignet soll ein Eisen sein, das vom linken Hinterhuf einer grauen Stute stammt. In manchen Gegenden pflegten die jungen Mädchen die Nagellöcher in gefundenen Hufeisen zu zählen, um herauszufinden, wie viele Jahre es bis zu ihrer Hochzeit noch dauern würde.

Selbst Plinius konnte den wundersamen Eigenschaften eines Hufeisens nicht widerstehen. Wer eines fand, empfahl er, sollte sich den Fundort genau merken. Würde er danach irgendwann vom Schluckauf befallen, brauche er sich bloß an die Fundstelle zu erinnern, und der Schluckauf verschwinde sogleich.

Für die Entwicklung des Zuggeschirrs muß die Welt vor allem den Chinesen danken. Sie benutzten schon um 1300 v. Chr. geschickt konstruierte Wagen. Die Chinesen erfanden den Einspänner und die dazugehörige Deichsel, und von ihnen stammt auch die Anspannung im Tandem, bei der zwei Pferde hintereinander angespannt werden. Um 250 v. Chr. benutzten sie ein Brustblatt, das durch einen über den Widerrist führenden Riemen an seinem Platz gehalten wurde. Diese Form könnte aus dem Geschirr entwickelt worden sein, das die Chinesen sich anlegten, um Boote stromaufwärts zu ziehen – eine Arbeit, in der sie vermutlich sehr erfahren waren.

Später erfanden die Chinesen das Hintergeschirr und schließlich das Kummet, das als eine der wichtigsten Erfindungen gilt, weil es den größten Einsatz der Zugkraft ermöglicht.

# Das Goldene Zeitalter der Kutschen

*Kapitel 15*

Entscheidende reiterliche Neuerungen kamen stets aus der Steppe, und es waren die immer wieder hervorbrechenden Nomaden, die sie mitbrachten. Die meisten dieser Nomadenhorden haben große Verheerungen angerichtet und nichts von bleibendem Wert hinterlassen; dennoch waren sie es, die für die Einführung von Sattel und Steigbügel verantwortlich waren, und ihre Fahrgeschirre und höher entwickelten Fahrzeuge wurden von den ungarischen Magyaren und den plündernd umherstreifenden Wikingern in Europa verbreitet.

Im Mittelalter verwendete man in ganz Europa ungefederte Wagen, deren Räder alle gleich groß waren und die sich kaum von den Wagen der Römer unterschieden. Um die Mitte des sechzehnten Jahrhunderts wurden in England ähnlich konstruierte Packwagen zum Transport von Fracht eingesetzt. Sie beförderten gelegentlich auch Passagiere, die unklug genug waren, die Strapazen einer solchen Reise auf sich zu nehmen. Die ersten Postkutschen, die kaum besser gebaut waren, wurden 1650 in Dienst gestellt. Wegen des Mangels an befestigten Straßen und auch wegen der Bauweise der Fahrzeuge dauerten die Reisen lange und waren entsetzlich unbequem. Die fensterlosen Packwagen zur Zeit von Königin Elisabeth I. kamen nur im Schrittempo voran, wobei der Kutscher neben seinen Pferden herging und selbst auf guten Wegen nur eine Geschwindigkeit von etwa vier Stundenkilometern erreicht wurde. Auf schlechten Wegen ging es nur halb so schnell voran, oft auch noch langsamer.

Führend im Fahren und im Wagenbau waren die Ungarn, die auch heute noch im Fahrsport eine dominierende Rolle spielen. Die Hunnen, von denen die Ungarn abstammen, waren die ersten, die bespannte Fahrzeuge nach Europa brachten. Attila verfügte in der Schlacht auf den Katalaunischen Feldern über eine Wagenburg, und die Ungarn besaßen bereits Wagentrosse, die die kämpfenden Truppen mit Nachschub versorgten, als die anderen europäischen Länder noch auf Packpferde angewiesen waren. Schon im zwölften Jahrhundert gab es bei ihnen eine spezielle Einheit aus Fuhrleuten, und die ungarischen Wagen und Geschirre wurden in ganz Europa nachgebaut und den örtlichen Gegebenheiten angepaßt.

Die Kutsche, später das Prunkstück auf englischen Straßen, wurde erstmals im späten fünfzehnten Jahrhundert in dem ungarischen Dorf Kocs in der Nähe von Komorn hergestellt, einem Ort, der berühmt war für die Kunstfertigkeit seiner Stellmacher. Die Kutsche (*Kocsi*) erhielt ihren Namen nach diesem Dorf.

Das besondere Kennzeichen der ungarischen Kutschen war, daß die vorderen Räder kleiner waren als die hinteren, wodurch die Vorderräder weiter ein-

**Die frühen ungarischen Kutschen waren noch ungefedert, und es dürfte auch schwierig gewesen sein, sie auf engem Raum zu wenden.**

geschlagen werden konnten. Wie fast alles stammt auch dieses Fahrzeug ursprünglich aus dem Orient. Der Wagen, der im dritten Jahrtausend v. Chr. mit dem sumerischen König Abargi begraben wurde, wies genau dieselbe Anordnung der Räder auf.

Abgesehen von dem kleineren Wendekreis, der das Fahrzeug so viel beweglicher machte, hatten die verkleinerten Vorderräder noch zahlreiche andere Vorteile. Der Schwerpunkt des Wagens lag tiefer, was die Stabilität vergrößerte und eine schnellere Fahrweise erlaubte. Den Pferden wurde das Anziehen des stehenden Wagens erleichtert, und außerdem verhinderten die kleineren Vorderräder ein Hochschlagen der Deichsel in unebenem Gelände. Daraus resultierte eine bessere Zugleistung. Broquière beschrieb die neuen Kutschen als «sehr hübsch und leicht gebaut, so daß man glauben könnte, ein einziger Mann wäre imstande, eine Kutsche mit Rädern und Kasten und allem auf dem Rücken fortzutragen».

Bis zur Erfindung der *Kocsi* war es in Ungarn üblich, daß der Kutscher das Gespann vom Sattel des rechten Stangenpferdes aus fuhr. (Die Stangenpferde sind die rechts und links der Deichsel angespannten Pferde, und bei einem Vierspänner sind die Vorderpferde, wie schon der Name besagt, die Pferde vor den Stangenpferden.) Die neue Kutschenform ermöglichte das Fahren vom Bock, was sowohl den Kutscher als auch die Pferde schonte.

In Ungarn, einem Land, in dem die Techniken und Gebräuche Zentralasiens bewahrt wurden, wurde grundsätzlich entweder im Schritt oder im scharfen Galopp gefahren. Vor der Zeit der Eisenbahn gab es in Ungarn gut funktionierende Kutschenverbindungen, was vor allem das Verdienst der leichten, orientalisch geprägten Pferde war.

Doch all dies muß in Relation zur Lage des Landes gesehen werden. Von der wirtschaftlichen Struktur her gesehen, blieb Ungarn wie fast ganz Osteuropa ein Agrarstaat mit einer bäuerlichen Wirtschaft. Eisenbahnen wurden erst wesentlich später gebaut als im Industrieland Großbritannien, und es gab in Ungarn kein vergleichbares Anwachsen der Stadtbevölkerung, geschweige denn ein hohen Ansprüchen genügendes Straßennetz. Andererseits brachte die Einführung der ungarischen Kutsche in Westeuropa, vor allem in Großbritannien, einen gewissen Umschwung mit sich, denn sie ermöglichte ein ganz neues System der schnellen Kommunikation und Fortbewegung, das ohne sie unmöglich gewesen wäre.

Die *Kocsi* verbreitete sich rasch nach Böhmen und Deutschland und von dort aus in das elisabethanische England, wo sie allerdings nicht mit offenen Armen empfangen wurde. Die Regierungen Europas, darunter auch die britische, sahen in der Kutsche eine subversive Neuerung, die die Gewohnheit des Reisens zu Pferde brechen und damit die Zahl der für Kriegszwecke zur Verfügung stehenden Reitpferde verringern würde. Außerdem würden die Kutschen belebte Straßen verstopfen. Es wurden Gesetze erlassen, die den Gebrauch von Kutschen einschränkten, und prominente Bürger wetterten gegen das, was sie für «überflüssigen Luxus» hielten und für «eine Mode, die

Männer verweichlicht». Es ist interessant, diese Einstellung mit der der Antike zu vergleichen, wo den Edelleuten empfohlen wurde, nicht zu reiten, sondern in Wagen zu fahren.

Allen Verteufelungen, Appellen und Verordnungen zum Trotz war mit der Erfindung der *Kocsi* das Zeitalter der Kutschen angebrochen. In England nahm ihr Einfluß außergewöhnliche Ausmaße an. Anfangs hatte Deutschland das Monopol in der Lieferung von Kutschen nach England, weil die deutschen Stellmacher billiger arbeiteten als die englischen. Doch die in Deutschland hergestellten Kutschen verloren immer mehr von der Leichtigkeit, die das Wesen der *Kocsi* ausgemacht hatte, und wurden schwerer und schwerer. Genau zum rechten Zeitpunkt machten die Ungarn zwei weitere Erfindungen: den in Lederschlingen aufgehängten Kutschenkasten und schließlich die geschichtete halbelliptische Blattfeder. Zur Zeit von König Georg II. (1683–1760) waren die englischen Kutschen den deutschen bereits weit überlegen.

Die Vorteile der nach der neuen Methode gefederten Wagen kamen nicht nur den Passagieren zugute, sondern zeigten sich vor allem beim Fahren. Ein gefedertes Fahrzeug kann schneller gefahren werden, ist sicherer (es stürzt nicht so leicht um) und auch für die Pferde wegen des «schwebenden» Gewichts leichter zu ziehen. Ein ungefederter Wagen überträgt jede Unebenheit der Straße auf die Pferde, was sie aus dem Gleichgewicht bringt und ihre Aufgabe doppelt so anstrengend macht.

Die Fundamente für das «Goldene Zeitalter» der Kutschen, das die Phantasie der Engländer entzündete und eine Weile ihr größter Stolz war, wurden in der Mitte des achtzehnten Jahrhunderts gelegt. Es gab vier Faktoren, die zu einem System der schnellen Beförderung beitrugen, das verläßlicher und regelmäßiger war als jedes andere auf der Welt – «ein Wunderwerk unserer Zeit, um das uns ganz Europa beneidet».

Der erste Faktor war die leichte, gut gefederte Kutsche mit wesentlich verbesserten Achsgehäusen, die die Achsbrüche und das Ablaufen von Rädern, die vorher viele Unfälle verursacht hatten, fast völlig ausschlossen. Zweitens wurden neue Geschirrformen entwickelt und aus englischem Leder, dem besten der Welt, hergestellt. Das englische Klima mag seine Nachteile haben, doch in keinem anderen Land der Welt sind bessere Voraussetzungen für das Beizen und Gerben von Leder gegeben; die klimatischen Verhältnisse erlauben eine natürliche Reifung, und das Wasser aus den Midlands ist für diesen Zweck ideal. Leichtere, stabilere und flexiblere Geschirre wurden hergestellt, und verbesserte Kummets und Polster schonten die Pferde und schlossen Druckstellen weitgehend aus.

Der entscheidendste Faktor war jedoch, daß geeignete Pferde zur Verfügung standen. Die Englischen Vollblüter waren seit 1770 eine festeingeführte Rasse. In dieser Zeit waren sie bereits rund hundert Jahre lang auf bestimmte Merkmale selektiert worden, und es gab eine stattliche Herde von Stuten und zahlreiche hervorragende Zuchthengste. Der Rennsportmarkt war so übersättigt, daß viele Tiere als Gespannpferde eingesetzt werden konnten.

Nun deckten viele Hengste auch Hunter- und Kutschstuten und wurden nicht mehr ausschließlich Vollblutstuten zugeführt. Die Kreuzung mit dem Cleveland Bay zum Beispiel brachte das Yorkshire Coach Horse hervor, eine Rasse, die stärker war als die Vollblüter und schneller als die schweren Clevelands, die sich für die Arbeit vor dem Pflug ebensogut eignete wie als Kutschpferde. Diese Rasse überlebte bis ins zwanzigste Jahrhundert und hatte ihr eigenes Stutbuch, obwohl sie immer wieder durch Cleveland- oder Vollblutkreuzungen aufgefrischt werden mußte. Inzwischen ist sie wieder ausgestorben oder – genauer gesagt – wieder mit dem Cleveland Bay verschmolzen. Solche Pferde konnten vor leichten Kutschen auf guten, ebenen Straßen hohe Geschwindigkeiten erreichen.

Der vierte Faktor waren natürlich gute Straßen. Zu Zeiten der Römer gab es in Großbritannien 8000 Kilometer *via strata*, befestigte Straßen, die auch für schnellen Verkehr geeignet waren. Wie fast überall in Europa waren diese Straßen nach dem Zusammenbruch des Römischen Reiches verfallen. In römischer Zeit verkehrte auf diesen Straßen der *cursus publicus* ebenso zuverlässig und schnell wie die Postkutsche, die sechzehn Jahrhunderte später das modernste Transportmittel darstellte.

Um 1780 hatten die für den Straßenbau zuständigen Beamten und die Mautverwalter, die Wegegeld erhoben, diese Kilometerzahl wieder erreicht. Zur vollen Blüte gelangte das «Goldene Zeitalter» aber erst durch zwei Schotten, den Straßen- und Brückenbauer Thomas Telford und John McAdam, einen Fachmann für die Asphaltierung von Straßen. Um 1830 gab es in Großbritannien 32000 Kilometer gute Straßen, auf denen zahllose Kutschen entlangrollten.

Den Anstoß zur Personenbeförderung, die ihre Blütezeit zwischen 1825 und dem Beginn des Eisenbahnzeitalters hatte, gaben die Postkutschen. Vor ihrer Einführung war die Post durch Reiter befördert worden, die das Leichttraben eingeführt hatten, um weniger schnell zu ermüden und nicht mehr unter den harten Gängen ihrer Pferde leiden zu müssen. Später wurden auch Postkarren in Dienst gestellt, die neben Briefen auch Pakete ausfuhren. Sie stellten zwar eine befriedigendere Lösung dar als die oft unzuverlässigen Postreiter, aber sie waren ziemlich langsam. Die späteren Postkutschen fuhren wesentlich schneller und waren – nach den Maßstäben des achtzehnten Jahrhunderts – luxuriös ausgestattet, boten indes nur wenig Platz und konnten nur von sehr reichen Leuten benutzt werden.

Es blieb wieder einmal dem einzelnen überlassen, der üblichen Opposition und sogar der offiziellen Ablehnung zum Trotz ein System zu begründen, das noch heute die Grundlage von Englands Post bildet. Das von dem Generalpostmeister, Kutschenliebhaber und Organisationstalent John Palmer gegründete Postsystem war dem heutigen sogar in mancher Hinsicht überlegen.

Als Palmer am 2. August 1784 die erste Postkutsche von Bristol über Bath nach London schickte, ließ er die Kombination von Personen- und Postbeförderung zur Geschichte werden. Die Kutsche fuhr die Nacht hindurch und kam nach der erstaunlichen Fahrzeit von nur fünfzehn Stunden um acht Uhr morgens am Hauptpostamt in London an. Der Fahrplan war genau eingehalten worden, und die Kutsche hatte, wie Palmer es vorhergesagt hatte, eine gute Stunde weniger gebraucht als die schnellsten anderen Kutschen jener Zeit. Der Erfolg der Postkutsche beruhte zum großen Teil auf der Organisation an den Zwischenstationen, wo die Pferdeburschen darauf gedrillt worden waren, die Pferde in weniger als einer Minute zu wechseln.

Die Postkutschen, eine Weiterentwicklung der frühen Postkarren, boten vier relativ bequeme Sitzplätze im Kasten und vier weitere auf dem Dach. Hinter dem Kasten befand sich die Kiste für die Post, über der der Wächter saß. Er war mit einem Gewehr bewaffnet und mit einem langen Horn ausgerüstet, mit dem er Gastwirte und Mauteinnehmer auf die herannahende Kutsche aufmerksam machte. Der Fahrpreis betrug fünf Pence für eine Meile im Innern und drei Pence auf dem Dach der Kutsche. Nach 1784 stieg der Fahrpreis auf einen Schilling pro Meile, und von den Passagieren wurden außerdem Trinkgelder für Wächter und Kutscher erwartet. Eine halbe Guinee galt als angemessenes Trinkgeld für einen erstklassigen Kutscher und zwei Schilling und Sixpence für den Wächter. (Viele der besten Kutscher wurden durch die hohen Trinkgelder zu wohlhabenden Männern, obwohl sie nur einen verhältnismäßig niedrigen Lohn erhielten.)

Das Beste an Palmers System war, daß die Passagiere es fast vollständig finanzierten. In der offiziellen Empfehlung zur Personenbeförderung stand: «Diese Regelung hat viele Vorteile. Die Passagiere tragen die gesamten

**So endeten viele Pferde, die früher einmal an der Spitze eines Jagdfeldes galoppierten.**

Kosten.» Obwohl die Postkutschen eine staatliche Einrichtung waren, stellten sie keine Belastung für den Steuerzahler dar. Die Dienstleistungen wurden von privaten Unternehmen ausgeführt, und Kutschen und Pferde wurden angemietet. Die Post kontrollierte den reibungslosen Ablauf mit Hilfe der Wächter, die für die Einhaltung der Route, die Auslieferung der Post und das Kassieren des Fahrgeldes zuständig waren.

Schon bald setzten private Unternehmen, durch den Erfolg der staatlichen Postkutschen angeregt, eigene Passagierkutschen ein, die zu denselben Bedingungen fuhren wie die der Post. Schon um 1800 konnten die Postkutschen allein die Nachfrage nicht mehr bewältigen, und so konnten die privaten Anbieter festen Fuß fassen. Ihre Kutschen befuhren regelmäßig die wichtigsten Routen und hielten ihre Zeitpläne so genau ein, daß die Menschen schon bald begannen, ihre Uhren nach der Ankunft der Passagier- oder Postkutsche zu stellen.

Die Postkutschen waren in den königlichen Farben gehalten: der Aufbau war kastanienbraun, Räder und Fahrgestelle scharlachrot, die Türen trugen das königliche Wappen und der Wächter die Livree der Bediensteten des Königshauses. Private Kutschen gab es in allen möglichen Farben, je nach der persönlichen Vorliebe ihrer Besitzer, und auf die Türen waren die Namen der Haltestellen aufgemalt. Die Kutschen trugen sportliche Namen wie *Tally-Ho, Tantivy* oder *Comet*, und die Wächter waren, ähnlich denen bei den staatlichen Postkutschen, scharlachrot livriert und hatten Hörner bei sich, die manche von ihnen meisterhaft blasen konnten. Die privaten Kutschen beförderten gewöhnlich zwölf Passagiere, davon acht auf dem Dach. Ihre Fahrpreise waren niedriger als die der Post, dafür waren sie etwas langsamer. Die meisten von ihnen verkehrten nur am Tage und legten bei den Stationen, an denen die Pferde gewechselt wurden, kurze Essenspausen ein.

Um 1825, zu Beginn des «Goldenen Zeitalters», nahm die *Wonder* ihren Dienst auf. Sie verkehrte auf der 254 Kilometer langen Strecke zwischen London und Shrewsbury; es wurden einhundertfünfzig Pferde gebraucht, und die Durchschnittsgeschwindigkeit betrug 16 Stundenkilometer. Diese Geschwindigkeit wurde auf fast allen Strecken erreicht, doch die Königliche Post war mit einer Durchschnittsgeschwindigkeit von 19 Stundenkilometern noch schneller. Um dieser Konkurrenz gewachsen zu sein, mußten die privaten Anbieter ebensogut sein wie die Post oder noch besser.

In den 1830er Jahren war der Konkurrenzkampf so unerbittlich geworden und die Kosten waren so stark gestiegen, daß sich nur noch die größten Unternehmer am Kutschengeschäft beteiligen konnten. Viele von ihnen benutzten Gaststätten in London und anderen Orten als Hauptquartier und gaben ihren Kutschenflotten oft den Namen der Gaststätte, deren Zeichen auch auf die Fahrzeuge aufgemalt wurde. Der größte Unternehmer war William Chaplin, dessen Kutschen von fünf Londoner Gaststätten aus verkehrten und der 2000 Angestellte beschäftigte – Pferdepfleger, Schirrmeister, Kutschenschmierer, Reinigungskräfte und viele andere – und 1300 Pferde hielt, die 60 Kutschen zogen. Allein in Hounslow, der ersten Umspannstation für Kutschen, die von London aus westwärts fuhren, waren 2000 Pferde untergebracht.

Um eine Kutschenlinie zu betreiben, die alle 8–24 Kilometer einen Pferdewechsel erforderte – bei den schnellen Kutschen sogar noch öfter –, war eine überaus komplexe Organisation mit Hunderten von Männern und Pferden nötig, von den Gastwirten und ihrem Personal ganz abgesehen. Die Kutschenunternehmer teilten die Strecke in drei Teile ein. Die obere Strecke war die um das Hauptquartier, als mittlere wurde der zentrale und als untere Strecke der am weitesten entfernte Abschnitt bezeichnet. Die «Hinab»-Strecke führte von London aufs Land, die «Hinauf»-Strecke vom Land in die Hauptstadt. Die Engländer sprechen noch heute davon, nach London «hinauf» oder aufs Land «hinab» zu fahren.

Die Unkosten waren sehr hoch, vor allem in bezug auf die Pferde, da auch die Ausfallquote sehr hoch war. Ein Pferd vor einer der langsameren Kutschen konnte bis zu fünf Jahre durchhalten, die vor den schnellen Kutschen mit einer Durchschnittsgeschwindigkeit von sechzehn Stundenkilometern waren nach drei Jahren verbraucht. Es kam häufig vor, daß Pferde sich «totarbeiteten», was von einem Gewerbe, das in erster Linie kommerzielle Interessen verfolgte, nicht als sonderlich tragisch empfunden wurde.

Um die erforderlichen Geschwindigkeiten zu erzielen, kamen nur Vollblutpferde in Frage, und für die Preise, die die Unternehmer zu zahlen bereit waren, nahmen sie auch Pferde mit jeder Art von Untugend und solche mit geringen körperlichen Fehlern in Kauf. Ein Pferd mit einem harten Maul und einer Neigung zum Durchgehen wurde durch ein sorgfältig ausgewähltes Gebiß und einen Aufsatzzügel schnell korrigiert. Selbst die schwierigsten Pferde wurden nach einigen Wochen vor der Kutsche ruhiger. Bei einem besonders widerspenstigen Pferd gab es immer noch die Möglichkeit des «Verdoppelns», bei dem der Missetäter eine doppelte Schicht arbeiten mußte. Schläger, Bocker, Durchgänger – alle waren zu brauchen. Selbst blinde Pferde konnten noch nutzbringend eingesetzt werden – «Wir haben alle zusammen nur ein Auge», sagte ein alter einäugiger Kutscher, als er mit seinem blinden Gespann im Dunkeln über eine Brücke fuhr.

Gemälde aus dieser Zeit stellen die Gespanne stets im vollen Galopp dar; die Räder wirbelten Staub auf, und Halstücher flatterten im Wind. Die Wirklichkeit sah ganz anders aus. Ein längeres Galoppieren wäre für Pferde, Wagen und Fahrgäste eine unerträgliche Belastung und deshalb wenig sinnvoll gewesen. Natürlich ließen die Kutscher ihre Gespanne gelegentlich galoppieren – zum Beispiel, um eine Steigung zu bewältigen oder um auf einem besonders geraden, glatten Stück etwas Zeit aufzuholen, aber nur wenn der Straßenbelag in wirklich gutem Zustand war.

Die Kutschen, die nach Westen fuhren, hatten zwischen Hounslow und Staines eine zehn Kilometer lange Galoppstrecke und eine weitere von acht Kilometern Länge auf der Straße nach Exeter, die mit einer Durchschnittsgeschwindigkeit von 21 Stundenkilometern in 23 Minuten bewältigt wurde.

In der Regel waren die 16–19 Stundenkilometer, die ein gutes Gespann im Trab erreichte, schnell genug und wesentlich sicherer.

Den Postkutschen war das Fahren im Galopp gesetzlich verboten, doch dieses Gesetz konnte durch ein «Parlamentspferd» im Gespann umgangen werden. So nannte man einen sehr schnellen Traber, der nicht von selbst in Galopp fiel. Solange er trabte, konnten seine drei Gefährten im Gespann ruhig galoppieren, ohne daß gegen das Gesetz verstoßen wurde.

Das Erstaunlichste am Kutschenzeitalter war das ungeheure Interesse, das die Engländer den Kutschen und der Faszination des Reisens mit ihnen entgegenbrachten. In den Londoner Gaststätten wimmelte es stets von Besuchern, die sich die ein- und ausfahrenden Kutschen anschauten – ebenso wie heute viele Menschen zum Flughafen fahren, um die an- und abfliegenden Maschinen zu beobachten. Die Menschen kamen nicht nur, um die Aufmachung der Kutschen zu bewundern, sondern auch, um sich ein Urteil über die Fahrer zu

**Während der Regency-Periode galt es als sportlicher Zeitvertreib, in einem Vierspänner mit hoher Geschwindigkeit nach Brighton zu fahren. Dalmatiner sah man jedoch im allgemeinen eher in Begleitung eines Dogcarts.**

bilden, und die besten von ihnen wurden so begeistert gefeiert wie heute ein Fußballspieler der Spitzenklasse.

Es war ein wundervoller Anblick, ein einzigartiges Schauspiel. Selbst Cobbett, der nie zu überschwenglichem Lob neigte, schrieb: «Neben einer Fuchsjagd ist eine Reisekutsche der schönste Anblick, den England zu bieten hat.» Über ein Jahrhundert später schrieb Edward Leyhart in der Zeitschrift «Riding» folgendes:

> *Sie war ein Wunderwerk ihrer Zeit, und noch heute, lange nach ihrem Untergang, beschwört die Reisekutsche mit ihren Vollblutpferden die Romantik der Landstraße wieder herauf. Wir vergessen die bitterkalten Nächte, den Nebel, das Glatteis und den Schnee. Wir sehen nur die gutgelaunten Gesichter der Passagiere auf dem Dach und ihre im Wind flatternden Schals; den jovialen, rotgesichtigen Kutscher in seinem Überrock und die dahinsausenden Pferde, die all dies erst ermöglichten. In Gedanken hören wir*

**Heutzutage werden die verschiedenen Disziplinen des Fahrsports immer beliebter.**

*das Klapperm der Hufe auf dem Kopfsteinpflaster und die langgezogenen Töne aus dem Horn des Wächters.*
*In Wirklichkeit ist es wahrscheinlich nie so gewesen, aber in unserer Phantasie war es so. Für uns wird sie immer ein Teil des Goldenen Zeitalters bleiben.*

Die große Zeit der Passagierkutschen führte in England zu einem gesteigerten Interesse am «privaten Fahren» in eigenen Kutschen. Daraus entwickelte sich eine Tradition. 1856 wurde der exklusive Four-in-Hand Club gegründet und 1871 der einflußreiche Coaching Club. Diese Clubs gibt es noch heute, denn auch die Begeisterung für den Fahrsport ist ungebrochen. Neben den normalen Fahrprüfungen gibt es neuerdings auch Vielseitigkeitsprüfungen für Gespannfahrer, die ähnlich aufgebaut sind wie die für die Reiter. Die Gespanne müssen eine Dressurprüfung, eine Geländefahrt und – anstatt der Springprüfung bei den Reitern – ein Hindernisfahren absolvieren.

Auf dem europäischen Kontinent spielte die Kutsche im Transportwesen eine ähnliche Rolle, aber sie erreichte nie die Bedeutung und den Standard, den sie in England hatte. Die Kutschenherstellung hatte nicht das gleiche Niveau, die Straßen waren in einem schlechten Zustand, und die Pferde waren mit denen, die in England zur Verfügung standen, nicht zu vergleichen. Es gab auf dem Kontinent natürlich eine ganze Reihe von Karossiers, die jedoch alle von den langsamen, schweren Kriegspferden der Feudalzeit abstammten. Die einzigen Kutschpferde, die sich mit den englischen vergleichen ließen, waren die in Osteuropa gezüchteten schnellen und lebhaften Pferde, die ursprünglich für die leichte Kavallerie bestimmt gewesen waren. Doch da Osteuropa weniger industrialisiert war als Großbritannien, bestand dort für ein ausgedehntes Beförderungssystem kein Bedarf.

Auch in Amerika erreichte das Kutschenzeitalter um 1825 seinen Höhepunkt. Die bekanntesten Kutschen waren die, die die Firma Abbott-Downing Co. in Concord in New Hampshire baute und die unter dem Namen «Concords» berühmt wurden. Ein Merkmal dieser stabilen, unverwüstlichen und sehr praktischen Fahrzeuge war der stützende lederne Kutschriemen, der mehrere Zentimeter dick war und in dem der gerundete Kutschenkasten aufgehängt war. Diese Konstruktion erwies sich auf schlechten Straßen als besonders sinnvoll, und manche der Concord-Kutschen, die zum Teil sechsspännig gefahren wurden, erreichten Durchschnittsgeschwindigkeiten von 24 Stundenkilometern. Um 1849, zur Zeit des kalifornischen Goldrausches, verkehrten Concords auf den meisten Überlandstrecken Amerikas.

Dieselbe Kutsche wurde von Cobb & Co. in Australien eingeführt, einer Firma, die 1853 von vier Amerikanern in Victoria gegründet wurde, als der australische Goldrausch seinen Höhepunkt erreicht hatte. Die Firma florierte, verbesserte die ursprüngliche Concord-Kutsche und paßte sie den australischen Verhältnissen an. Ihre Kutschenfabrik in Charleville wurde erst 1920 stillgelegt.

Die australischen Kutschen wurden zuerst sechsspännig gefahren, doch Cobb & Co. erfanden eine Methode, fünf oder sieben Pferde anzuspannen, drei Pferde vorn und zwei oder vier an der Deichsel. In den 1880er Jahren gab es in Neusüdwales und Queensland ein Kutschennetz von rund 10000 Kilometern Länge.

In fast allen Ländern sitzt der Fahrer einer Kutsche oder eines Fuhrwerks auf der rechten Seite des Kutschbocks. In Ländern wie Amerika und Teilen von Europa, in denen es offenes Gelände gab, das erst relativ spät bebaut wurde, fuhren die Kutscher auf der rechten Straßenseite, damit ihre Peitschen, die sie in einem Winkel von etwa 45 Grad nach oben geneigt vor dem Körper hielten, sich nicht mit denen entgegenkommender Kutschen verfangen konnten. In Großbritannien, dessen oft schmale Straßen Bäume und Hecken begrenzten, war es sinnvoller, auf der linken Straßenseite zu fahren, damit die Peitsche nicht in einer Hecke oder an einem überhängenden Ast hängenblieb. Die Peitsche wurde, von rechts nach links geneigt, quer vor dem Körper gehalten, damit sie sich auch nicht in der eines entgegenkommenden Kutschers verfangen konnte.

Der in England übliche Linksverkehr ist ein Überbleibsel aus dem Zeitalter der Kutschen. Auf dem europäischen Festland und in den USA wird auf der rechten Straßenseite gefahren, in Großbritannien nach wie vor auf der linken.

# Der Weg in neue Bereiche

*Kapitel 16*

Nach dem Ende des Ersten Weltkriegs war das Pferd für die Kriegführung praktisch nutzlos geworden, und auch in der Landwirtschaft wurden immer mehr Pferde durch Maschinen ersetzt. Trotzdem spielte das Pferd in Europa auch weiterhin eine wichtige Rolle.

Im Handel und für den Transport über kurze Strecken wurden immer noch Zugpferde eingesetzt, und Ponys arbeiteten im Bergbau. Die Milch wurde in London und fast allen anderen britischen Städten und Dörfern mit dem Pferdewagen geliefert, der – vor allem in London – oft von einem prächtigen Welsh Cob gezogen wurde. Die Schlachter, Bäcker und viele andere Händler fuhren ihre Waren noch mit Pferden aus; Pferde wurden zum Holzrücken angespannt, zum Treideln und zum Rangieren von Eisenbahnwaggons, und auch auf den meisten Bauernhöfen gab es noch ein oder zwei Arbeitspferde.

Bis zum Beginn des Zweiten Weltkriegs unterhielten fast alle Länder der Erde Kavallerie- und Tragtiereinheiten. Auch an dem Tag im Jahre 1939, da der britische Premierminister dem Deutschland Adolf Hitlers den Krieg erklärte, gab es noch britische und einige indische Kavallerieregimenter, die ihrer Dienstvorschrift entsprechend die Säbel schärften. Zwischen 1939 und 1945 wurden Pferde und Maultiere in großer Zahl von beiden Seiten auf allen Kriegsschauplätzen eingesetzt.

Heute stützt sich die Landwirtschaft in weniger intensiv genutzten Ländern Europas, vor allem in denen des Ostblocks, nach wie vor auf das Pferd, und in der Sowjetunion gibt es eine beachtliche, auf Pferden basierende Industrie. Im Süden von Kasachstan und in den Gebieten um Gur'yev und Kzyl-Orda, in denen das Kasachische Pony lebt, sind große Fabriken entstanden, die Pferdefleisch, Milch, Häute, Roßhaar und ähnliche Produkte verarbeiten. Solche Fabriken gibt es auch in anderen Regionen der Sowjetunion.

Das Dzhabe-Pony, eine Zuchtrichtung des Kasachischen Ponys, bringt einen Gesamtfleischertrag von 258–281 Kilogramm, und die Stuten geben zwischen Mai und November bis zu 17 Liter Milch pro Tag. Selbst die unter den harten Klimabedingungen des Ural-Vorgebirges gehaltenen Baschkirenstuten geben während der sieben bis acht Monate dauernden Laktationsperiode bis zu 2080 Liter Milch.

In Nordsibirien dient die alte Rasse der Altai-Pferde zusammen mit der noch älteren der «primitiven» Jakutischen Pferde, die in der bis über den Polarkreis hinausreichenden Autonomen Sowjetrepublik Jakutien lebt, der Entwicklung dieser Region und stellt zudem eine wichtige Nahrungsquelle dar. Unter solchen Bedingungen können Ponys am ehesten überleben und sind als Haustiere besser geeignet als die meisten anderen Tierarten.

**In der heutigen Reiterei ist die Dressur die Disziplin mit den höchsten Zuwachsraten, aber auch die umstrittenste. Eine der erfolgreichsten Partnerschaften der Welt bestand zwischen Dr. Reiner Klimke und seinem Pferd Ahlerich.**

Wie die Dinge lagen, wäre die Vermutung, daß der Pferdebestand auf der Welt stark zurückgehen würde, nachdem Pferde auf den Schlachtfeldern und in der Landwirtschaft nicht mehr gebraucht wurden, keinesweg abwegig gewesen. Erstaunlicherweise war das nicht der Fall – im Gegenteil: in den Jahren nach dem Zweiten Weltkrieg stellte sich in der Geschichte der Beziehung zwischen Mensch und Pferd sogar ein ganz neues und außergewöhnliches Phänomen ein.

Bis zu diesem Zeitpunkt war die Pferdehaltung ein Privileg der Wohlhabenden gewesen, nicht anders als in der Epoche, in der sich eine auf dem Besitz von Pferden beruhende Aristokratie entwickelt hatte. Die Menschen, die in Großbritannien zwischen den beiden Kriegen Pferde zum Vergnügen hielten, setzten sie meist zwischen November und Ende April/Anfang Mai als Jagdpferde ein. Zu Beginn der 1950er Jahre änderte sich das. Mit dem Verschwinden der alten «Klassenschranken» und der Entwicklung zur Wohlstandsgesellschaft mit größeren Möglichkeiten der Freizeitgestaltung wurden das Reiten und die Pferdehaltung für wesentlich breitere Gesellschaftsschichten möglich. Reiten wurde für die Bewohner der Städte und Vorstädte ebenso zum Sport wie für die Landbevölkerung, und das Fernsehen, das den Zuschauern das Springreiten als aufregende Sportart nahebrachte, leistete zur Verbreitung des Freizeitreitens einen großen Beitrag.

Obwohl das in England traditionelle Jagdreiten, für das immer noch spezielle Pferde gezüchtet werden, in den Nachkriegsjahren an Beliebtheit gewann, verlagerte sich das Schwergewicht doch auf die Turnierdisziplinen. Turniere konnten das ganze Jahr hindurch abgehalten werden und boten auch den Pferdebesitzern Reitmöglichkeiten, bei denen Arbeitszeit oder Wohnort die Teilnahme an Jagden erschwerte oder unmöglich machte oder die Jagden einfach nicht interessierten.

Dennoch waren es die Jagden, die zur Gründung des ersten Jugendklubs für den Umgang mit Pferden und Ponys und ihre Pflege führten. Der Pony Club wurde 1928 mit nur drei Zweigstellen gegründet, die zu verschiedenen Jagdvereinen gehörten. Dieser Club, der noch heute existiert, breitete sich über das ganze Land aus, und inzwischen gibt es auch einige Zweigstellen in den Großstädten, die natürlich nicht mit Jagdvereinen in Verbindung stehen. Mittlerweile hat der Pony Club 365 Zweigstellen in Großbritannien und 1450 in anderen Ländern; allein in Großbritannien hat er mehr als 40000 Mitglieder. Der Pony Club hält Lehrveranstaltungen ab, deren Schwergewicht auf korrekten Methoden der Reiterei und Pferdehaltung liegt; verschiedene Stellen veranstalten alljährliche Sommerlager, und es gibt ein umfassendes Wettkampfprogramm. Der Club stellt ein unerschöpfliches Reservoir an Talenten dar, aus dem die internationalen Reiter des Landes hervorgehen.

Für Erwachsene gibt es Reitclubs, deren Zahl ständig zunimmt und die, ebenso wie der Pony Club, unter der Schirmherrschaft der British Horse Society stehen. Allein in Großbritannien bestehen über 400 Clubs mit mehr als 50000 Mitgliedern; in vielen Ländern wurden ähnliche Clubs und Reitervereine gegründet. Der Großteil der Mitglieder besteht aus Menschen, die geregelte Arbeitszeiten haben, und einen großen Prozentsatz machen Hausfrauen aus, die es schaffen, neben ihrer Familie auch noch ein Pferd zu versorgen. Allein in Großbritannien (Nordirland ausgeschlossen) gibt es eine Viertelmillion Haushalte, in denen jemand ein Pferd oder ein Pony hält.

Statt zurückzugehen, droht der Pferdebestand oft die weltweite Nachfrage zu übersteigen. In Großbritannien gibt es – von der Vollblutzucht einmal abgesehen – nicht weniger als vierzig Zuchtverbände, die alle versuchen, ihre Pferde- oder Ponyrasse zu verbessern und zu verkaufen.

Aufs Ganze gesehen gilt in Europa das Hauptinteresse den Turnierpferden und -ponys, die an den wichtigsten Reitsportdisziplinen teilnehmen können. Auf dem europäischen Festland waren Holländer, Dänen, Deutsche und Franzosen besonders erfolgreiche Züchter von Warmblutpferden, die sich sowohl für das Springen als auch für die Dressur eignen. Dazu kreuzten sie Vollblüter mit ihren einheimischen Pferderassen, von denen viele ursprünglich leichte Zug- und Kutschpferde gewesen waren. Besonders bekannte Warmblüter sind Hannoveraner, Trakehner und Holsteiner. Die Holländer haben ein bemerkenswertes Turnierpferd hervorgebracht, ebenso die Dänen. Die Franzosen dagegen, die schon immer leichtere Pferde bevorzugten, konzentrierten sich weiterhin auf ihre zähen Anglo-Araber, auf die sich ihre Pferdezucht seit jeher gestützt hat.

Die Briten und Iren bevorzugen einen größeren Vollblutanteil in ihren Pferden. Im Vergleich zu den kontrollierten und oft staatlich unterstützten Pferdezuchten in Europa ist die britische Pferdezucht stark zersplittert; trotzdem bringt sie Pferde hervor, die vielseitiger sind als die stärkeren Rassen vom Kontinent. Die besten von ihnen sind ausgezeichnete Jagd- und Vielseitigkeitspferde, die oft auch in der Lage sind, Geländerennen zu gewinnen, und zum Teil auch im Springsport erfolgreich sind.

Auch in Amerika, Australien und Neuseeland, wo eine alteingesessene Vollblutzucht erstklassige Tiere hervorbringt, werden Vollblüter und Vollblutkreuzungen als Turnierpferde vorgezogen.

Die wichtigsten Reitsportdisziplinen sind Springen, Dressur und Vielseitigkeit, die zudem Bestandteile der Olympischen Spiele sind. Daneben gibt es aber noch andere, nicht weniger bedeutende Disziplinen.

Auch der Fahrsport, dessen Wettkämpfe aufgebaut sind wie eine Vielseitigkeitsprüfung bei den Reitern, ist sehr populär, und es werden regelmäßig Welt- und Europameisterschaften ausgetragen. Sowohl das wettkampfmäßige als auch das Freizeitfahren werden zunehmend beliebter. Im Fahrsport gibt es zumindest eine Disziplin, die auf den griechisch-römischen Zirkus zurückgeht: Ein Rennen von Pony-Zweispännern durch einen Hinderniskurs erinnert stark an die Wagenrennen vergangener Zeiten.

Polo wird noch in vielen Teilen der Welt gespielt. Einen immer größeren Zustrom erlebt auch das Distanzreiten, für das Araber und Araberkreuzungen am besten geeignet sind. (Die reingezogenen Araber können in den wichtig-

Das großartigste und aufregendste Rennen über hohe Hindernisse ist das Grand National, das in Aintree bei Liverpool ausgetragen wird.

Ein Spieler, der bei diesem speziellen Schlag vergißt, sein Knie zum Sattel zu drehen, muß damit rechnen, schneller abzusteigen, als ihm lieb ist.

Die Richtlinien des Meisters werden mehr oder weniger befolgt. Caprilli wäre wohl nicht ganz unzufrieden gewesen.

sten Disziplinen des Reitsports mit den größeren und schnelleren Pferden meist nicht konkurrieren; es gibt jedoch Rennen, die nur reingezogenen Arabern und Anglo-Arabern offenstehen. Die Araberzucht ist weltweit verbreitet; die meisten Zuchttiere gibt es in Amerika.)

Distanzritte führen oft über eine Strecke von 160 Kilometern, zum Teil durch schwieriges Gelände, und diese moderne Sportart, die inzwischen auch auf internationaler Ebene ausgetragen wird, hat strenge Regeln, wobei die Pferde unter tierärztlicher Aufsicht stehen.

Heute dient das Pferd dem Menschen überwiegend als Partner beim Sport und in der Freizeit. Die meisten Pferdesportarten haben ihren Ursprung im Krieg oder dem Training der Soldaten; es gibt jedoch eine, für die das nicht gilt und die dazu noch einen ganz speziellen Zweck erfüllt. Die Idee, therapeutische Maßnahmen auf dem Pferderücken durchzuführen, entstand nach der Kinderlähmungsepidemie von 1947, der viele Kinder zum Opfer fielen und kam von Miss S. Saywell vom Winford-Orthopädie-Krankenhaus in London. (Fast gleichzeitig kam man auch in einem norwegischen Krankenhaus auf diesen Gedanken.)

1964 wurde in Großbritannien ein Kuratorium für therapeutisches Reiten gegründet, in dem Gruppen von Freiwilligen in Zusammenarbeit mit Physio-

Berittene Schützen der Royal Horse Artillery bei einer Vorführung in ihrer Lieblingsgangart, dem vollen Galopp. Die reitende Artillerie wurde von Friedrich dem Großen auf den Schlachtfeldern eingeführt.

therapeuten und Ärzten für Ponys und Reitmöglichkeiten sorgten. 1969 wurde daraus ein Verein für das Behindertenreiten, dem heute ungefähr dreihundert Gruppen angehören.

Das Reiten, das im Leben eines Behinderten völlig neue Dimensionen eröffnen kann, wirkt erwiesenermaßen günstig auf das Allgemeinbefinden und hat außerdem einen positiven Einfluß auf Bewegungsfähigkeit, Koordination und Gleichgewicht. Psychisch Kranke werden stabilisiert; sowohl geistig als auch körperlich Behinderte erhalten neuen Lebensmut, und ihr Ehrgeiz wird geweckt.

Am 21. Juli 1969 landete im Rahmen des Unternehmens Apollo 11 Neil Armstrong mit der Mondfähre Eagle auf der Oberfläche des Mondes. Als er auf der Leiter stand, um sich auf den ersten Schritt vorzubereiten, den je ein Mensch auf einem fremden Himmelskörper tat, sagte er, für einen Menschen wäre es ein kleiner Schritt, aber ein riesiger für die Menschheit.

Ungefähr drei Jahre nach der ersten amerikanischen Mondlandung kämpfte sich ein spastisch gelähmter Junge, der zu einer Behindertenreitgruppe in Suffolk gehörte, aus seinem Rollstuhl. Von seinen Helfern beobachtet, tat er zwei unsichere Schritte auf das Pony zu, das er reiten sollte. Es waren seine allerersten Schritte. Sie waren nur klein, doch für ihn – und vielleicht auch für uns – bedeuteten sie eine gewaltige Leistung.

Sowohl die Schritte des Jungen als auch die von Neil Armstrong wurden nur möglich durch die seit fünftausend Jahren bestehende Verbindung zwischen dem Pferd und dem Menschen.

# Glossar

**À la bride**
Dieser Begriff stammt von der Iberischen Halbinsel, wo es zwei Stilrichtungen gibt – *à la bride* und *à la gineta*. *À la bride* ist die Bezeichnung für den Reitstil des Westens, in dem der Reiter mit langem Bein auf dem stark versammelten Pferd sitzt.

**À la gineta**
Der Reitstil, den die Mauren auf der Iberischen Halbinsel einführten. Die Steigbügelriemen sind kurz geschnallt und die Knie des Reiters stark abgewinkelt. Die spanischen und portugiesischen Reiter waren stolz auf ihre Fähigkeit, in beiden Stilen zu reiten.

**Alfalfa**
Eine kleeähnliche Pflanze, die auch Luzerne genannt wird. Sie hat einen sehr hohen Eiweißgehalt und ist deshalb sehr nahrhaft. Alfalfa kann frisch gemäht oder als Heu verfüttert werden.

**Aufsatzzügel**
Ein am Gebiß des Kutschpferdes angebrachter kurzer Zügel, der es zwingt, den Kopf hoch zu tragen.

**Brauner**
Bezeichnung für ein Pferd mit braunem Deckhaar, bei dem die untere Hälfte der Gliedmaßen, der Schweif und die Mähne schwarz sind.

**Bügeln**
Ein Pferd, das bügelt, führt die Vorderbeine in der Bewegung in einem Bogen nach außen, bevor es sie wieder aufsetzt. Dieser Gangfehler wird als unökonomisch und verschleißend angesehen.

**Bügelriemenhalter**
Metallene Vorrichtung am Sattel, durch die der Steigbügelriemen gezogen und am Sattel gehalten wird.

**Capriole**
Eine der klassischen Schulen über der Erde. Der Name ist vom italienischen *capra* (Ziege) abgeleitet. Das Pferd springt aus dem Stand senkrecht empor, winkelt die Vorderbeine an und schlägt in der Luft mit der Hinterhand waagrecht nach hinten aus, um dann auf allen vieren zu landen.

**Careta**
Ein Nasenriemen mit Stacheln oder Metallnieten, mit dem der Reiter sein Pferd besser beherrschen und seinen Kopf in eine bestimmte Position zwingen kann. Solche Nasenriemen wurden von den alten Persern benutzt und auch in den Reitschulen der Renaissance. In Spanien und Portugal sind sie noch heute ein Teil der Pferdeausrüstung.

**Courbette**
Einer der klassischen Schulsprünge, zu den Schulen über der Erde zählend. Das Pferd erhebt sich aus der Levade zur Pesade und vollführt dann auf den eng unter den Leib angewinkelten Hinterbeinen einige Vorwärtssprünge, wobei die erhobenen Vorderbeine ebenfalls gebeugt bleiben.

**Deichsel**
Ein hölzerner Balken an einer Kutsche, an den rechts und links je ein Pferd angespannt wird.

**Falbe**
Ein Falbe ist ein Pferd mit gelblichem Deckhaar. Häufig zeigen sich ein schwarzer Aalstrich auf dem Rücken und schwarze Zebrastreifen an den Beinen. Beine und Schutzhaar (Tasthaare an Augenlidern, Nüstern und Maul sowie Schopf, Mähne, Beinbehang und Schweif) sind sonst einheitlich schwarz. Eine Farbvariante ist der Mausfalbe, dessen Fell mausgrau ist. Die Falbfarbe ist charakteristisch für die Primitivrassen.

**Fesselbehang**
Die Bezeichnung für die langen Schutzhaare, die am unteren Ende der Extremitäten vieler Kaltblutrassen zu sehen sind, zum Beispiel bei den Shire Horses und den Clydesdales.

**Fliegender Wechsel**
Eine Dressurlektion, bei der das Pferd im Galopp das Führungsbein wechselt, ohne einen Zwischentritt einzulegen und dabei in Trab zu fallen.

**Gangarten**
Die natürlichen Gangarten des Pferdes sind der *Schritt,* eine Gangart im Viertakt; der *Trab,* ein Zweitakt, bei dem das Pferd die diagonal gegenüberliegenden Hufe gleichzeitig aufsetzt, also links hinten und rechts vorn und dann rechts hinten und links vorn; und der *Galopp,* eine Gangart im Dreitakt, bei der das Pferd entweder mit dem linken oder dem rechten Vorderbein führt, d.h. weiter ausgreift. Die Fußfolge beim Rechtsgalopp ist: links hinten, diagonales Beinpaar, d.h. links vorn und rechts hinten gleichzeitig, dann das führende rechte Vorderbein und Schwebephase. Siehe auch *Mehrgängige Pferde* und *Paßgang.*

**Gerte**
Ein kurzer Stock, den der Reiter zur Unterstützung der treibenden Hilfen oder zum Strafen des Pferdes benutzt.

**Häcksel**
Kleingeschnittenes Stroh, das zusammen mit dem Hafer verfüttert wird. Das Pferd wird mit Rauhfaser versorgt; gleichzeitig verhindert das gehäckselte Stroh ein Hinunterschlingen des Kraftfutters.

**Halbblut (Halfbred)**
Bezeichnung für ein Pferd, das dem Vollblut nahesteht, aber keine lückenlose Abstammung nachweisen kann. Pferde, bei denen nur ein Elternteil ein Englischer oder Arabischer Vollblüter war und der andere Elternteil einer unedlen Rasse (z. B. Kaltblut) angehört, werden meist Partbred genannt. Siehe auch *Kaltblut, Vollblut, Warmblut.*

**Hannoversches Reithalfter (Sperrhalfter)**
Ein Reithalfter, dessen Nasenriemen unterhalb des Gebisses verschnallt wird. Das Reithalfter verschließt das Pferdemaul und verhindert damit, daß sich das Pferd durch Öffnen des Mauls der Zügeleinwirkung entziehen kann. Auf diese Weise kann der Reiter sein Pferd besser beherrschen. Das Reithalfter wird zusammen mit dem Trensengebiß verwendet.

**Hilfen**
Die Zeichen, mit denen der Reiter dem Pferd seine Wünsche übermittelt. *Natürliche* Hilfen werden mit den Schenkeln, den Händen (Zügel, Gebiß), dem Körper, dem Gewicht und der Stimme gegeben. Als *künstliche* Hilfen bezeichnet man Sporen und Gerte.

**Hintergeschirr**
Ein breiter Riemen, der beim Einspänner um die Hinterhand des Zugpferdes herumführt und an den Deichseln befestigt ist. Das Hintergeschirr verhindert, daß der Wagen zu nahe an das Pferd heranrollt, und erleichtert dem Pferd auf abschüssiger Strecke das Bremsen des Gespanns.

**Hirschhals**
Bei einem Pferd mit einem Hirschhals ist die Unterhalsmuskulatur wesentlich stärker entwickelt als die am Oberhals. Das Pferd drückt den Hals nach unten durch und trägt den Kopf fast waagerecht. Diese Kopf- und Halshaltung wird meist von einem nach unten weggedrückten Rücken begleitet, wodurch auch die Aktionsfähigkeit der Hinterbeine eingeschränkt wird.

**Hohe Schule**
Höchste Stufe des Dressurreitens, auch als *Haute École* bezeichnet. Sie enthält unter anderem die *Schulen auf der Erde* (Piaffe, Schulschritt, Passage, Pirouette, Passade) und die *Schulen über der Erde* (Pesade, Levade, Courbette, Ballotade, Lançade, Capriole). Die Hohe Schule wird besonders an der Spanischen Hofreitschule in Wien und beim Cadre Noir in Saumur gepflegt. Siehe auch *Schulen über der Erde.*

**Kaltblut**
Rassengruppe der schweren Pferde, die vom europäischen Diluvialpferd abstammen. Der Name Kaltblut bezieht sich nicht auf die Körpertemperatur, sondern auf das eher ruhige, ausgeglichene Temperament dieser Pferde.

**Kandare**
Ein Gebiß von der Form eines H; der waagerechte Teil ist das Gebißstück, die senkrechten Teile werden als Ober- und Unterbäume bezeichnet. Die Kinnkette, die außen um den Unterkiefer herumführt und an den Oberbäumen befestigt ist, bewirkt eine Hebelwirkung. Die Länge der Unterbäume bestimmt den Grad der Hebelwirkung. Die Kandare übt Druck auf den Unterkiefer aus, was das Pferd veranlaßt, den Kopf zu senken und die Nase zurückzunehmen.

**Kappzaum**
Ein Halfter ohne Gebiß, dessen Nasenriemen gepolstert ist. Der Kappzaum wird zum Longieren junger Pferde verwendet, aber auch zur Arbeit an den Pilaren. Bei der klassischen Reitweise wurden die Pferde oft erst mit einer verschärften Version des Kappzaums reiterlich ausgebildet, ehe sie an das Gebiß gewöhnt wurden. Siehe auch *Careta.*

**Klassische Schulen**
Darunter sind mit Ausnahme des normalen Schritts, Trabs und Galopps alle Bewegungen und Figuren zu verstehen, die Teil der Hohen Schule (siehe dort) sind. Sie umfassen Piaffe und Passage sowie die Schulen über der Erde.

**Kleben**
Untugend des Pferdes (unter Umständen in Form von Bocken, Steigen u. a.), wenn es sich weigert, vom Stall wegzugehen, seine Artgenossen zu verlassen, oder wenn es sich unterwegs anderen Pferden anschließt und nicht wieder von ihnen wegzubekommen ist. Das Kleben entspringt dem Herdentrieb.

**Kontergalopp (Außengalopp)**
Eine Lektion, die das Gleichgewicht und die Durchlässigkeit des Reitpferdes verbessert. Statt im Galopp mit dem inneren Vorderbein zu führen, zum Beispiel mit dem linken Vorderbein auf einem linksherum gerittenen Zirkel, wird das Pferd aufgefordert, mit dem äußeren Vorderbein zu führen, also mit dem rechten Vorderbein auf einem linksherum gerittenen Zirkel.

**Lade**
Der zahnlose Teil des Unterkiefers zwischen den Backen- und Schneidezähnen, auf dem das Gebiß aufliegt.

**Leichttraben (Englischtraben)**
Beim Leichttraben bleibt der Reiter einen Takt lang im Sattel sitzen und erhebt sich beim zweiten Takt in den Steigbügeln. Auf diese Weise weicht er den oft unangenehmen Bewegungen des trabenden Pferdes aus und ermüdet weniger schnell.

**Leitstute**
Bei zahmen Herden meist eine ruhige, ältere Stute, die die Pferde anführt und oft eine Glocke um den Hals trägt.

**Levade**
Die erste der Schulen über der Erde. Das Pferd hebt die angewinkelten Vorderbeine vom Boden und hält sich auf den weit unter den Körper gesetzten Hinterbeinen im Gleichgewicht.

**Martingal**
Ein Hilfszügel, der die Kopf- und Halshaltung des Pferdes beeinflußt. Eine Version, das feststehende Martingal, führt vom Nasenriemen oder vom Gebiß zwischen den Vorderbeinen hindurch zum Sattelgurt. Das gleitende Ringmartingal teilt sich vor der Brust in zwei Riemen, an deren Enden je ein Ring eingenäht ist, durch den die Zügel hindurchgezogen werden.

### Maultier
Das Kreuzungsprodukt aus einem Eselhengst und einer Pferdestute. Eine Kreuzung zwischen Eselstute und Pferdehengst bezeichnet man als Maulesel. Diese Kreuzungen sind in der Regel unfruchtbar.

### Mehrgängige Pferde
Eine Bezeichnung für Pferde, die außer Schritt, Trab und Galopp auch noch andere Gangarten beherrschen. Der Paßgang ist eine dieser Gangarten, er kann bei einer Vielzahl von Pferderassen auftreten. Mit Ausnahme der töltenden Islandponys stammen die meisten mehrgängigen Pferde aus Amerika. Zu ihnen gehören das American Saddle Horse, der Tennessee Walker und der weniger bekannte Missouri Foxtrotter. Auch der peruanische Paso gehört in diese Kategorie. Die besten Paßgänger sind die American Standardbreds, die in Paßgangrennen laufen.
Das Saddle Horse besitzt je nach Ausbildung drei Gangarten (Schritt, Trab und Canter = versammelter Galopp) oder fünf (mit dem Slow Gait oder Stepping Pace, einer Art Paß im Zweitakt, und dem Rack, einem Rennpaß). Bei beiden Gangarten bewegt sich der Pferderücken nur wenig auf und ab, und der Reiter sitzt sehr bequem und fast erschütterungsfrei. Ein Pferd, das all diese Gangarten beherrscht, wird als Fünfgänger bezeichnet.
Der Tennessee Walker beherrscht den viertaktigen «running walk» und kann in dieser sehr bequemen Gangart Geschwindigkeiten bis zu 24 Stundenkilometern erreichen.
Der Foxtrotter beherrscht einen gebrochenen Paß, den «fox trot», den er über lange Strecken und auch in unebenem Gelände durchhält. In dieser Gangart, in der das Pferd mit den Vorderbeinen galoppiert und mit den Hinterbeinen Trab oder Paß geht, werden Geschwindigkeiten bis zu 13 Stundenkilometern erreicht.
Der Paso hat drei natürliche laterale Gangarten im Viertakt: den «paso fino», die langsamste und am meisten versammelte; den «paso corto», in dem man in regelmäßigem Tempo weite Strecken hinter sich bringen kann, und den «paso largo», die schnellste Gangart. In schwierigem Gelände erreicht das Pferd eine Geschwindigkeit von 16–18 Stundenkilometern und auf kurzen, ebenen Strecken bis zu 24 Stundenkilometern.

### Neck reining
Eine Methode zum Lenken des Pferdes bei einhändiger Zügelführung. Der an der linken Halsseite angelegte Zügel veranlaßt das Pferd, nach rechts abzuwenden und umgekehrt.

### Nisäisches Pferd
Die überragende Pferderasse der Antike. Sie entwickelte sich um 2000 v. Chr. aus den Steppenpferden und wurde auf den großen Weiden im Westen Irans, die für die Aufzucht von großen, kräftigen Pferden besonders gut geeignet waren, selektiv gezüchtet. Die Zucht bestand ungefähr 1500 Jahre lang; in dieser Zeit war das Nisäische Pferd im Mittleren Osten das ideale Kavalleriepferd.

### Passage (Spanischer Tritt)
Eine Lektion der Hohen Schule bzw. der Schulen auf der Erde, die aus dem Trab entwickelt wird. Das Pferd trabt im Zweitakt mit erhabenen und kadenzierten Tritten und scheint mit dem einen Beinpaar stets einen Augenblick in der Luft zu verharren, ehe es das gegenüberliegende diagonale Beinpaar belastet.

### Paßgang
Eine Gangart im Zweitakt, bei der das Pferd die gleichseitigen Beinpaare zusammen vorwärtsbewegt.
Die American Standardbreds, die vor leichten Wagen in Paßrennen eingesetzt werden, erreichen in dieser Gangart Geschwindigkeiten bis zu 48 Stundenkilometern.

### Pferd der Morgenröte
Die Übersetzung des griechischen Wortes Eohippus. Eohippus ist der Name eines Urpferdes, dessen Überreste vor ungefähr hundertfünfzig Jahren in Amerika entdeckt wurden und das in direkter Linie zum modernen Pferd führt.

### Piaffe
Eine Passage, bei der das Pferd sich nicht vorwärtsbewegt.

### Pilaren
Ein Hilfsmittel für die Ausbildung des Pferdes in der Hohen Schule. Die Pilaren sind zwei Holzpfähle im Abstand von etwa zwei Metern, zwischen denen das Pferd mit je einem Zügel angebunden wird. Der Ausbilder tritt von hinten an das Pferd heran und veranlaßt es zur Bewegung. Die Pilaren werden hauptsächlich bei der Ausbildung zur Levade und Piaffe eingesetzt.

### Pirouette
Eine Lektion der Hohen Schule bzw. der Schulen auf der Erde, bei der sich das Pferd im Takt der Galoppsprünge um den inneren Hinterfuß dreht.

### Pony
Ein Pferd, das eine Widerristhöhe von 147,5 Zentimetern nicht überschreitet. Offiziell bezeichnet der Name Pony also keinen bestimmten Pferdetyp; es gibt jedoch in bezug auf Gebäude, Verhältnis der Körpermaße und Charakter bestimmte Unterschiede zwischen Pferd und Pony.

### Sattelbaum
Der hölzerne Rahmen, der das «Innenleben» jedes Sattels bildet. Neuerdings auch gelegentlich aus Kunststoff.

### Schulen über der Erde
In der modernen Dressur werden keine Sprünge geritten, wohl aber die versammelten Gangarten Passage und Piaffe, die die Grundlage für die Schulsprünge darstellen.
An der Spanischen Hofreitschule werden drei der klassischen Lektionen anerkannt und ausgeführt: Levade, Courbette und Capriole. Siehe auch *Hohe Schule.*

### Schulterherein
Eine lösende Dressurlektion, bei der sich das Pferd, dessen Körper in der Längsachse gebogen ist, vorwärts-seitwärts bewegt. Dabei geht die Hinterhand auf dem Hufschlag, während die Vorhand mindestens einen halben Schritt vom Hufschlag des äußeren Hinterbeins entfernt nach dem Innern der Bahn gewendet ist.

### Sprunggelenk
Das Gelenk am Hinterbein des Pferdes, das zwischen dem Unterschenkel und der Hinterröhre liegt.

**Stangenpferde**
Die in einem Viererzug hinten (an der Deichsel oder Stange) angespannten Pferde.

**Stätigkeit**
Eine Widersetzlichkeit des Reit- oder Fahrpferdes. Das Pferd weigert sich z. B. vorwärts zu gehen, oder bewegt sich nur rückwärts.

**Stockmaß**
Ein ausziehbarer Meßstock für Pferde, der oft die Form eines Spazierstocks hat. Mit dem Stockmaß wird die Höhe des Pferdes vom Boden bis zum Widerrist gemessen.

**Strahl**
Ein zähes, V-förmiges Polster auf der Hufsohle, das genug Elastizität besitzt, um sich auszuweiten, wenn der Huf aufgesetzt wird. Der Strahl dient als Stoßdämpfer und verhindert ein übermäßiges Gleiten des Hufs.

**Trense**
Ein Gebiß, das meist gebrochen ist, das heißt aus zwei in der Mitte durch ein Gelenk verbundenen Teilen besteht und an dessen Enden sich Ringe befinden, in die die Zügel eingeschnallt werden.

**Versammlung**
Das Endziel in der Pferdeausbildung. Ein versammeltes Pferd trägt seinen Kopf hoch; das Genick ist der höchste Punkt und die Nasenlinie steht annähernd senkrecht. Die Kruppe ist gesenkt und die Hinterbeine treten weit unter den Körper.

**Vielseitigkeitsprüfung**
Diese Sportart entwickelte sich aus den Prüfungen, in denen die reitenden Militärs das Stehvermögen, den Trainigszustand und die Vielseitigkeit ihrer Pferde unter Beweis stellen mußten. 1912 wurde eine solche Prüfung erstmals ins Programm der Olympischen Spiele aufgenommen, und noch heute ist sie unter dem Namen «Military» bekannt.
Der Wettbewerb besteht aus drei Teilprüfungen: einer Dressurprüfung, die den Gehorsam und den Ausbildungsstand des Pferdes demonstriert. Danach folgt der Geländeritt, bei dem die Pferde eine Wegstrecke, einen Rennbahngalopp über niedrige Hindernisse und schließlich eine Querfeldeinstrecke über hohe feste Hindernisse zurücklegen müssen. Die dritte Teilprüfung, die die Ausdauer des Pferdes beweisen soll, ist eine relativ einfache Springprüfung im Parcours.
Der treffendste Name für diese Sportart ist die international übliche Bezeichnung *Concours Complet* (CC).

**Vollblut**
Temperamentvolle und durchgezüchtete Pferde der Rassen Englisches Vollblut und Arabisches Vollblut. Siehe auch *Halbblut, Kaltblut, Warmblut.*

**Volte**
Hufschlagfigur, Kreis von 6 bis 8 Schritt. Vorder- und Hinterbeine müssen sich auf einem Hufschlag bewegen. Das Reiten dieser Lektion gehört zur Ausbildung des Dressurpferdes und zur Hohen Schule.

**Vorderpferde**
Bezeichnung für die beiden vorn angespannten Pferde eines Viererzuges. Auch bei der Tandemanspannung, bei der zwei Pferde voreinander gespannt sind, spricht man vom Vorderpferd.

**Wallach**
Kastrierter Hengst

**Warmblut**
Kontinentaler Ausdruck für Halbblut. Reit- und Fahrpferde, deren Temperament etwa in der Mitte zwischen dem der Heiß- oder Vollblüter und dem der Kaltblüter liegt. Der Name Warmblut bezieht sich nicht auf die Bluttemperatur der Pferde, sondern auf ihr Temperament.

**Widerrist**
Der höchste Punkt des Pferderückens, der am Übergang vom Hals zur Sattellage zu sehen ist. Er besteht aus den vorstehenden Enden des dritten bis neunten Rückenwirbels. Bei Reitpferden ist ein gut ausgeprägter Widerrist erwünscht.

**Zäumung**
Das Kopfgeschirr, das das Pferd beim Reiten oder Fahren trägt. Zur Zäumung kann ein Gebiß gehören, es gibt aber auch gebißlose Zäumungen, die auf die Nase des Pferdes einwirken.

# Bildnachweis

Autor und Herausgeber bedanken sich bei folgenden Personen und Organisationen für ihre Hilfe bei der Beschaffung des Bildmaterials und die Erteilung der Abdruckgenehmigungen.

*Schutzumschlag.* Oben: Michael Holford; untere Reihe von links nach rechts: University of Reading, Allsport und National Railway Museum.
*Schutzumschlag* (Rückseite): Ronald Sheridan
*Vorsatzblätter:* Ronald Sheridan

*Schwarz-weiß-Fotos*
Arxiumas, 120; Gunner R.O. Allen, 212; Beamish North of England Open Air Museum, 170; BLV Verlagsgesellschaft Harrap Ltd., 50; British Museum, 32 (unten), 48, 65, 71, 202; Brooke Centre, 159; Clydesdale Bank plc, 203; Danube Travel, 56; Alan Dennison, 32 (oben), 54, 190; Dover Publications (New York) Ltd., 178, 179; Edinburgh District Council, 110; Mary Evans Picture Library, 100 (unten), 103, 114, 152, 173; Fores Gallery Ltd., 42 (oben links und rechts und unten links); French Tourist Board, 10; Harrap Ltd., 194; Michael Holford, 51, 111; *Horse and Hound,* 13; Kit Houghton, 29,45, 136, 166 (oben und Mitte), 206, 210, 211; Hulton Picture Library, 70, 78, 112, 115, 122, 143, 171, 192; Imperial War Museum, 148, 150; Bob Langrish, 27, 132, 166 (unten), 184; Library of Congress, 131, 163; MacQuitty International Collection, 109; Mansell Collection, 46, 76, 82, 94, 96, 97, 98, 100-101 (oben), 102, 153, 156, 181, 199; Marwell Zoological Park, 22, 24, 25, 26; Muschamp Stud (Mrs. Diana Lorch), 37; Peter Newark, 8, 12, 15, 30, 34, 38, 58, 66, 79, 88, 105, 116, 118, 124, 129, 130, 133, 154, 182; Newmarket Racing Museum, 42 (unten rechts), 43; Novosti Press Agency, 16, 28, 49; Photoresources Color Photo Library, 53, 73, 74, 90; Pitt Rivers Museum, 11; Miriam Rothschild, 57; Ronald Sheridan, 52, 60, 134; University of Reading, 160, 162; Wilton House, 137; Xinhua News Agency, 106.

*Farbfotos*
Bridgeman Art Library, 6; Mary Evans Picture Library, 17, 18, 29, 30 (unten), 31; Fores Gallery Ltd., 4 und 5; Michael Holford, 10 (oben), 14 (oben); Kit Houghton, 7, 28; Bob Langrish, 32; Mansell Collection, 24, 26; Peter Newark, 12, 19, 20 und 21, 22, 23, 27, 30 (oben); Novosti Press Agency, 3; Photoresources, 10 (unten), 13; Planet Earth Pictures, 1, 2; Ronald Sheridan, 8, 9, 11, 14 (unten), 15, 16, 25.

*Zeichnungen*
Maltings Partnership, 40 und 41; Lorna Turpin, 18, 63.

# Auswahlbibliographie


Anderson, J.K.: *Ancient Greek Horsemanship,* Berkeley 1961
–: *Hunting in the Ancient World,* Berkeley 1985
Barclay, H.B.: *The Role of the Horse in Man's Culture,* London 1980
Bokonyi, S.: *The Przewalsky Horse,* London 1974
Brereton, J.M.: *The Horse in War,* Newton Abbot 1976
Chenevix Trench, C.: *A History of Horsemanship,* Harlow 1970
Chivers, K.: *The Shire Horse,* London 1976
Colledge, M.: *The Parthians,* New York 1967
Cooper, L.: *British Regular Cavalry 1644-1914,* London 1965
Creel, H.G.: The Role of the Horse in Chinese History, *American Historical Review,* XX, Nr. 3, 1965
Daumas, E.: *Horses of the Sahara,* Austin 1968
Dent, A. und Machin-Goodall, D.: *The Foals of Epona,* Galley Press, 1962
Ewart, J.C.: The Derivation of the Modern Horse, *Quarterly Review,* Nr. 411, 1907
Ewers, J.C.: *The Horse in Blackfoot Indian Culture,* Washington 1955
Fei, Hsiao Tung und Chih-i-Chang: *Earthbound China,* London 1948
Fox, R.: *People of the Steppes,* London 1925
Froissard, J. und L.: *Horseman's International Book of Reference,* London 1980
Georgano, G.N.: *A History of Transport,* London 1972
Gianoli, L.: *Horse and Man,* London 1969
Gordon, W.J.: *The Horse World of London,* Erstausgabe 1893; Nachdruck London 1971
Gryaznov, M.: *The Ancient Civilisations of Southern Siberia,* New York 1969
Gurney, O.R.: *The Hittites,* London 1954
Haines, F.: *Appaloosa,* Austin 1963
Hartley-Edwards, E.: *A Standard Guide to Horse and Pony Breeds,* London 1980
–: *Country Life Book of Saddlery,* Twickenham 1981
–: *Encyclopaedia of the Horse,* London 1977
–: *Saddlery,* London 1963
Herbert, I.: *Horseracing,* London 1980
–: *Steeplechasing,* London 1963
Hope, C.E.G. und Jackson, G.N.: *Encyclopaedia of the Horse,* London 1973
Howard, R.W.: *The Horse in America,* Follett, 1965
Jancovitch, M.: *They Rode into Europe,* London 1971
Lamb, H.: *Genghis Khan – Emperor of All Men,* Robt. M. McBride & Co, 1927
Machin-Goodall, D.: *Horses of the World,* Twickenham 1965
Mirov, N.T.: Notes on Reindeer Domestication, *American Anthropologist,* XLVII, 1945
Mohr, E.: *The Asiatic Wild Horse,* London 1971
Morgan, M.H.: *The Art of Horsemanship – Xenophon* (mit Anmerkungen), London 1962
Phillips, E.D.: *The Royal Hordes: Nomadic Peoples of the Steppes,* London 1965
Rees, A.D.: *Life in a Welsh Countryside,* Cardiff 1961
Rice, T.T.: *The Scythians,* London 1961
Royal Academy: *The Horses of San Marco,* London 1977
Rudenko, S.I.: *Frozen Tombs of Siberia,* London 1970
Russell, V.: *Heavy Horses of the World,* Twickenham 1983
Santini, P.: *The Caprilli Papers,* London 1967
Simpson, G.G.: *Horses,* London 1961
Spuler, B.: *History of the Mongols,* London 1972
Sulimirski, T.: *The Sarmatians,* New York 1970
Trew, C.G.: *Accoutrements of the Riding Horse,* Seeley Service, 1951
Tylden, G.: *Discovering Harness and Saddlery,* Aylesbury 1971
Villiers, G.: *The British Heavy Horse,* London 1976
Varolo, F.: *Typology of the Racehorse,* London 1974
Waley, A.: The Heavenly Horses of Ferghana: A New View, *History Today,* V, 1955
Walrond, S.: *Encyclopaedia of Driging,* Twickenham 1979
Wentworth, E.: *The Authentic Arabian,* London 1962
–: *Thoroughbred Racing Stock,* London 1962
Willett, P.: *The Thoroughbred,* London 1970
Willoughby, D.P.: *Empire of Equus,* San Diego 1974

# Register